Kleines Boot für kleines Geld

von Lothar Ehrich

Impressum:

Kleines Boot für kleines Geld

Lothar Ehrich

Palstek Verlag, Eppendorfer Weg 57a, 20259 Hamburg
Telefon: 040 - 40196340, Fax 040 - 40196341
E-Mail: info@palstek.de Internet: www.palstek.de

Zeichnungen: Jochen Peschke, Lesertipps Michael Herrmann u.a.

ISBN: 978-3-931617-30-1

Druck: Aalexx, das Buchdruck-Haus, www.aalexx.de

Inhalt

Technik unter Deck

Standardwerk für Bootseigner

Das Fachbuch von Michael Herrmann ist einzigartig. Aus über 15 Jahren intensiver Leserberatung ist ein Werk entstanden, das jeder Bootseigner an Bord haben sollte. Hier findet er die ganze Welt der Technik unter Deck. Alles ist einfach und verständlich erklärt und mit über 1.200 farbigen 3-D-Zeichnungen anschaulich illustriert. Der Bootseigner hat erstmals alle technischen Ausrüstungsgegenstände in einem Werk: vom kompletten Antriebsstrang (Motor bis Propeller) über Ruder- und Elektroanlagen bis hin zu Heizungen, Lenzanlagen und Trinkwassersystemen.

ISBN 3-931617-18-1, 336 Seiten DIN A4, gebunden, **38 Euro** + 2 Euro Porto

333 Skipper-Tipps

Das Buch für Skipper

Ein wahre Fundgrube für Segler. Die Tipps sind in 30 Rubriken eingeteilt und zusätzlich im Stichwortverzeichnis aufgelistet, um ein schnelles Auffinden zu ermöglichen. Das Buch ist reich bebildert und mit Hunderten von Zeichnungen illustriert.

ISBN 3-931-1617-X, 240 Seiten, gebunden, **24 Euro** + 2 Euro Porto

Besser Ankern

Das Buch über moderne Ankertechnik

Moderne Anker sind keine Gewichtsanker mehr! Die Skipper sollten um die Funktionen und das Eingrabeverhalten wissen. In diesem Fachbuch geht es aber auch um Meeresböden, Krafteinwirkungen, Ankertypen, Ketten, Leinen, Zubehör und um die Kunst des Ankerns. 256 Seiten, gebunden, ISBN 3-931617-20-3, **24 Euro** + 2 Euro Porto

Der Gaffelfreund

Andreas Köpke

Dieses Buch ist eine „Bedienungsanleitung für gaffelgetakelte Schiffe", aber auch ein Buch mit Tipps und Tricks für Neulinge und „alte Hasen", mit wertvollen Hinweisen zur Pflege und zum Selbstbau von Zubehör, Ratschlägen zum Regattasegeln und vieles mehr. Ein Glossar in vier Sprachen erläutert die Fachbegriffe. ISBN 3-931617-03-3, 288 Seiten, gebunden, **22,50 Euro** + 2 Euro Porto

Holzbootsbau

Curt W. Eichler

Dieser Klassiker der maritimen Literatur geht auf die geeigneten Holzarten für den Bau von hölzernen Booten und Schiffen ein und beschreibt klar und verständlich die traditionellen Bauverfahren in allen Einzelheiten. Ein einzigartiger Überblick. Außerdem widmet der Autor den Themen Ausbau, Ausrüstung und Zubehör ergänzende Kapitel. ISBN 3-89365-788-6, 387 Seiten, Coop Palstek/Heel, **24,95 Euro** + 2 Euro Porto

Kompaktes Wissen

99 Klassiker des Serienyachtbaus mit Zeitwerttabelle
Es ist schwer, sich im wachsenden Angebot gebrauchter Yachten zurechtzufinden. Jan Kuffel, Palstek-Redakteur und durch zahlreiche Refit-Projekte und die beliebten „GFK-Klassiker" bestens mit der Materie vertraut, porträtiert populäre Segelyachten in Wort und Bild, gibt Hintergrundinformationen zu Werften, Designern und Klassenorganisationen und ermöglicht es dem Leser, „gebraucht" von „verbraucht" zu unterscheiden. Über die Zeitwerttabelle können Angebote beurteilt werden. Doch „99 Klassiker" stattet nicht nur Kaufinteressenten mit dem nötigen Durchblick aus, auch für Eigner bietet dieser Katalog interessante Einblicke in die Geschichte und Technik ihrer Yacht. 223 Seiten, gelumbeckt, ISBN 3-931617-29-7, 20 Euro + 2 Euro Porto

Die Liste der Bootstypen finden Sie im Internet

Höchster Nutzwert

Fit fürs Refit, Das Wellness-Programm für Yachten. Der kompetente Ratgeber für Eigner älterer Yachten. In Theorie und mit Beispielen aus der Praxis beschreiben Dipl.-Ing. Schiffbau Alexander Schlösser und Palstek-Autor Jan Kuffel den sicheren Weg zum anspruchsvollen Yachtrefit. Alle Aspekte der Bootsrenovierung werden anschaulich und nachvollziehbar beleuchtet: von der Auswahl des geeigneten Schiffes über die Beurteilung der vorhandenen Schäden bis zu den entsprechenden Maßnahmen, vom schlichten Aufpolieren bis zur Komplettsanierung. Zahlreiche Abbildungen und Illustrationen begleiten jeden Arbeitsschritt. 360 Seiten, geb., ISBN 3-931617-25-4, **38 Euro** + 2 Euro Porto

Zeitdokument

Zwei Girls, zwei Katamarane. Klaus Hympendahl (Weltumsegler, Autor vieler Segelbücher): „... in einem der besten Segelbücher über den Beginn der Fahrtensegelei auf Katamaranen. Es war die Zeit, die eine ganze Generation durch Bücher von Hiscock oder Moitessier begeistert hat und eine Flut von Blauwasserreisen auslöste." James Wharram war ein Pionier. Er baute simple Katamarane und segelte mit seinen beiden Frauen (er lebte teilweise mit fünf Frauen zusammen) über den Atlantik. Geld hatte er nicht, aber Mut. So wurde er schon zu Lebzeiten eine Ikone. Eine Geschichte mit Sex und Salz. 240 Seiten, geb., ISBN 3-931617-24-6, **29,80 Euro** + 2 Euro Porto

Palstek Verlag GmbH
Eppendorfer Weg 57a, 20259 Hamburg
Telefon 040 - 40 19 63 40 | Fax: 040 - 40 19 63 41
E-Mail: birthe.feddersen@palstek.de | Internet: www.palstek.de

VORWORT

Kennen Sie die Internetseite www.geizkragen.de oder ähnliche? Auch in immer mehr Zeitschriften lesen wir über die unterschiedlichsten Möglichkeiten, im Alltag und im Urlaub den einen oder anderen Euro zu sparen. Heimwerken und Geldsparen sind in, und wenn man sich umsieht, trifft das auch auf die Bereiche zu, die jahrelang satte Zuwächse zu verzeichnen hatten, wie beispielsweise die Wassersportbranche.

Natürlich gibt es immer noch ausreichend viele Wassersportler, die es nicht nötig haben, aufs Geld zu schauen oder die bereit sind, für ihr Hobby auf anderes zu verzichten, um sich einen speziellen Wunsch rund ums eigene Boot zu erfüllen. Dagegen will ich überhaupt nichts sagen, weil sie durch ihr Konsumverhalten einen Beitrag zur wirtschaftlichen Leistungsfähigkeit unseres Landes leisten. An sie wendet sich das vorliegende Buch auch nicht.

Andererseits sehe ich in Häfen immer wieder Menschen, die genau wie ich den rastlosen Wunsch haben zu segeln, denen es aber nicht möglich ist, sich ein fertiges Schiff von der Stange zu kaufen, sich reinzusetzen und loszusegeln. Sie

FEUCHTE TÜCHER

Palstek-Leser-Tipp von Gerhard Uibel

Frischwasser ist auf Yachten gelegentlich Mangelware. Wenn man also irgendwann einmal vor der Entscheidung stehen sollte, entweder zu verdursten oder am eigenen Gestank zu ersticken, kann man sich für die „Katzenwäsche" auch mit einer wieder verschließbaren Packung feuchter Tücher behelfen. Hilfreich sind diese auch, wenn man sich zum Beispiel beim Arbeiten am Boot die Finger schmutzig gemacht hat und gerade keine Möglichkeit zum Händewaschen in der Nähe ist, man aber ins verdiente Pausenbrot beißen möchte. Wir haben für diese Fälle immer ein Päckchen an Bord. Es gibt die Tücher sogar im wieder verschließbaren Plastikcontainer. So bleiben sie noch länger feucht.

sind stattdessen darauf angewiesen, sich zu bescheiden in mancherlei Hinsicht, individuelle Lösungen für ihre Belange zu finden, kreativ und findig zu sein und auch mal etwas zu tun, was der ordentliche Yachtsegler nicht tut.

Meine Zielsetzung ist es, manchem dieser mir sympathischen Zeitgenossen einen Schubs zu geben, damit er sich nicht damit abfindet, aufs Segeln zu verzichten, weil es zu teuer erscheint. Ich will Hinweise geben, wie man vieles, was auf einem Boot notwendig ist, preiswert oder sogar umsonst bekommen kann. Der Preis dafür ist die eigene Bereitschaft oder die von Freunden, selbst Hand anzulegen, sich die notwendigen Geräte und Kenntnisse in deren Umgang anzueignen, und schließlich die Bereitschaft, mit einem Boot umherzufahren, das im Detail wahrscheinlich anders aussieht als das von einer Werft gebaute.

Eines sei hier in aller Deutlichkeit gesagt: Ich plädiere für Einfachheit und Preiswürdigkeit, aber nicht für Billigkeit. Der Wassersport kann lebensgefährlich sein, die Wetterbedingungen können sich rasch ändern, und doch muss mich mein Boot sicher in einen Hafen oder an einen geschützten Ankerplatz bringen. Meine solide Bauweise mit ordentlichem Material soll dieselbe Sicherheit gewährleisten, die man von einem Werftbau erwarten darf.

Ich schreibe dieses Buch aus der mitunter auch leidvollen Erfahrung von vielen Jahren Arbeit an meinem Boot. Ich habe nicht die Welt umsegelt, ich bin weder Schiffbau-Ingenieur, noch Bootsbauer und habe auch sonst keinen handwerklichen Beruf erlernt. Ich habe durchschnittliches handwerkliches Geschick, mir ist es lieber, die Maßeinheit ist Zentimeter statt Millimeter, aber ich habe den Willen gehabt und habe ihn immer noch, die Schönheit der Welt auf dem Wasser zu erkunden. Mein Boot ist sicherlich noch nicht fertig, sofern es jemals fertig wird, und doch habe ich damit schon unvergesslich schöne Törns erlebt und hoffe, dass das auch weiterhin so sein wird.

Die Anweisungen, Hinweise und Anregungen stammen natürlich nicht alle von mir. Neben dem, was ich selbst ausprobiert und für gut befunden habe, stehen viele Problemlösungen von Bekannten und von namenlosen Seglern, bei denen ich manches abgeschaut habe. Es gibt kaum etwas Schöneres für mich, als am Abend durch Häfen zu schlendern und mir anzuschauen, welche

Der Landrattenknoten

Palstek-Leser-Tipp von Helmut Schulze, dank Fingermodell Anna-Maria

Seit etwa zehn Jahren bin ich ambitionierter Segler. Seit etwa 45 Jahren binde ich meine Schuhe selbst zu. Während dieser Zeit kam es etwa dreimal täglich vor, dass sich die Schnürriemen im täglichen Alltag „automatisch" öffneten. Macht also 3 mal 365 mal 45 = 49.275 Mal bücken. Besonders ärgerlich ist das mit Bootsschuhen, die sich während kritischer Manöver öffnen. Und sehr oft gibt es zu diesen Schuhen auch noch Schnürriemen aus Leder, deren „Knotbarkeit" grundsätzlich in Frage zu stellen ist. Damit ist bei mir jetzt Schluss!! Abhilfe schafft der „Landrattenknoten". Dieser Knoten wurde uns von einer Landratte beigebracht. Diese Landratte hat keine Ahnung, was für einen Knoten er da bindet, und hat sich auch noch nie mit Knoten und deren Technik beschäftigt. Das Besondere an diesem Knoten ist aber, dass er von morgens bis abends hält. Ein wenig verwirrt von dem Gedanken, sich von einer Landratte einen Knoten erklären zu lassen, (wie auch, er hat ja gar keine Ahnung von dem, was er da tut) machte ich mich an die Auflösung dieses Falles. Zuerst einmal der Unterschied zwischen dem normalen Knoten und dem Landrattenknoten.

Der normale Schuhknoten besteht aus zwei Schleifen, dessen erste Schleife gelegt wird, wobei die zweite Schleife um die erste geschlungen wird. Hierbei wird der Normalbürger die zweite Schleife immer über die erste Schleife legen (Bild 1). Und genau hier ist der Unterschied! Legt man diese Schleife unter die andere, so entsteht der Landrattenknoten (Bild 2).

Analysiert man beide Knoten genauer, so handelt es sich bei dem ersten Knoten um einen Standardknoten, der nichts in der Seefahrt zu suchen hat, und beim zweiten um einen Knoten, der vom Fachmann als Kreuzknoten bezeichnet wird. Und Kreuzknoten halten bekanntlich immer. Damit der Knoten auch einfach zu öffnen ist, werden beide Enden auf Slip gelegt. Dieses ist bei beiden Knoten identisch und geschieht beim Binden der Knoten nahezu vollautomatisch.

Bild 3 zeigt den Standardknoten für Normalbürger. Bild 4 zeigt den Landrattenknoten für Segler. Man kann deutlich den Kreuzknoten erkennen. Da meine Frau Leiterin eines Kindergartens ist, hat sie diesen Knoten an ihren Kindern, genauer, an deren Schuhen ausprobiert. Sie ist begeistert und braucht nun ihren 25 Kindern nur noch einmal am Tag die Schuhe zu binden.

Lösungen es für technische Probleme gibt. Abgesehen von immer wieder auftauchenden Absonderlichkeiten ist mir manch interessante Lösung aufgefallen, die ich mich nicht scheue, hier auch zu nennen. Nutzen Sie auch Bootsausstellungen: Dort gibt es viel zu sehen, was einen näheren Blick und sogar eine Skizze lohnt. In den Seglerzeitschriften finden sich Rubriken, in denen die Leser nützliche Vorschläge machen. Diese Seiten empfehle ich Ihnen dringend.

Ich hoffe natürlich, Sie finden mein Buch interessant, und ich würde mich freuen, wenn Sie aus dem einen oder anderen Gedanken Nutzen ziehen könnten. Nehmen Sie indessen das Buch nicht als „Kochrezept", das einfach nachzukochen ist. Wenn etwas bei Ihnen genauso passt, wie es beschrieben ist, ist es gut; machen Sie es nach. Es sind keine Lizenzgebühren fällig. Andererseits möchte ich Sie ermutigen, meine Vorschläge als Vorschläge zu sehen, die Sie entsprechend Ihren Bedingungen abwandeln können, um ein für Sie optimales Ergebnis zu bekommen. Seien Sie kreativ!

Zum Schluss ein notwendiger Hinweis. Das, worüber ich schreibe, hat sich bei mir und anderen bewährt. Da die Verhältnisse bei Ihrem Boot unter Umständen ganz anders sind, kann ich natürlich keine Gewähr oder Haftung dafür übernehmen, dass es bei Ihnen genauso gut funktioniert.

Mein idealer Leser

Natürlich freue ich mich über jeden Leser, der meinen Zeilen Interesse entgegenbringt, und ganz besonders freue ich mich über solche Segler, die bereit sind, meine Ansichten über unseren Sport zu teilen. Segeln ist für mich in erster Linie küstennahes Fahrtensegeln, was einen Törn auf dem Chiemsee, auf der Müritz oder einem sonstigen reizvollen Binnengewässer in gar keiner Weise ausschließen soll. Regatten hingegen üben für mich nicht den geringsten Reiz aus.

Natürlich hatte ich auch die Phase des Meilenknüppelns, doch mit zunehmendem Alter treten andere Gesichtspunkte in den Vordergrund. Heute möchte ich flott vorankommen, aber nicht um jeden Preis einen vorher ins Auge gefassten Hafen erreichen, für den ich bei Flaute stundenlang motoren oder hoch am Wind gegenanstampfen müsste. Lässt sich das anvisierte Ziel nicht erreichen, suche ich einen näher liegenden Hafen oder einen geschützten Ankerplatz.

Ich versuche meine Törns so zu planen, dass ich aller Erfahrung nach nicht die meiste Zeit hoch am Wind segeln muss. Halber Wind oder Raumschotkurse sind für mich sehr viel angenehmer, meistens schneller, falls man nicht Eigner einer Yacht mit einem jollenartigen Unterwasserschiff und langen Kiel ist, und beanspruchen Mensch und Material weit weniger.

Ich will segeln. Darunter verstehe ich, mich den natürlichen Gegebenheiten von Wind, Strömung, Dünung und Wellengang anzupassen. Ich will den Wind spüren, wenn ich die Schot in böigem Wind aus der Hand fahre, und ich will den Ruderdruck spüren, wenn eine Welle versucht, dem Boot eine andere Richtung aufzuzwingen als die, die ich will. Ich will nicht, koste es was es wolle, einen bestimmten Kurs einhalten müssen, wenn ein anderer angenehmer zu segeln ist.

Natürlich sind Häfen angenehm. Man liegt die Nacht über meistens ruhig und hat in der Regel eine ordentliche Infrastruktur, um der körperlichen Hygiene und der Verproviantierung Rechnung zu tragen. Häfen, und besonders Marinas, haben allerdings zumindest für mich einige Nachteile: Sie sind nicht gerade preiswert, und am schönsten Nachmittag mit herrlichem Wind fängt die tägliche Regatta in den Hafen an. Skipper mit Chartergästen und Tagestörnsegler mit Kaffeebesuchern streben mit umgelegtem Gashebel dem Hafen zu, um einen der knappen Liegeplätze zu ergattern.

An der kroatischen Küste ist das ein in der Hochsaison täglich wiederkehrendes Schauspiel, aber nicht nur dort. Ich habe derartige Probleme nicht. Klar laufe auch ich Häfen an, wenn es sich anbietet, aber ich muss nicht der Erste

sein, der einläuft. Selbst wenn ich der Letzte bin, ist die Chance sehr groß, in der hintersten Ecke noch ein Plätzchen zu finden, denn mein Boot hat nur 40 Zentimeter Tiefgang mit aufgeholtem Schwert.

Viele Marinas haben noch den weiteren Nachteil, dass sie ziemlich weitab vom Schuss liegen. Auf die Marina Kröslin im Peenestrom trifft das ebenso zu wie auf die Marina Veruda bei Pula, auf den Yachthafen in Rönne und in Chioggia in der Lagune von Venedig. Die Konsequenz für viele Yachties besteht darin, die Marina überhaupt nicht zu verlassen, um Land und Leute etwas näher kennenzulernen. Es ist schlicht zu beschwerlich. Allerlei Dienstleister in und um die Marinas verdienen an diesem Verhalten nicht schlecht.

Zitronensäure zum Reinigen

Ein Palstek-Leser-Tipp von Max Kupillas

Nach einer Wassersportsaison in nördlichen oder südlichen Revieren haftet an und oberhalb des Wasserpasses, an den Gelcoat- und Lackflächen des Bootskörpers oft ein massiver gelblicher bis bräunlicher Belag, der besonders schwer zu entfernen ist. Auch unter der Auspufföffnung sieht es meist rostbraun aus. Unter dem und am Dingi findet man ebenso diese hässlichen Verfärbungen. Diese unschönen Anhaftungen lassen sich leicht entfernen, auch wenn sie bereits länger angetrocknet sind. Dazu braucht man nur etwas Zitronensäure (sieht aus wie Zucker), die man zum Beispiel in der Apotheke günstig erwerben kann. Man löst die kristalline Zitronensäure in Wasser auf (Dosierung je nach Verschmutzungsgrad) und trägt diese Reinigungsflüssigkeit mit einem Schwamm oder Pinsel auf. Nach kurzer Einwirkzeit erstrahlt die behandelte Fläche wie von Zauberhand wieder wie neu. Reste entfernt man einfach mit Wasser. Besonders hartnäckige Stellen kann man ein zweites Mal behandeln. Auf jeden Fall werden solche unerfreulichen Schmutzzonen wieder neuwertig, und das zur Freude des Skippers und ohne jegliche Mühe. Natürlich sollten Schutzhandschuhe und Schutzbrillen sicherheitshalber beim Reinigen getragen werden.

Trailersicherung

Ein Tipp von Waldemar Wolf

An älteren Anhängerkupplungen von Bootsanhängern ist oft keine Diebstahlsicherung vorhanden. Diese lässt sich durch seitliches Anschleifen eines Rollgabelschlüssels, Länge 150 Millimeter, leicht ändern. Der Schlüssel wird so weit abgeschliffen, dass er gerade durch die seitlichen Schlitze der Kupplung passt. Soll die Kupplung gesichert werden, wird zuerst mit einem Schraubendreher die Sperre der Kugelkopfaufnahme von unten gelöst, so, als ob die Kupplung am Fahrzeug eingeklinkt wäre. Nun kann man den Rollgabelschlüssel durch die Schlitze stecken und mit einem Vorhängeschloss sichern. Die Kupplung kann jetzt nicht mehr geöffnet werden.

Wenn es geht, versuche ich, Marinas zu vermeiden und in stadtnahen Häfen unterzukommen. Das Flair eines südländischen Stadthafens wie Mali Losinj oder der Charme von Sonderburg ist kaum vergleichbar mit der einförmigen Monotonie moderner Marinas. Meistens liegt man ebenso ruhig, dabei preiswerter und ist rasch im Ort mit häufig lohnenden touristischen und gastronomischen Zielen.

Stadthäfen bieten darüber hinaus noch den Vorteil, dass man meistens unter Segeln anlegen kann, weil die Hafenbecken groß genug sind. Sie bieten ausreichend Raum, sich umzuschauen und in aller Ruhe ein vernünftiges Manöver zu fahren. Marinas sind gewinnorientierte Unternehmungen, und je mehr Liegeplätze vorhanden sind, desto größer ist der Profit. Das bedeutet, dass die Boxengassen so eng sind, dass es als Gast nicht möglich ist, unter Segeln einen freien Liegeplatz zu suchen und gegebenenfalls wieder umzukehren.

Rostschutz für Werkzeuge

Ein Palstek-Leser-Tipp von Otto Waczek aus Kaltenleutgeben

Wer kennt nicht das Problem, dass Werkzeuge aus Stahl an Bord rosten? Viele sind zwar in verchromter Ausführung erhältlich – aber wie sieht es zum Beispiel mit den Schraubendreher-Bits aus? Ich habe mich immer wieder darüber geärgert, dass ich diese nach drei Jahren wegwerfen musste, nicht etwa, weil sie „vernudelt" waren, sondern weil sie bis zur Unbrauchbarkeit verrostet waren.

Irgendwann habe ich mich dann an meine Schulzeit erinnert – da war doch was mit Rostschutz und Phosphatieren? So startete ich einen Versuch. Ich kaufte mir für wenig Geld einen Viertelliter Phosphorsäure (die Transportflasche und das Gefahrenetikett waren teurer als der Inhalt) und stellte daraus in einem alten Gurkenglas zunächst eine zehnprozentige Lösung her. Achtung: Immer zuerst das Wasser und dann die Säure hinzugeben! Dort hinein gab ich meine gesammelten Bits und wartete, bis sich eine gleichmäßige Phosphatschicht gebildet hatte. Dies dauerte eine Weile, und anschließend wurde alles gründlich mit Wasser gespült. Später erfuhr ich dann, dass man bereits vorhandene Rostschichten theoretisch mit Salzsäure abbeizen kann – meines Erachtens überflüssig, da der Rost ohnehin im Bad abfällt und abgewischt werden kann – und dass man besser mit einer dreiprozentigen Lösung arbeiten sollte. Dadurch dauert der Vorgang zwar etwas länger, aber durch geringeres Rücklösen wird die erzeugte Phosphatschicht dicker.

Alle drei Bits auf dem Foto stammen aus demselben Bitsatz. Nach zwei Jahren an Bord weist die linke Spitze bereits einen starken Rostbefall auf. Die beiden anderen Spitzen zeigen eine unbeschädigte, rostfreie Phosphatschicht.

Man kann auch bereits angerostete Teile „einlegen". Zwar wird dadurch die Rostbeschädigung nicht rückgängig gemacht, aber die weitere Zersetzung der Werkzeuge kann aufgehalten werden. So habe ich die linke Klinge des oberen Bildes mit einem zwanzigminütigen Bad entrostet und komplett phosphatiert.

Ich versuche Zeit zu haben, auch wenn ich nicht viel davon habe. Sicherlich trifft auch für mich zu, dass ich zu einer bestimmten Zeit wieder an einem bestimmten Ort sein muss, doch was ich unter allen Umständen zu vermeiden trachte, ist, unter Zeitdruck motoren zu müssen, um einen Termin einhalten zu können. Es gelingt nicht immer, doch trachte ich danach, meine Etappen so einzurichten, dass genügend zeitlicher Spielraum bleibt, damit längere Passagen auf Kreuzkursen nicht dazu führen müssen, den Urlaubsplan über den Haufen zu werfen.

Überhaupt scheint Zeit ein sehr stark vernachlässigter Sicherheitsaspekt zu sein, was sich vor allem im wochenweise organisierten Charterbetrieb ausmachen lässt. Die Yacht muss am Freitag um 17 Uhr wieder zurück sein. Sie ist es auch in den allermeisten Fällen, obwohl mancher Skipper mit sechs Windstärken schon im Hafen schlicht überfordert ist und gute Seemanschaft ein Auslaufen eigentlich verbieten sollte. Doch was hilft's, der Vertrag muss eingehalten werden, sonst ist die Kaution weg oder der Flieger. Also läuft man doch aus und motort direkt auf den Zielhafen zu, was das Zeug hält, weil unter Segeln aufzukreuzen länger dauert und einigen vielleicht zu gefährlich erscheint. Zweifellos wäre es sinnvoller, einen Tag zu warten, bis sich das Wetter so weit beruhigt hat, dass man angenehm weitersegeln kann.

Schlüsselboje

Ein Palstek-Leser-Tipp von Tobias Richter

Aus einer kleinen Zitronenkonzentrat-Flasche lässt sich im Handumdrehen (vielleicht sind insgesamt sechs Umdrehungen nötig), wenn man die kleine Ösenschraube in das Öffnungsloch dreht, eine prima Schlüsselboje für die Schlüssel an Bord herstellen.

Stopfen dauerhaft einkleben, Ösenschraube in diesen einschrauben – mit einem Tropfen Klebstoff als Dichtung. Fertig. Vier bis fünf Schlüssel trägt die Boje ohne Probleme.

BESSER NÄHEN DURCH KLEBEN

Ein Palstek-Leser-Tipp von Rolf Erne

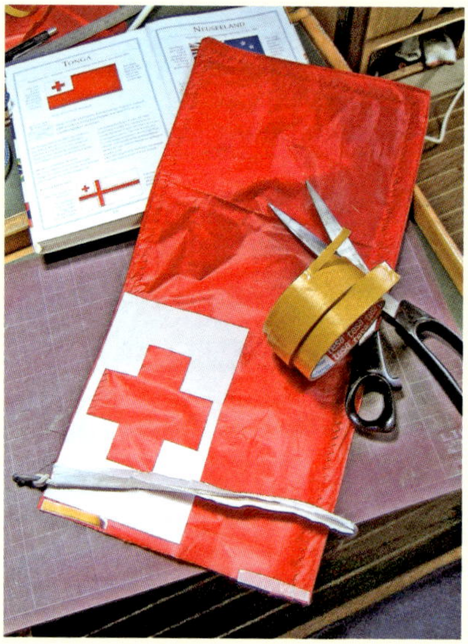

Welcher Fahrtensegler kennt nicht das Problem bei Segelreparaturen, vor allem beim Umnähen und Verstärken von Lieken oder beim Aufnähen von größeren Flicken von Hand? Verrutscht das Segeltuch beim Nähen auch nur geringfügig, ergeben sich hässliche und unerwünschte Falten und von einer gleichmäßigen Kraftaufnahme kann nicht mehr die Rede sein.

Profis kleben Nähte von Segeln, Biminis und Niedergangspersenninge vor dem Nähen mit einem speziellen doppelseitigen Klebeband, welches sich aus einem Dispenser einfach abrollen lässt. Wir behelfen uns an Bord mit dem billigeren doppelseitigen Teppichklebeband aus dem Baumarkt. Meistens genügt ein schmaler und kurzer Streifen, um die beiden Teile zusammenzuhalten. Die meistens um die 50 Millimeter breite Rolle schneiden wir zu diesem Zweck mit einem scharfen Cutter in verschiedene Breiten. Das Teppichband trägt zwar ein wenig dicker auf als das Originalband von 3M, wir konnten bis jetzt jedoch noch keinerlei Nachteile daraus feststellen. Diese Klebetechnik eignet sich auch besonders für das Nähen von Gastlandflaggen (siehe Bild), um die verschieden farbigen Teile vor dem endgültigen Nähen korrekt aufeinanderzuhalten. Beim Nähen mit der Maschine ist darauf zu achten, dass das Klebeband nicht genau in die Naht zu liegen kommt, da sonst Nadel und Faden allenfalls verkleben und durch abweichende Fadenspannung unsaubere Nähte entstehen. Das Teppichklebeband hat gegenüber dem Profiband zudem den Vorteil, dass es sich, falls gewünscht, vor dem endgültigen Zunähen entfernen lässt.

Kleinere Risse und Verstärkungen in unseren Segeln kleben wir übrigens mit langjährigem Erfolg ausschließlich mit speziellem Klebesegelstoff für Segelnummern. Dieser ist in verschiedenen Farben bei jedem Segelmacher zu kaufen, leider aber nicht ganz billig.

Besser abdichten

Ein Palstek-Leser-Tipp von Daniel Brücher

Das Selbernähen einer Segeljacke ist eine feine Sache. Für das Abdichten der Nähte kann Silikon genommen werden. Das habe ich selbst schon an leckendem Ölzeug mit Sikaflex erfolgreich gemacht, allerdings ist es eine ziemliche Schmiererei. Einfacher und haltbarer geht es mit Naht-Dichtband aus dem Camping-Zubehör (zum Beispiel Fritz Berger). Drei Meter kosten 4,25 Euro. Schutzpapier abziehen, von innen über die leckende Naht kleben, andrücken, fertig!

Segeln ist nicht nur segeln für mich. Segeln bedeutet auch, sich den touristischen Schätzen der Küste zu nähern; es bedeutet, einen Ruhetag einzulegen, um spazieren zu gehen; es bedeutet im Sommer, an einer Schäre in Skandinavien vor Bugleine und Heckanker zu liegen und die helle Nacht mit tausend Geräuschen auf sich einwirken zu lassen, und es bedeutet auch baden, angeln, lesen, Musik hören, ohne gestört zu werden.
Wenn Sie darüber hinaus Freude daran haben, etwas selbst herzustellen, was es so nicht zu kaufen gibt oder als Spezialanfertigung sehr teuer ist, dann liegen wir auf der gleichen Wellenlänge.

Anforderungen an den folgewilligen Leser

Liebe Leserin, lieber Leser, bevor Sie sich daranmachen, den einen oder anderen Vorschlag aus meinem Buch aufzugreifen, möchte ich einige Gedanken ansprechen, die ich in diesem Zusammenhang für unabdingbar halte, um dem Unternehmen zum Erfolg zu verhelfen.
Um etwas selbst machen zu können, brauchen Sie Werkzeug und einen Ort, wo Sie mit dem Werkzeug umgehen können. Das meiste von dem, was in den folgenden Abschnitten besprochen wird, setzt keine Spezialausrüstung voraus.

Wasser für den Wasserpass

Ein Palstek-Leser-Tipp von Ingo Grellert

Der Wasserpass meines Bootes (mit Einkomponenten-Lack gestrichen) ist im Herbst stets sehr durch öl- und teerhaltige Verunreinigung verschmutzt. Im letzten Herbst habe ich es wegen widriger Umstände nicht geschafft, den Wasserpass, wie üblich, mit Verdünnung oder Spiritus zu reinigen. Das Boot wurde abgeplant.

Im Frühjahr widerstand der Schmutz jeglicher Reinigung mit Spiritus oder Teerentferner. Dann beobachtete ich, dass Regentropfen saubere Streifen in der Schmutzschicht hinterließen. Daraufhin habe ich den Wasserpass mit einem sauberen Tuch (es muss ein Tuch sein) und destilliertem Wasser abgerieben. Ergebnis: Der Wasserpass ist vollständig von Verschmutzung gereinigt und strahlt in altem Glanz. Eine Lackierung ist dieses Jahr nicht notwendig.

Eine normale Heimwerkerausstattung zur Bearbeitung von Holz und Metall sollte genügen, wenn sie von ordentlicher Qualität ist.

Für unabdingbar halte ich allerdings ein Schweißgerät. Eine ganze Reihe von Ausrüstungsgegenständen werden aus Metall gefertigt, und da muss eben des Öfteren geschweißt werden. Da Sie nicht ein ganzes Schiff zusammen schweißen wollen, genügt ein preiswertes Gerät aus dem Baumarkt für Ihre Zwecke. Wenn Sie sich eines besorgt haben, dann üben Sie, am besten unter Anleitung eines Freundes, der schweißen kann.

DIESE HÄLT AUCH BEI BRISE

Ein Palstek-Leser-Tipp von Frank van Tongeren

Gezahnte Metallklämmerchen sind wirklich unabdingbar an Bord. Ich benutze sie, um einen Sicherungsclip für unsere Segelkappen daraus zu bauen. Der Clip mit dem schicken Namen „Cap catch clip" ist auch für rund 5 Euro im Handel zu bekommen. Es geht aber auch billiger. Wie geht man vor? Man kaufe zwei der Metallklämmerchen, die für einige Cent im Haushaltswarengeschäft als Geschirrtuchaufhänger verkauft werden. Die Enden aufbiegen und die Ösen entfernen. Geeignetes Stückchen Leine von zirka 20 Zentimeter nehmen und anstelle der alten Ösen mit einer Zange festklemmen. Natürlich kann das Stückchen Leine farblich an die Bordmode angepasst werden. Mit diesem Sicherungsclip gehört das „Hat over Board"-Manöver (HOB) definitiv der Vergangenheit an.

Sie können es sich aber auch alleine beibringen. Kaufen Sie sich eines der billigen Heftchen für Berufsschüler, herausgegeben vom Deutschen Boots- und Schiffbauer-Verband. Schweißen ist Übungssache. Besorgen Sie sich diverse Schrottteile und fangen Sie einfach an. Sie brauchen keine Fallnähte zu üben, die meisten Teile sind so klein, dass man sie bequem vor sich hinlegen kann, um daran zu schweißen.

Halten sollten Ihre Nähte aber in jedem Fall, auch unter Belastung. Malen Sie sich ruhig aus, was passiert, wenn im falschen Moment das aufgeschweißte Rundeisen von der Platte ihrer selbstgeschweißten Klampe reißt und die Schot unter Belastung lose kommt. Während der Übungsphase sollten Sie versuchen, die zusammengeschweißten Teile mit Gewalt auseinanderzubrechen. So sehen Sie, ob das Material miteinander verschmolzen ist.

Um die Schweißspuren zu glätten, brauchen Sie einen Winkelschleifer. Auch wenn Sie es schon hundert Mal gehört haben, ich wiederhole es dennoch: Beachten Sie die Sicherheitsmaßnahmen, wenn Sie schweißen und schleifen: Handschuhe und Augenschutz müssen sein.

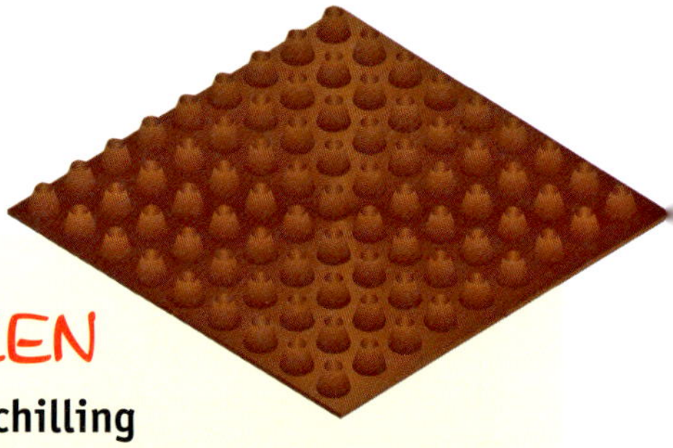

Trockene Matratzen

Ein Palstek-Leser-Tipp von Michael Schilling

Zum Thema der feuchten Matratzenunterseiten: Da es letztlich darum geht, die warme Matratze von der meist kalten Unterlage zu entkoppeln und den Zwischenraum zu lüften, kauften wir im Baustoffhandel eine entsprechende Menge Grundmauerschutzmatte. Sie wird als Rollenware in verschiedenen Breiten angeboten, unter anderem unter dem Markennamen *Delta MS*, eine braune Noppenbahn, mit etwa fingerhutgroßen, 2,5 Zentimeter hohen Noppen. Zusätzlich stanzte ich noch Löcher in die Noppen. Zuschneiden lässt sich die Bahn mit einem scharfen Messer und man kann sie, falls gewünscht, mit doppelseitigem Klebeband fixieren. Für den Betrag von unter zehn Euro haben wir seitdem trockene Matratzenunterseiten.

Viele der nachfolgend beschriebenen Arbeiten können problemlos zu Hause erledigt werden, wenn Sie einen Hobbyraum, eine Werkstatt oder eine Garage zur Verfügung haben. Im Sommer können Sie natürlich auch im Freien arbeiten. Wenn Sie im Keller Metall schleifen und schweißen müssen, achten Sie ganz besonders auf Brandschutz und halten Sie einen Feuerlöscher griffbereit.

Neben einer sinnvollen Ausstattung mit Werkzeug und ausreichend Platz halte ich auch die Berücksichtigung der folgenden Gesichtspunkte für unabdingbar: Erstens, seien Sie sich sicher, dass Sie es machen wollen. Wenn Sie nur halbherzig an die Sache herangehen oder von Zweifeln geplagt sind, ob das Segeln mit einem eigenen Boot tatsächlich das Richtige für Sie ist, dann lassen Sie es bleiben. Die Gefahr, dass das ganze Unternehmen in Frustration und finanziellem Verlust endet, ist zu groß.

Wenn Sie aber wirklich davon überzeugt sind, es zu wollen, dann trauen Sie sich auch etwas zu. Die handwerklichen Fähigkeiten, die im Folgenden vorausgesetzt werden, sind bei vielen von Ihnen mit Sicherheit vorhanden oder lassen sich problemlos erlernen. Es besteht nicht der geringste Anlass für die Annahme, Sie seien nicht in der Lage, das zuwege zu bringen, was Tausende andere auch geleistet haben. Die Sorge, handwerklich zu scheitern, ist meistens

MÜCKENSCHUTZ

Ein Palstek-Leser-Tipp von Werner Axmacher

Eine einfache Lösung zum Fernhalten von Insekten: einige kurze Klettbandstreifen oben auf den Niedergang kleben und bei Bedarf Insektenschutzgitter anheften. Funktioniert ebenso bei allen Luken. Wenn es nicht benötigt wird, nimmt es auch (fast) keinen Platz weg, da man keinen Rahmen mit verstauen muss.

Verwendung von Gurten

Ein Palstek-Leser-Tipp von Niels Bruhn

Sitzt man in der Plicht auf der hohen Kante, so drücken die dünnen Relingdrähte unangenehm im Rücken. Die aus Schaumstoff hergestellten Schoner halten meist nicht lange, verdrehen sich, und schön sehen die Dinger auch nicht gerade aus.
Eine preiswerte Alternative haben wir aus zwei PKW-Sicherheitsgurten und vier kleinen Edelstahlblechen hergestellt. Dieser Gurt wird im Plichtbereich zwischen Heckkorb und einer Relingstütze gespannt, wobei eine Seite mit einem Schäkel und die andere mit einem Spanner oder Gummistropp angeschlagen werden kann, damit der Gurt immer straff gespannt ist.
Diese Lösung verwenden wir seit zwei Jahren ohne erkennbare Schwächungen durch UV-Einstrahlung oder Witterung. Die Gurte stammen übrigens aus einem VW Passat, Baujahr 1984!, das Material scheint wirklich unverwüstlich zu sein.
Die erforderlichen Ein-Millimeter-Bleche werden zugeschnitten und entgratet, mit etwa 120 Grad vorgekantet und mit dem offenen „V" nach oben zeigend in einen Schraubstock gespannt. Dann das einmal umgeschlagene Gurtende in das „V" einlegen und den Schraubstock zudrehen. Dadurch wird das Blech fest auf den Gurt gequetscht. Das Blech sollte man anschließend polieren. Die Spannbacken, wenn möglich, mit Aluminium-Winkeln versehen, sonst gibt es hässliche „Backenmuster" im Blech.

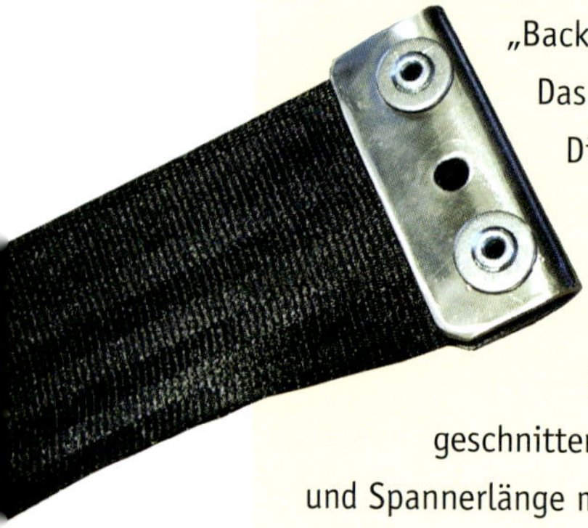

Das Blech bekommt anschließend drei 4,1-Millimeter-Bohrungen. Die äußeren dienen der Vernietung mit Edelstahl-Blindnieten, die mittlere Bohrung wird noch auf 5,5 Millimeter Durchmesser aufgebohrt und nimmt den Schäkelbolzen auf. Diese Konstruktion hat testweise 150 Kilogramm Last klaglos ausgehalten.
Natürlich muss der Gurt zuvor mit einem Cuttermesser auf Länge geschnitten werden, die sich nach dem Stützenabstand richtet (Schäkellänge und Spannerlänge mit einrechnen!).

unbegründet, und mit jedem Stück, das Sie fertigstellen und das schön und zweckmäßig ist, wird Ihr handwerkliches Selbstvertrauen wachsen.
Drittens, planen Sie sorgfältig. Es wäre schade, wenn durch ungenügende Planung plötzlich zu wenig Material zur Verfügung steht, wenn Sie ein Stück zu kurz abschneiden, ein Loch an der falschen Stelle bohren oder sonstwie murksen. Im gleichen Atemzug rate ich jedoch, flexibel zu sein. Ergibt sich eine günstige Möglichkeit, an brauchbares Material zu kommen, ist es häufig einfacher, etwas Vorhandenes geringfügig abzuändern, als etwas anderes aufgrund vorhandener Planung komplett neu anzufertigen. Seien Sie für Alternativen offen.
Viertens, nehmen Sie sich Zeit. Genau so schädlich wie unzureichende Vorbereitung ist Hast. Das trifft auf die eigentliche Arbeit genauso zu wie auf die insgesamt veranschlagte Zeit. Fangen Sie mit Ihrem Projekt so früh an, dass Sie rechtzeitig vor dem geplanten Törn fertig werden und dass Sie auch noch Zeit haben, Ihr Werk auszuprobieren und gegebenenfalls einen zweiten Versuch zu unternehmen, sollte wirklich etwas schiefgehen.
Zum Schluss: Klären Sie Ihr Vorhaben unbedingt mit Ihrer Familie ab. Als Laie hat man nicht selten völlig falsche Vorstellungen, wie lange etwas dauert. Wenn Sie also glauben, eine Arbeit sei in einer Stunde zu erledigen, dann kalkulieren Sie mindestens zwei ein. Sind Sie eher fertig, können Sie noch den Rasen mähen oder den Geschirrspüler ausräumen. Das schafft häusliche Pluspunkte. Es hilft, Spannungen abzubauen und einer Aversion gegenüber Booten und dem Segeln im Familienkreis vorzubeugen, wenn Sie zeitlich eher großzügig planen und Ihre Planung auch wirklich einhalten und rechtzeitig fertig sind.

Und nun, frisch ans Werk!

Wie komme ich an ein Schiff?

Natürlich können Sie sich ein Schiff kaufen. So richtig im Geschäft und von der Stange sozusagen. Der Nachteil ist nur, dass das Unternehmen nicht ganz billig sein dürfte. Selbst für ein Schiff von nur fünf bis sechs Metern ist ein stolzer Preis fällig, weil Boote in dieser Größe nur in kleinen Serien gebaut werden, was sie entsprechend teuer macht.

Ein Meter von einem Zehn-Meter-Schiff ist deutlich billiger. Dazu kommt weiterhin, dass die Boote von der Stange in der Regel vieles von dem schon an Bord haben, womit sich dieses Buch befasst. Außerdem neigen moderne Werftprodukte stark dazu, den Hightech-Aspekt zu betonen, um sportliche Segler anzusprechen. Dieser Weg ist für uns nicht der richtige. Noch teurer ist es, sich ein Schiff nach persönlichen Wünschen bauen zu lassen.

Vielleicht fangen Sie lieber mit einem gebrauchten Boot an. Das Angebot ist unüberschaubar groß, und Sie können sicher sein etwas, das Ihren finanziellen und größenmäßigen Vorstellungen entspricht zu bekommen.

Nicht nur die Segelzeitschriften bieten eine große Auswahl, noch größer ist sie bei einschlägigen Firmen und im Internet. Gebrauchtboote haben den großen Vorteil, dass normalerweise alles das schon drin ist, was der Vorbesitzer für sinnvoll hielt. Und wenn das Schiff in einem vernünftigen Zustand ist, spricht nichts gegen ein Gebrauchtboot, außer der Tatsache, dass der Selbermacher entsprechend wenig Gelegenheit findet, seinen Tatendrang auszuleben.

Der komplette Selbstbau oder Eigenbau ist ein weiterer Weg, um zu einem Schiff zu kommen. Aller Erfahrung nach schlägt anfänglicher Enthusiasmus aber leicht in Frustration um, wenn sich das Unternehmen in die Länge zieht, wenn unvorhergesehene Schwierigkeiten auftreten oder wenn finanzielle Engpässe, Krankheiten oder Arbeitslosigkeit das Projekt gänzlich gefährden. Ich möchte wirklich niemanden davon abhalten, sein Boot zu bauen, doch sollten der zeitliche Rahmen und der damit einhergehende Stress nicht unterschätzt werden.

Wenn Sie sich ernsthaft für ein Gebrauchtboot interessieren, sollten Sie dringend versuchen, jemanden zum Besichtigungstermin mitzunehmen, der möglicherweise den Zustand des Objektes noch besser beurteilen kann, als Sie selbst es können. Am klarsten ist die Sache häufig, wenn keine Versuche unternommen worden sind, das Boot für den Verkauf herzurichten. Frisch aufgetragene Farbe oder ausgespachtelte Stellen können ein Indiz dafür sein, dass etwas hinter dem schöne Schein verborgen werden soll.

Abgeblätterte Farbe oder ein gänzlich unlackierter Rumpf mit Macken ist auf jeden Fall ehrlicher, und der Käufer weiß, was ihn erwartet. Scheuen Sie sich nicht, bei Holzschiffen einen Marlspieker oder einen Schraubendreher kräftig ins Holz zu drücken, um die Festigkeit des Holzes zu prüfen. Der Verkäufer ist natürlich zu fragen, bevor Sie sein Boot anstechen. Lässt der Verkäufer das nicht zu, sollten Sie die Finger von dem Objekt lassen.

Setzt man geringen finanziellen Aufwand und eigenen Fleiß nebeneinander an die erste Stelle, so bietet es sich häufig an, ein noch nicht fertiges Boot zu erwerben. Abgebrochene Selbstbauprojekte sind lohnende Ziele, nach denen man Ausschau halten kann. Man braucht auch keine Gewissensbisse zu haben, dass dies etwas mit Leichenfledderei zu tun haben könnte. Sie suchen einen Rumpf, ein anderer hat einen, kann ihn nicht mehr brauchen und versucht, ihn loszuwerden.

Bei Ebay im Internet finden sich immer wieder entsprechende Angebote, wo man für wenige hundert Euro einen Rumpf erwerben kann. Die Anzeigen in „ordentlichen“ Segelzeitschriften sind für diesen Fall weniger geeignet, sie bieten meistens fertige Schiffe, aber Zeitschriften wie die „Bootsbörse“ sind eine wahre Fundgrube für Bastler. Scheuen Sie sich auch nicht, bei Bootsversicherungen nachzufragen, ob sich nicht irgendwo ein Versicherungsschaden herumtreibt, den Sie zum Restwert kaufen können.

Besonders nach heftigen Stürmen oder Bränden kann sich ein Anruf durchaus lohnen. Auf dem Gelände von Marinas und Vereinen gibt es stille Winkel, die oft von Schiffen belegt werden, die bereits im Ruhestand sind. Viele der betagten Rümpfe lohnen ein Refit. An der Küste werden Sie garantiert fündig.

Adressen von Yachtversicherern, Werften und Marinas gibt es reichlich im Internet oder beim Deutschen Boots- und Schiffbauerverband in Hamburg, der auch ein jährlich aktualisiertes Verzeichnis verlegt.

In jedem Fall sollten Sie sich im Vorhinein darüber im Klaren sein, wie groß Ihr Boot sein soll beziehungsweise wie groß es maximal sein darf. Wenn Sie wie ich von den Vorzügen eines Trailerbootes überzeugt sind, trifft diese Überlegung umso deutlicher zu. Normalerweise steht bereits ein Auto mit begrenzter Anhängelast zur Verfügung, in deren Rahmen ein Boot samt Trailer eingepasst werden sollte.

Ist das ins Auge gefasste Boot größer und damit schwerer, wird unter Umständen ein anderes Fahrzeug notwendig, vielleicht sogar ein Geländewagen, damit man nicht auf der Autobahn den Unmut aller Brummifahrer auf sich zieht. Es ist leicht nachzuvollziehen, dass solche Entscheidungen den ganzen Finanzplan über den Haufen werfen können. Wenn Sie mit dem Gewicht geizen müssen, prüfen Sie es, bevor Sie einen Rumpf kaufen. Beim Technischen Überwachungsverein (TÜV) oder auch bei Lagerhäusern stehen Waagen zur Verfügung, wo man für wenig Geld das Gewicht ermitteln kann, um dann darauf aufzubauen.

Nun nehmen wir an, dass Sie fündig geworden sind, und das gute Stück steht bei Ihnen für den weiteren Ausbau bereit, vielleicht sogar im eigenen Garten.

Diebstahlsicherungen

Zwei Palstek-Leser-Tipps von Marco Bredlow

Alleingelassene Außenborder haben an Steganlagen oft die unschöne Angewohnheit, sich in Luft aufzulösen. Oft sieht man wüste Konstruktionen, meistens aus Ketten und Vorhängeschlössern, die dies verhindern oder zumindest erschweren sollen. Diese Vorrichtungen sind oft so gebaut, dass man vor dem Einsatz des Motors diesen erst einmal „befreien" muss, oder sie führen zu Nutzungseinschränkungen während des Betriebs. Wir versuchen, Dieben das Handwerk durch zwei Maßnahmen zu erschweren: Die Laufschienen des Motorschlittens wurden am oberen Ende durch passend gearbeitete und mit Blindnieten befestigte Bleche blockiert; so lässt sich der Schlitten nicht mehr ohne Weiteres entfernen. Als zweite Maßnahme haben wir am Spiegel eine Ringschraube mit einem circa 40 Zentimeter langen Stahldraht mit verpressten Kauschen befestigt, die innen mit einer stabilen Gegenplatte versehen ist. Das freie Ende ist mit einem Vorhängeschloss in einer für diesen Zweck am Motor angebrachten Bohrung befestigt. Diese Konstruktion ver- oder zumindest behindert die Entfernung des Motors, schränkt aber die Funktion des Schlittens und des Motors nicht ein.

Nun gibt es Zeitgenossen, die nicht nur den Motor, sondern gleich das ganze Boot mitnehmen wollen. Wenn möglich, mit eigener Motorkraft. Um dies zu verhindern, haben wir früher ständig den Tank des Außenborders mitgeschleppt. Dazu fiel mir folgende Lösung ein: Der Kraftstoffschlauch wurde am Tank gekappt und an dieser Stelle eine (möglichst unübliche) Schlauchkupplung angebracht. Nun nehmen wir nur noch den Schlauch von Bord. Es ist schon ziemlich unwahrscheinlich, dass der potenzielle Dieb einen passenden Schlauch einschließlich Kupplung dabeihat. Der Tank wird natürlich trotzdem an Bord weggeschlossen. Zum Schluss noch ein Hinweis: In Berlin kann man seinen Außenborder bei der Polizei registrieren lassen. Das gute Stück bekommt dann einen Aufkleber – vielleicht hilft's ja.

MEIN SCHIFF

Lieber Leser, ich möchte Ihnen meine Vorstellung von einem Schiff nahebringen. Wie Sie aus dem bisher Gesagten leicht nachvollziehen können, plädiere ich für ein Lowtech-Schiff im Gegensatz zu den meisten Werftbauten, die ich als Hightech-Schiffe bezeichnen möchte. Konkret bedeutet das unter anderem Folgendes: Bei einem Hightech-Schiff zielt der Konstrukteur darauf ab, durch den Einsatz modernster Fertigungsmethoden und Materialien die Leistungsfähigkeit des Schiffes zu optimieren.

Eine solche Errungenschaft ist zum Beispiel die Fähigkeit, unter 40 Grad hoch am Wind zu segeln. Ein Wendewinkel von unter 80 Grad ist in engen Revieren zweifellos eine famose Sache, weil es die Anzahl der Kreuzschläge vermindert. Abgesehen von der Optimierung des Unterwasserschiffes ist eine derartige Leistung aber nur möglich mit einer hohen und schmalen Hochtakelung, ausgefeilten Segelschnitten und der neuesten Technologie bei Segeltuchen, Fallen und Schoten. Das wiederum bedeutet eine enorme Spannung auf den Wanten und Stagen, die ihrerseits vernünftig in die Rumpfstruktur eingeleitet werden muss.

Durch die dynamischen Kräfte, die beim Segeln auftreten, wird die sowieso schon gewaltige Belastung oft ruckartig um ein Vielfaches erhöht, was den Rumpf auf Dauer nicht unbeeindruckt lässt. Die Leseranfragen in den Segelzeitschriften haben immer wieder Probleme mit der Rumpffestigkeit zum Thema, die noch dadurch verschlimmert werden, dass viele Werften durch den Kostendruck im internationalen Wettbewerb bei den Materialstärken an die unterste Grenze des Vertretbaren gehen. Spektakuläre Unfälle vom Auseinanderbrechen einer Rennziege bis zum Abreißen eines Kiels zeigen, dass die Materialauslegungen den Belastungen offenkundig nicht gewachsen waren.

Hightech-Schiffe können ihr Potenzial weiterhin auch nur dann voll ausschöpfen, wenn sie von einer entsprechend trainierten Crew gesegelt werden und wenn sie die neueste Generation der Ausrüstung an Bord haben. Dass

Rutschfest

Ein Tipp von Franz Kimmel

Lackierte Naturholzflächen sind eine Augenweide auf jedem Schiff, jedoch sind sie glatt und bei Nässe gefährlich rutschig. Aufgeklebte Antirutschstreifen sind hässlich und haben meist nach einer Saison schon Eselsohren. Beschichtungen mit in Farbe gelöstem Granulat sind auch keine Zierde. Seit vielen Jahren verwenden wir folgenden Kniff: Wir denken uns ein dekoratives Muster und bringen dies mit Klebeband aufs Holz (Klebeband dahin, wo die Fläche glatt bleiben soll). Zwischen den Klebebandstreifen noch einmal sanft anschleifen und ein weiteres Mal lackieren. In den frischen Lack streuen wir Salz. Um Klumpen zu vermeiden, nehmen wir ein Sieb oder verreiben das Salz zwischen den Handflächen. Nach dem Aushärten entfernen wir das Klebeband und spülen die Fläche mit viel Wasser. Das Salz löst sich auf und zurück bleibt eine rutschfeste Fläche, die farblich vom lackierten Holz nicht abweicht. Wer es etwas gröber haben möchte, nimmt Zucker. Bei den Niedergangsstufen haben wir allerdings die Kanten mit einem zierlichen Stufen-Kanten-Profil aus Aluminium (Baumarkt) verstärkt.

dabei alles datenmäßig vernetzt ist, ist selbstverständlich. Um bei eventuellen Ausfällen nicht hilflos den Elementen preisgegeben zu sein, muss die ganze Apparatur unabhängig voneinander in doppelter Ausführung vorhanden sein. Das bedingt weiterhin die Notwendigkeit, genügend Energie mitzuführen oder täglich zu erzeugen.

Das heißt, letztlich ist das Segeln nur dann möglich, wenn die Batterien voll sind, damit diese die Navigationsinstrumente und allerlei Annehmlichkeiten mit Strom versorgen.

Schließlich nehmen wir einen Reparaturfall an. Entweder der Skipper oder einer seiner Mitsegler ist Spezialist im gerade vorkommenden Fall und hat glücklicherweise auch noch das passende Ersatzteil zur Hand oder es muss ein Hafen angelaufen werden, damit die Reparatur professionell durchgeführt werden kann. Ist im ersteren Fall eine Reparatur mit Bordmitteln nicht möglich, kann schlimmstenfalls die Einsatzfähigkeit des Schiffes ernstlich gefährdet sein, letzterer Fall bedeutet zumindest Verzicht auf das Segeln, Untätigkeit im Hafen und Kosten.

Bei einem Chartertörn in Kroatien vor einigen Jahren brach an unserem

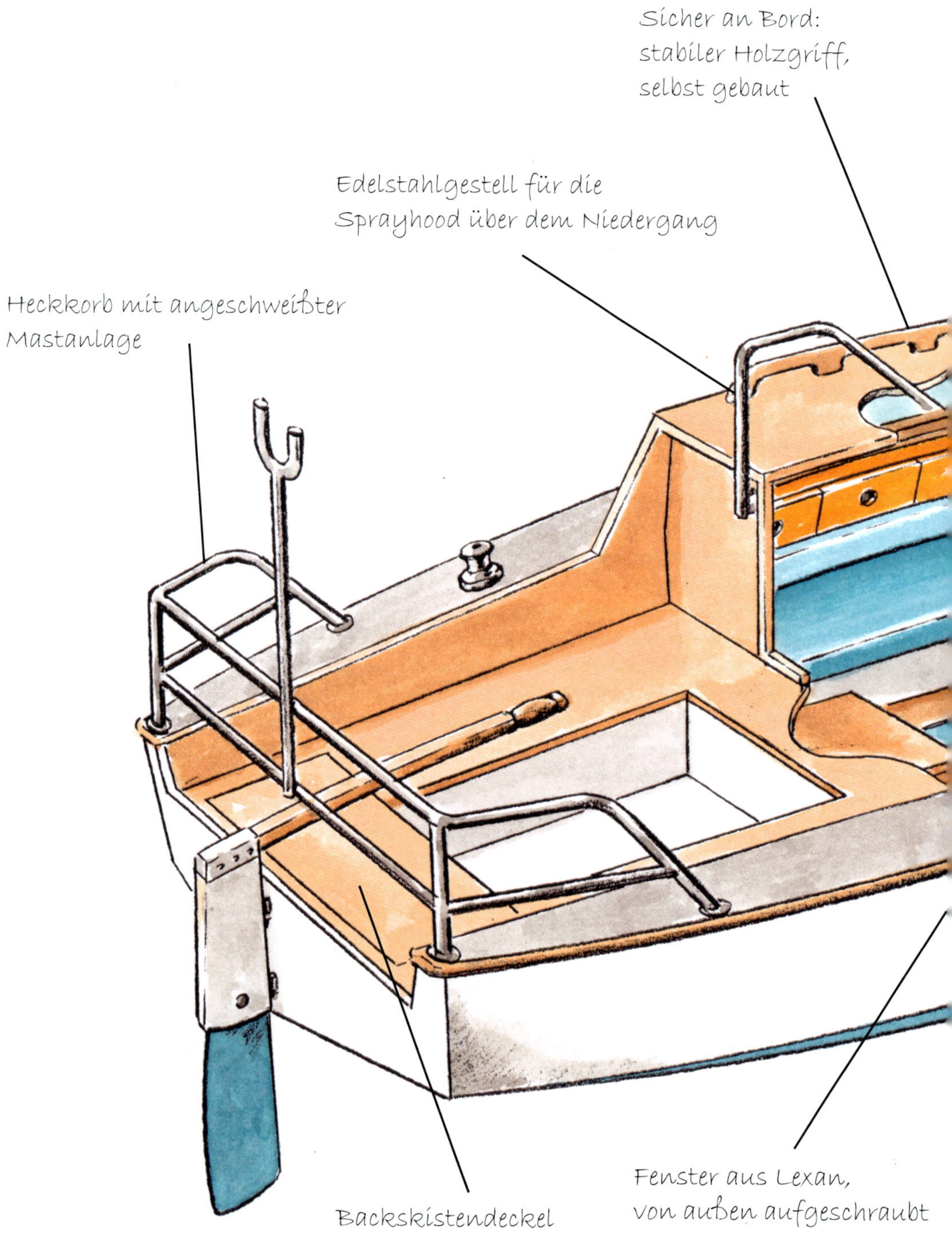
Sicher an Bord:
stabiler Holzgriff,
selbst gebaut
Edelstahlgestell für die
Sprayhood über dem Niedergang
Heckkorb mit angeschweißter
Mastanlage
Fenster aus Lexan,
von außen aufgeschraubt
Backskistendeckel

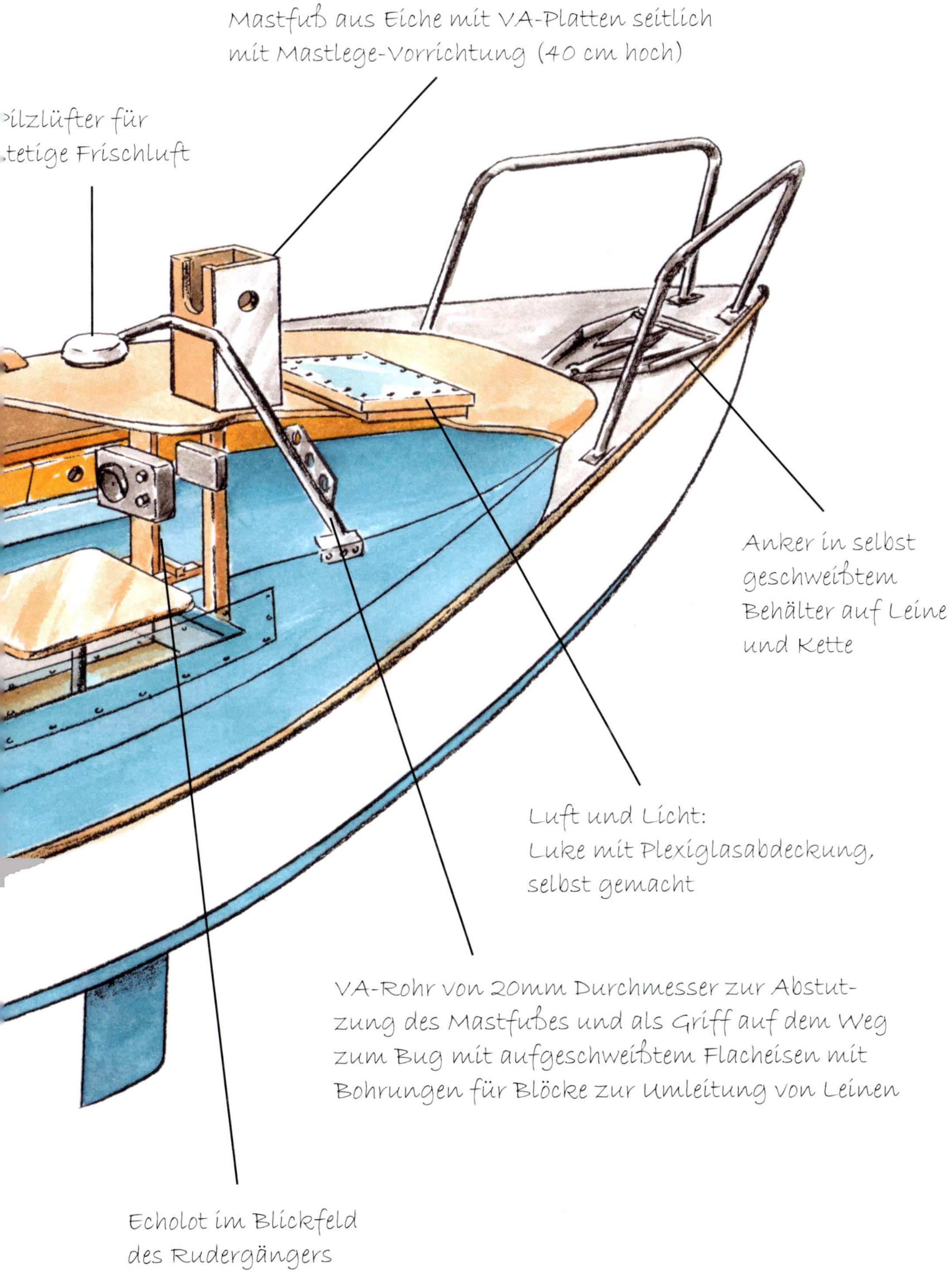
Mastfuß aus Eiche mit VA-Platten seitlich
mit Mastlege-Vorrichtung (40 cm hoch)
ilzlüfter für
tetige Frischluft
Anker in selbst
geschweißtem
Behälter auf Leine
und Kette
Luft und Licht:
Luke mit Plexiglasabdeckung,
selbst gemacht
VA-Rohr von 20mm Durchmesser zur Abstut-
zung des Mastfußes und als Griff auf dem Weg
zum Bug mit aufgeschweißtem Flacheisen mit
Bohrungen für Blöcke zur Umleitung von Leinen
Echolot im Blickfeld
des Rudergängers

Sonnensegel selbst genäht

Ein Palstek-Leser-Tipp von Lutz H. Hamilton

Um die Plicht nicht durch ein Sonnensegel im Kopfbereich zeltdachmäßig zu verkleinern, haben wir vom Segelmacher einen kleinen Ballen Segelcoverstoff erworben und selber ein verwandelbares Sonnendach genäht. Hauptträger ist der Baum, bei uns der des Besan, aber ein Großbaum erfüllt diese Aufgabe genauso gut. Um die nötige Kopffreiheit zu erhalten, liegen darauf an den Enden waagerechte Trägerstangen, die in je einen Hohlsaum des Sonnensegels eingeschoben werden. Wenn passende Wanten als Halter vorhanden sind, erübrigt sich eine der Stangen.

Die Stangenlänge entspricht der gewünschten Dachbreite plus einem an den Seiten jeweils 10 bis 20 Zentimeter herausragenden Sicherheitsstückchens. Für den seitlichen Sonnenschutz sind auf jeder Seite zwei Teile angenäht, die je nach Sonne, Regen oder Wind separat hochgerollt werden können. Oben sind an den entsprechenden Stellen innen und außen Klettbänder aufgenäht, sodass der aufgerollte Stoff leicht fixiert werden kann. In die unteren doppelt umgelegten Kanten sind Ringösen genietet, durch die Gummistropps geknotet sind, damit die Seitenblenden in ausgerolltem Zustand an der Fußreling oder Ähnlichem befestigt werden können. Bewährt hat es sich, die Größe der Seitenteile so zu wählen, dass unten eine Lücke bleibt, damit Luft zirkulieren kann. Bei uns war noch der Besanmast in das Dach mit einzubeziehen. Die entsprechende Aussparung wurde mit scheuerfestem Band verbrämt und kann hinter dem Mast ebenfalls mit aufgenähten Klettbändern verschlossen werden. Weitere Haltebänder sind aus dreilagigem Stoff gefertigt. An deren Enden sind Karabinerhaken eingenäht, die in ebenfalls eingenähte Hufeisenschäkel greifen. So können die Haltebänder, falls es die Bauform des Schiffes erfordert, beispielsweise um die Reling gelegt werden.

An die vier Ecken des Daches sind die Haupthaltebänder genäht, die durch Zug und Gegenzug nach unten Stabilität erzeugen. Potentielle Scheuerstellen wurden mit aufgesetzten Stoffstücken gedoppelt. Alle Nähte sind mit einer normalen Haushaltsnähmaschine dreimal nebeneinander im Zickzackstich mit normalem Polyester-Nähgarn genäht. Mit hochgerollten Seiten kann sogar gesegelt werden, auch Wind bis sieben Beaufort hat das Sonnen- (und Regen-)dach bisher schadlos überstanden.

Den übrig gebliebenen Stoff haben wir benutzt, um in ähnlicher Weise eine Dingipersenning nebst Außenborderhülle, Sonnensegel für die Vorschiffsluken, Sonnencover für die Rettungsleine sowie Fenderbezüge zu nähen.

Sonnendach mit aufgerollten ...

... und heruntergelassenen Seitenteilen

Bei Letzteren besteht der Trick darin, vor dem Überziehen der unten rund und oben gerade geschnittenen Cover etwas Luft aus den Fendern abzulassen. Nach dem Verschnüren des Leinendurchzugs an der Oberkante wird die Luft wieder aufgeblasen, bis das Cover stramm sitzt. So werden unansehnliche Fender wieder schön, und außerdem wird ihnen das Quietschen zwischen den sich bewegenden Schiffen ausgetrieben.
Im Übrigen: Klettbänder zum Kleben lassen sich auf Stoff kurzfristig durch die selbstklebende Rückseite anheften, um genau platziert zu werden. Danach werden sie aufgenäht. Klettbänder haben sich aber nicht nur zum Aufnähen sehr bewährt. Auch als Bändsel sind sie in vielen Größen universell verwendbar, und sie halten der Sonne besser stand als Gummiseile.

Klettband zur Fixierung der aufgerollten Seitenteile

Haltebänder mit Schäkel und Karabinerhaken

Schiff der Wirbel der Rollgenua, als das Segel etwa zu zwei Dritteln ausgerollt war. Es ging nichts mehr vor noch zurück. Eine Reparatur auf See war unmöglich, also mussten wir den nächsten Hafen anlaufen, der überhaupt nicht unserer Planung entsprach. Dort waren wir eineinhalb Tage zu Untätigkeit verurteilt, bis die Sache erledigt war. Verstehen Sie nun, warum Segel, klassisch angeschlagen mit Stagreitern, meine Favoriten sind?

Was mich aber am meisten an dieser Art Segeln stört, ist, dass ich als Skipper nicht mehr Herr über mein Schiff und meine Entscheidungen bin, dass ich abhängig bin vom Funktionieren der Technik. Und überall da, wo Technik im Spiel ist, greift Murphys Gesetz: Alles, was kaputtgehen kann, geht irgendwann kaputt, und in der verschärften Version geht es dann kaputt, wenn man am nötigsten auf eine funktionierende Technik angewiesen ist.

Außerdem wage ich die natürlich provokante und nicht beweisbare Vermutung, dass die Anhäufung von vernetzter und anfälliger Technik aller Art die seemännische Fähigkeit nicht fördert, sondern den Segler eher am Segeln hindert, dafür aber möglicherweise das Prestige unter seinesgleichen erhöht.

Die ketzerische Frage sei erlaubt, wie viele von den vernetzten Prestigeschiffen Skipper an Bord haben, die bei Motorausfall im Hafen von Pomer oder Lohme oder schlimmer noch in Cuxhaven mit Ebbstrom nur unter Segeln anlegen und auch wieder ablegen können, ohne größeren Schaden am eigenen Schiff, an anderen Schiffen oder an den Hafenanlagen anzurichten.

Zusammenfassend lässt sich sagen, dass moderne Hightech-Schiffe exzellente Segeleigenschaften am Wind haben, die das Reisen sehr stark verkürzen können. Das ist allerdings etwas, was ich nicht unbedingt anstrebe. Diese Eigenschaft muss erkauft werden mit enormen Kosten, mit enormer Beanspruchung des Materials, mit der Notwendigkeit, ausgefeilte Technik zu benutzen, die selten mit Bordmitteln reparabel ist und letztlich mit tendenziell abnehmender Souveränität des Skippers in seemännischen Dingen einhergeht.

Ich möchte klarstellen, dass mich nicht der blanke Neid zu solchen Äußerungen treibt. Ich gönne jedem sein Schiff, mit dem er glücklich werden will, und wenn jemand sein Glück darin findet, häufig in den technischen Innereien

Reff mit Gummi

Ein Palstek-Leser-Tipp von Uwe Seger

Bei meinem Tipp geht es um das einfache Bergen des Großsegels. Auf meiner Delanta 80 fahre ich ein Großsegel mit kurzen Latten und zwei Refföseń. An den Reffösen habe ich jeweils ein Gummiband befestigt, das ich nach dem Fieren des Großfalls am Ende des Großbaums einhake. Somit ist der größte Teil des Segels schon auf dem Baum aufgetucht und kann nicht mehr herunterrutschen. Den Rest des Segels befestige ich dann mit drei Zeisingen.

seiner Yacht zu wühlen, sie zu reparieren, zu verbessern oder auf den neuesten Stand zu bringen, so soll er es tun. Er tut mir nur leid, denn er segelt nicht. Genau das ist es aber, was ich will.

Demgegenüber stehen Lowtech-Schiffe, die sich durch folgende Merkmale auszeichnen: Ihr Rigg ist niedriger, womit auch der Segeldruckpunkt weiter unten liegt. Das hat zur Folge, dass nicht so viel Ballast notwendig ist. Ein einfacheres Rigg muss nicht so stramm, sondern kann etwas flexibel verstagt sein, sodass die Belastungen für den Rumpf weitaus geringer ausfallen. Ein Lowtech-Schiff hat ein tiefes Segel, womit auf allen Kursen außer hoch am Wind recht ordentliche Segeleigenschaften zu erreichen sind. Ein derartiges Segel erfordert keinen computeroptimierten Bahnenverlauf und keine Mylarfolien. Ordentliches Dacron reicht vollkommen aus. Ähnliches trifft auch auf das stehende und laufende Gut zu.

Ich plädiere leidenschaftlich für eine angemessene Einfachheit der navigatorischen Ausrüstung, die auf gar keinen Fall vernetzt ist, sondern deren Elemente einzeln und mit separater Energiequelle betrieben werden können. Ist in einem vernetzten System ein Fehler, ist die Gefahr nicht auszuschließen, dass alle Komponenten beeinträchtigt sein können. Die Überkomplettierung eines Schiffes lässt einen Skipper vermuten, der sich nicht auf seine eigene

Natürliche Reinigung

Ein Palstek-Leser-Tipp von Hartmut Reimer

Ja, mit Zitronensäure aus der Apotheke kann man leicht einen vergilbten Rumpf wieder weiß bekommen. Ich hatte aber keine Zitronensäure mehr zur Hand und probierte es mit einer umweltfreundlicheren und billigeren Methode: einer echten Zitrone. Es funktionierte. Keine zehn Zitronen brauchte ich, um den Rumpf meines 31-Fuß-Bootes so weiß wie zum Saisonbeginn zu bekommen. Einfach mit der Schnittstelle die Flächen einreiben, und schon wird der Gilb in Schwanenweiß verwandelt. Die ganze Arbeit war in circa einer Stunde getan.

Hochglanz für edle Teile

Ein Palstek-Leser-Tipp von Dirk Neuendorf

Jedes Jahr sind diverse Teile aus Messing oder Bronze an meinem Schiff angelaufen und bedürfen einer gründlichen Reinigung und Politur auf Hochglanz. Das bisherige Ergebnis aus viel Handarbeit und den unterschiedlichsten Mitteln war zwar befriedigend, aber eben auch mit jeder Menge Dreck und vor allem sehr viel Arbeit verbunden.

Dieses Jahr habe ich eine viel einfachere Methode herausgefunden: Die zu reinigenden beziehungsweise zu polierenden Stellen werden mit Zahnpasta eingerieben. Wer keine Zahnpasta nehmen will, kann auch feine Polierpaste (1200er Körnung) oder Sidol verwenden, beides ist jedoch um einiges teurer. Die Zahnpasta lässt man kurz antrocknen. Die jetzt eigentlich nachfolgende Handarbeit kann man extrem reduzieren, indem man ein altes Frotteehandtuch oder einen neuzeitlichen Mikrofaserlappen über einen Delta- oder Exzenterschleifer zieht und die Flächen damit poliert. Durch deren hohe Umdrehungszahl ist das Material bereits nach wenigen Sekunden auf Hochglanz gebracht, sodass man sich nach einem Wisch mit einem sauberen Tuch darin spiegeln kann. Um das Anlaufen zu verhindern, behandle ich die polierten Flächen anschließend mit Hartwachs.

und die Fähigkeit seiner Crew verlassen kann und will, sondern darauf, dass die Technik an Bord funktioniert.
Zusammengefasst spreche ich mich für ein Schiff aus, das sicher, preiswürdig, dem Revier angemessen, sinnvoll ausgerüstet und bequem sein soll. Darüber hinaus soll dem Segler eine ganze Menge an Arbeit und Ausrüstung durch eigenen Fleiß und Talent zugänglich sein, und das Boot soll unterwegs außer nach größeren Havarien mit Bordmitteln zu reparieren sein oder zumindest segelfähig gehalten werden können.
Das oben Gesagte ist nicht unbedingt eine Frage der Bootsgröße, es gibt eine Unmenge von großen Lowtech-Schiffen, doch für mich kommt noch ein ganz wichtiger Gesichtspunkt hinzu: Ich bevorzuge ein Trailerschiff. Dafür gibt es aus meiner Situation zumindest eine ganze Reihe guter Gründe.
Erstens wohne ich im Binnenland und habe es gerne, wenn mein Boot in erreichbarer Entfernung ist. So ist es viel einfacher, Wartungs- und Überholungsarbeiten durchzuführen, etwas anzupassen, auszumessen oder auszuprobieren. Weiterhin bin ich gerne flexibel in der Wahl meines Segelgebietes. Ich habe es etwa gleich weit zur Adria wie zur Ostsee, und ich schätze es, neue Reviere kennenzulernen. Dass dieses Ziel mit einem Trailerboot viel leichter zu erreichen ist, als wenn man immer vom gleichen Heimathafen aus startet, liegt auf der Hand.
Außerdem stehen einem Trailerboot faszinierende Reviere zur Verfügung, die einem größeren Boot mit größerem Tiefgang verschlossen bleiben oder nur mit erheblichem Aufwand zu erreichen sind. Man braucht nur an den Plattensee in Ungarn zu denken oder den Vänernsee in Schweden. Mit dem Boot am Haken ist man ruckzuck dort.
Hinzu kommt, dass man mit einem festen Liegeplatz sehr viel mehr von der Preisgestaltung des Hafenbetreibers abhängig ist, als wenn das Boot auf dem Trailer liegt. Auf die glücklichen Mitglieder von Segelvereinen mit eigenem Hafen trifft letztes Argument natürlich nicht zu, umso mehr hingegen für all diejenigen, die ihr Schiff bei einem kommerziellen Hafenbetreiber liegen haben.

Trailerboote gehen selten über eine Gesamtlänge (Länge über Alles) von 7,5 Meter hinaus, und das wirkt sich für das Portemonnaie günstig aus. Kleinere Ausrüstungsteile sind preiswerter als große, die Liegeplatzgebühren im Hafen während der Törns sind niedriger, und man braucht nicht immer zu kranen. Slippen ist deutlich billiger.

Schließlich ist der Kontakt zu Wind und Wellen auf einem kleinen Schiff viel unmittelbarer als auf einem großen, und das schätze ich ungemein. Andererseits sind mit einem relativ kleinen Boot Nachteile und Unannehmlichkeiten verbunden, die sich nicht wegdiskutieren lassen.

Dichtungen gegen Klappern

Ein Palstek-Leser-Tipp von Lutz H. Hamilton

Türen und Klappen an Bord benötigen häufig genau angepasste Dichtungen, damit sie im Seegang nicht klappern. Ich habe folgende Methode entwickelt: Das Rahmenholz wird satt mit Melkfett oder Vaseline eingerieben. Auf die Gegenseite – zum Beispiel eine Schranktür – wird entlang der ganzen Kante ein Silikonwulst aufgetragen, der etwas dicker als der zu füllende Spalt ist. Schließt man jetzt vorsichtig die Tür, presst sich der Dichtungswulst genau in die Form und passt sich auch in der Dicke an, ohne auf dem Rahmenholz zu haften. Nach dem Aushärten des Silikons wird die Tür geöffnet, die Vaseline entfernt und eventuell überstehende Silikonreste mit der Schere abgeschnitten. Will man die Dichtung besonders dick und dicht, so klemmt man an einer Stelle ein Distanzstück zwischen Tür und Auflage – zum Beispiel einen kleinen Holzklotz, der ein wenig dicker als die gewünschte Dichtung ist. Nach dem Aushärten des Silikonwulstes wird er entfernt. Nun kann die Tür mit etwas Druck auf das elastische Silikon geschlossen werden und dichtet durch die Spannung fast wasserdicht. Besonders bei Rundungen, die schwer mit handelsüblichen selbstklebenden Dichtungsbändern zu versehen sind, hat sich diese Methode sehr bewährt.

Auf längere Passagen über die offene See wird man wohl verzichten müssen. Bei noch so guten Bedingungen sind die 50 Seemeilen von Rügen nach Bornholm mit einem kleinen Boot ein unkalkulierbares Risiko, da aufgrund der bauartbedingten geringen Geschwindigkeit diese Reise mehr als zwölf Stunden dauern kann, in denen das Wetter sich verändern kann. Will ich nach Bornholm mit meinem Boot, starte ich eben von der Südostecke Schwedens. Auch ein äußerst reizvoller Törn in den Norfolk Broads muss nicht notwendigerweise bedeuten, dass ich zuerst auf eigenem Kiel über die Nordsee brettere. Man muss und soll das Risiko nicht künstlich in die Höhe treiben, die See wird es nicht verzeihen.

Dichte Laternen

Ein Palstek-Leser-Tipp von Jan Cordsen

Vor etwa zwei Monaten habe ich ein gebrauchtes Segelboot erworben. Da es über keinerlei Positionslaternen verfügte, kaufte ich die benötigten Modelle von der Firma *Aqua Signal*, Serie 40. Beim Anschließen der Lampen fiel mir auf, dass der Klemmraum zwischen den Klemmen und der Dichtung zum Kabel viel zu knapp bemessen ist. Das bedeutet in der Praxis, dass selbst bei kurzem Absetzen des Mantels dessen Ende aus der Verschraubung herausragt. Dadurch kann folglich auch keine Abdichtung, geschweige denn eine Zugentlastung des Kabels stattfinden. Zur Lösung des Problems nahm ich die Schraube, durch die das Kabel geführt wird, und die Unterlegscheibe heraus und ersetzte dies durch eine PG-9-Kabelverschraubung zum Preis von 77 Cent. Dadurch wurde der Abstand zwischen Klemmen und neuer Dichtung ausreichend groß, sodass eine vernünftige Abdichtung und Zugentlastung gewährleistet ist. Klebt man die Verschraubung ein, dann erhält man an dieser Stelle eine Schutzart IP68.

Auf einem kleinen Boot ist man auch räumlichen Zwängen unterworfen. Sind die Linien nicht allzu sehr strapaziert worden, hat man keine Stehhöhe und wahrscheinlich auch keinen abgeschlossenen Toilettenraum. Die Erfahrung zeigt, dass der letzte Punkt häufig ausschlaggebend dafür ist, dass die Partnerin lieber zu Hause bleibt und das Segeln eine Männerangelegenheit ist. Sollten Sie also darauf Wert legen, dass Ihre Frau oder Freundin mit Ihnen segelt, so sollten Sie ganz besonders auf die Ausgestaltung der hygienischen Infrastruktur Ihres Bootes achten. Ein weiterer Punkt: Ist das Wetter längere Zeit nass, ist es auf einem kleineren Boot schwierig, das Ölzeug, die Stiefel und andere Kleidungs- und Ausrüstungsgegenstände zu trocknen bzw. trocken zu halten, wenn nicht ein genialer Konstrukteur räumliche Vorsorge getroffen hat. Meist ist dies aber nicht der Fall.

Was ich oben als besonders reizvollen Vorteil eines kleinen Bootes angesprochen habe, nämlich der unmittelbare Kontakt zu den Elementen, hat natürlich auch seine Schattenseite. Bei rauem Seegang wird man viel eher unfreiwillig durch Spritzwasser geduscht, wenn das Boot in eine Welle knallt, auch steigt durch den niedrigen Freibord eher mal eine Welle ein. Man wird viel mehr hin und her geworfen als auf einem größeren Schiff, das aufgrund seiner Masse weicher einsetzt. Und das, was einerseits lustvolles und aktives Segeln bedeutet, hat andererseits zur Folge, dass das Unternehmen außerordentlich ermüdend und anstrengend sein kann, wenn es sich über mehrere Stunden unter ungünstigen Bedingungen hinzieht.

Wie ich später versuchen werde zu zeigen, kann man mit den meisten der angeführten Nachteile ganz gut leben, wenn man sich ihrer bewusst ist und wenn man mancherlei Maßnahmen ergreift, ihre Schärfe zu mildern.

Zusammenfassend gehe ich also davon aus, dass das zur Verfügung stehende Schiff in der Größe zwischen fünf und sieben Metern angesiedelt ist, dass Sie wie ich nicht unbedingt darauf erpicht sind, in einer Woche 300 nautische Meilen abzureißen, dass Sie gerne aktiv segeln, ohne dass Regatten bei Ihnen im Vordergrund stehen und dass Sie mit Ihrem Sport Ihren Geldbeutel nicht allzu sehr strapazieren wollen.

Ein Letztes: Mein Schiff ist aus Holz, genauer noch aus Sperrholz. Es hat den Vorteil, dass man es leicht bearbeiten kann und dass es überall in guter Qualität erhältlich ist. Reparaturen und Veränderungen sind ziemlich unproblematisch durchzuführen. Außerdem arbeite ich gerne mit Holz, und mir gefällt die Struktur von Holz. Mit dieser Wahl will ich absolut nichts gegen GFK-Schiffe oder solche aus Metall sagen. Auch sie haben ihre Liebhaber aus sicherlich genauso guten, aber anderen Gründen. Holz ist eben meine Wahl.

Ausgelaufene Batteriesäure

Ein Palstek-Leser-Tipp von Ralph Wiesner

Ich habe vor einiger Zeit einen Typen kennengelernt, der Flugzeuge restauriert. Dieser hatte von seinem alten Meister ein Rezept gegen ausgelaufene Batteriesäure „geerbt“: Die angegriffenen Stellen werden mit einer Lösung aus einem Liter Wasser und einem Päckchen Backpulver (circa 17 Gramm) mit einem Tuch abgerieben oder übergossen. Das im Wasser gelöste Backpulver soll dazu führen, dass sich in Verbindung mit Säure ein neutraler Ph-Wert einstellt. Da ich auch schon mit der Batterie im Boot solche Probleme hatte, habe ich es ausprobiert, und nach meiner Auffassung hat es zumindest nicht mehr Schaden angerichtet als die reine Batteriesäure. Den genauen chemischen Prozess könnte ja jemand erklären, der Ahnung hat.

Anmerkung der Redaktion: In Wasser gelöstes Backpulver ergibt sehr vereinfacht ein Kohlensäure-Hydrogencarbonatpuffersystem im alkalischen Bereich. Diese Puffersysteme zeichnen sich dadurch aus, dass ihr pH-Wert bei Zugabe von Säuren oder Laugen bis zu einer bestimmten Zugabemenge konstant bleibt. Natriumhydrogencarbonat ($NaHCO_3$) ist übrigens auch sehr wirksam bei Magenübersäuerung.

99 Klassiker des Serienyachtbaus

Es ist nicht immer einfach, sich im ständig wachsenden Angebot gebrauchter Yachten zurechtzufinden, die Auswahl erfordert viel Sachkenntnis und Erfahrung. Jan Kuffel, Palstek-Redakteur und durch zahlreiche Refit-Projekte und die beliebten „GFK-Klassiker" bestens mit der Materie vertraut, porträtiert populäre Segelyachten in Wort und Bild, gibt Hintergrundinformationen zu Werften, Designern und Klassenorganisationen und ermöglicht es dem Leser, „gebraucht" von „verbraucht" zu unterscheiden. Über eine Zeitwerttabelle können Angebote bewertet und miteinander verglichen werden, der Markt wird transparent. Doch „99 Klassiker" stattet nicht nur Kaufinteressenten mit dem nötigen Durchblick aus, auch für Eigner bietet dieses Palstek-Buch interessante Einblicke in die Geschichte und Technik ihrer Yacht.

ISBN 3-931617-29-7,
223 Seiten, gelumbeckt
20 Euro + 2 Euro Portoanteil

Jetzt lieferbar

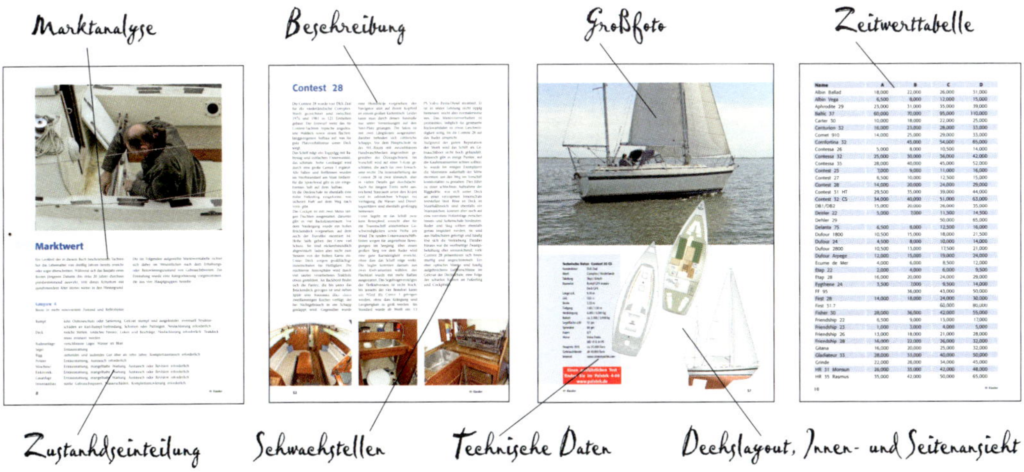

Palstek Verlag GmbH
Eppendorfer Weg 57a, 20259 Hamburg
Telefon 040 - 40 19 63 40 | Fax: 040 - 40 19 63 41
E-Mail: birthe.feddersen@palstek.de | Internet: www.palstek.de

Am Haken

Ein Palstek-Leser-Tipp von Manfred Schmitt

Wie bekommt man eine Brille (Wert 960 Euro) aus acht Meter Wassertiefe ohne Taucher wieder nach oben? Beim Umsteigen aus dem Schlauchboot wurde von einem Mitsegler die Badesaison eröffnet. Dabei ging die teure Spezialanfertigung (nicht Fielmann) auf Tiefe, und der Bootshaken war nicht lang genug. Mit einem Magnet war nichts zu machen bei Glas, Niro und Kunststoff. Wat nu???

Die Angel kam an Deck, dazu aus dem Store ein Stück Gewindestange, sechs Drillingshaken, ein wenig Schnur und noch ein Eisenteil, um den Hahnepot am Boden zu halten. An die Gewindestange werden die Angelhaken getakelt.

Dann senkt man die Konstruktion auf den Grund, fiert etwas Schnur und zieht das Ganze über den Grund. Strich für Strich – ganz strategisch. Nach jedem Strich, den man abgesucht hat, muss man die Konstruktion einmal aufholen, um eventuelle Verschmutzungen aus den Haken zu entfernen, und mit ein bisschen Glück hängt auch das gesuchte Teil mit dran.

Wir hatten mit dieser Methode, die von allen Experten als aussichtslos angesehen wurde, bereits nach fünf Minuten Erfolg, obwohl ich mindestens mit einer halben Stunde gerechnet hatte. Das war diesmal wohl das berühmte Gerstenkorn, welches auch das „blinde Huhn" bekommt. Ich kann mir gut vorstellen, dass man mit dieser Methode sogar einen Ring hochbekommt, wenn man die Drillingshaken nur dicht genug setzt. Auf jeden Fall bestätigt sich mal wieder das gute alte Sprichwort: „Man soll den Korn nicht gleich in die Flinte kippen." Nun wünsche ich allen Pechvögeln, denen so etwas oder Ähnliches passiert, viel Glück.

Hubkiel

Bei einem Trailerboot ist es nicht ungewöhnlich, dass kein fester Kiel für Stabilität sorgt, sondern ein Schwert, Hubkiel oder Schwenkkiel. Entscheiden Sie sich für einen festen Kiel, entscheiden Sie sich sofort für eine Einschränkung küstennahen Segelns. Mit einem Kiel müssen Sie kranen und können nicht mehr slippen, und Ihr Tiefgang von mindestens einem Meter sorgt dafür, dass Sie dort nicht hinkommen, wo ein Schwertboot immer noch genügend Wasser vorfindet.

Sollten Sie diesen Argumenten folgen und sich für ein Schwertboot entscheiden, rate ich Ihnen dringend von einem Steckschwert oder Hubkiel ab. Der wesentliche Grund dafür ist, dass ein Hubkiel im Falle einer Grundberührung nicht nachgibt, sondern die gesamte Energie des fahrenden Bootes ruckartig über eine sehr kleine Fläche in den Rumpf einleitet. Das Boot kommt schlagartig zum Stehen, und alles, was nicht ordentlich verstaut ist, fliegt durch die Gegend oder über Bord. Auch die Crew ist davon nicht ausgenommen.

Vielleicht laufen Sie nie auf, dann ist der Abschnitt für Sie nicht von so großer Bedeutung. Ich gebe indessen gerne zu, dass mir das schon öfters passiert ist, und vor Hiddensee war es einmal mehr als problematisch, den Hubkiel wieder unbeschadet freizubekommen.

Was mich jedoch dazu kommen ließ, den Hubkiel durch einen vergleichbar dimensionierten Schwenkkiel zu ersetzen, war folgendes Erlebnis: Wir segelten aus der Schlei kommend Richtung Kiel mit etwa vier Knoten bei herrlichem Wetter. Urplötzlich gab es einen Zusammenstoß mit einem Hindernis, das unsichtbar unter der Oberfläche trieb. Was es war, weiß ich bis heute nicht. Wir kamen schlagartig zum Stillstand, mein Mitsegler ging über Bord, und die Führung des Hubkiels wurde so stark beschädigt, dass wir Wassereinbruch hatten. Nachdem mein Freund wieder an Bord und trocken war, konnten wir das Leck beherrschen und Damp anlaufen. Seitdem habe ich einen Schwenkkiel, der nach hinten ausweicht und problemlos aufgeholt werden kann.

DAS RIGG

Für die meisten Segler steht Rigg gleichbedeutend mit Hochtakelung oder auch Bermuda-Rigg. Segler hierzulande scheinen sehr stark auf diese Segelgarderobe fixiert zu sein, während den Sportsfreunden in anderen Ländern, vorwiegend den USA, in diesem Zusammenhang größere Toleranz und Flexibilität zu eigen ist und sie sich dabei durchaus wohlzufühlen scheinen.

Nehmen Sie also bitte für die nachfolgenden Gedanken Abstand von der Vorstellung, dass Ihr Boot unbedingt ein hoch geschnittenes Großsegel haben muss. Weiterhin gibt es durchaus Riggvarianten, bei denen eine Fock oder Genua nicht vonnöten sind, obwohl sich mit einem Vorsegel die Segelfläche manchmal besser handhaben lässt.

Nehmen wir an, dass Sie mit 18 Quadratmetern am Wind kalkulieren, womit ein Sechs-Meter-Boot ordentlich besegelt sein dürfte. Wählen Sie eine Hochtakelung, muss Ihr Mast etwa eine Höhe von acht Metern über Deck aufweisen, je nachdem, wie stark gerundet Ihr Achterliek ist. Außerdem benötigen Sie wahrscheinlich ein Achterstag oder sogar Backstagen. Ein solches Großsegel können Sie aller Wahrscheinlichkeit auch nicht selbst nähen und den Mast auch nicht selbst herstellen, sodass Sie auf die teuren Produkte von Segelmachern und Mastenbauern angewiesen sind. Diese Überlegungen sollen Grund genug sein, uns einige Alternativen anzuschauen.

Luggertakelung

Eine Möglichkeit ist eine Luggertakelung, wie sie die Abbildung aSeite zeigt. Eine Luggertakelung ist nichts Exotisches. In Deutschland ist sie die übliche Takelung auf Jugendkuttern und bewährt sich dort seit Jahrzehnten. Nehmen wir auch hier wieder 18 Quadratmeter an und teilen sie zu einem Drittel auf die Fock und zu zwei Dritteln auf das Großsegel auf.

Das Luggerrigg ist einfach zu bedienen und leicht zu bauen

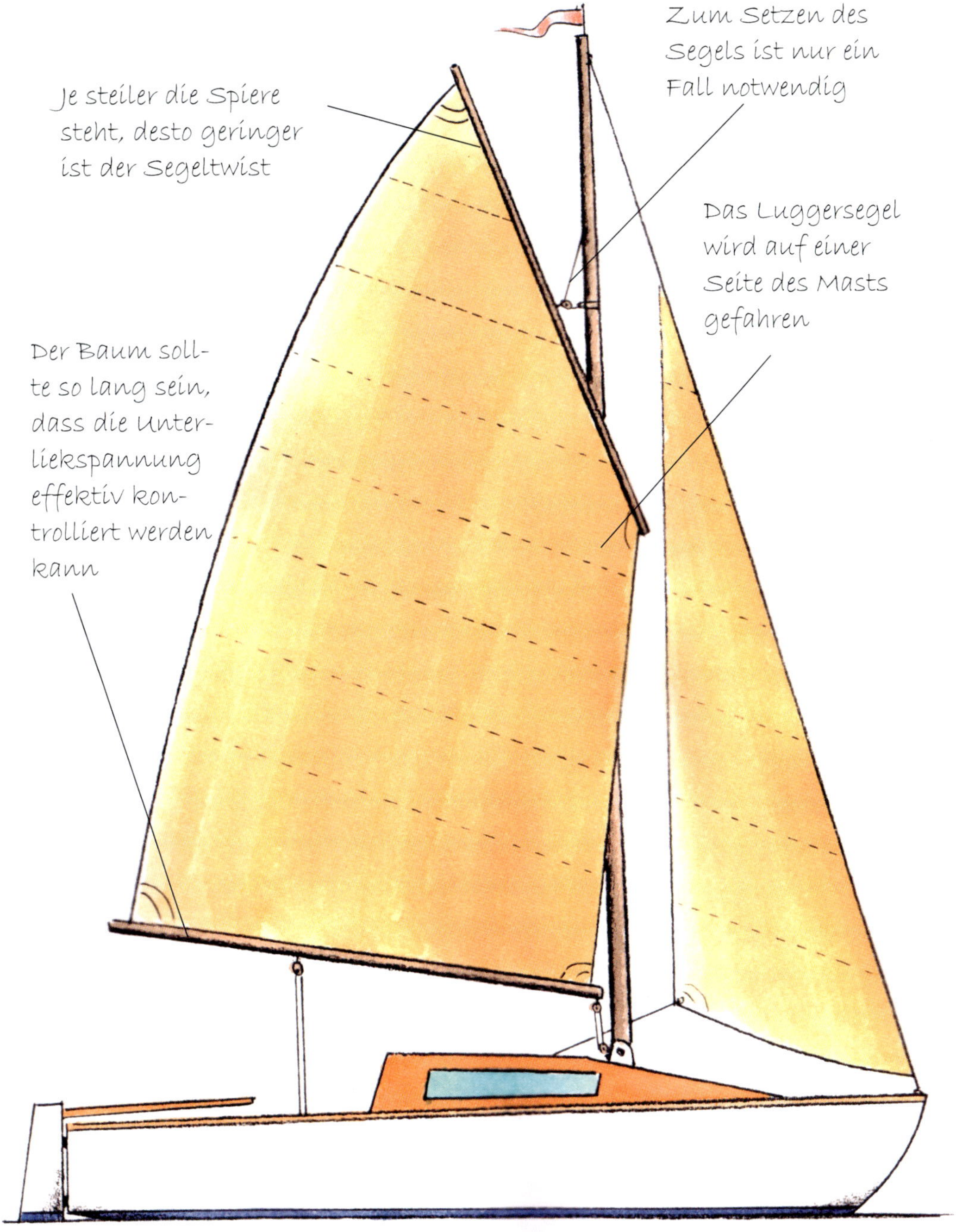

Pinnenarretierung

Ein Palstek-Leser-Tipp von Edmund Ruttmann

Wir haben eine seit Jahren bewährte Lösung, bei der sich die Haltekraft der Pinnenarretierung sehr feinfühlig einstellen lässt.
Wie aus den Fotos ersichtlich, wird aus Edelstahlblech um die Pinne herum eine Grundplatte geformt. An dieser werden zwei Gewindebolzen angeschweißt. Ein kurzer Bolzen dient der Befestigung der Druckplatte, ein längerer als Stelleinrichtung. Die Druckplatte ist aus Gründen der Stabilität an den Kanten umgebogen. Der Klemmdruck wird über ein Stellrad ausgeführt, das in diesem Fall aus Kunststoff besteht und innen eine Stahlmutter eingepresst hat. Sinnvoll ist eine Mutter mit eingearbeiteter Kunststoffsicherung, die dann als Bremse gegen weiteres Drehen dient. Die Aufnahmebohrung der Mutter muss größer als deren Schlüsselweite, aber kleiner als deren Übereckmaß sein. Das Anwärmen des Kunststoffs kann sinnvoll sein, um dessen Aufplatzen zu vermeiden. Nach dem Einbau des Stellrads muss das Ende des Gewindes noch leicht deformiert werden, damit sich das Stellrad nicht herausdrehen kann (Alternative: kleine Querbohrung mit Splint).

Wenn wir eine Unterlieklänge von drei Metern wählen, lässt sich ein Luggersegel bequem an einem Mast von sechs Metern Höhe über Deck unterbringen, je nachdem, wie steil man die Rah stellt. Verlängert man das Unterliek noch etwas, spart das weitere Höhe ein, was ein durchaus wichtiges Argument sein kann, wenn man beispielsweise des Öfteren unter Brücken hindurchmuss und nicht stundenlang auf die nächste Öffnung warten will.

Achten Sie bei einem Luggersegel darauf, den Block für das Großfall ganz oben am Mast anzubringen, damit genügend Raum zwischen der Rah und dem Block zur Verfügung steht, in dem sich das Fall drehen kann und in dem man gegebenenfalls einen zweiten Block an der Rah als Talje zur Reduzierung der Kraft einsetzen kann.

Taklinge aus Schrumpfschlauch

Ein Palstek-Leser-Tipp von L. Beylage-Haarmann

Schon viel habe ich über die verschiedensten Ausführungen von Taklingen gelesen und gesehen. Hier ein Tipp von mir: Leinenenden werden mit Schrumpfschlauchstücken, gibt es in jedem Baumarkt in beliebigen Farben und Durchmessern, überzogen und mit einer Feuerzeugflamme oder einer Heißluftpistole eingeschrumpft. In die Enden der Schrumpfschlauchstücke lasse ich einige Tropfen Sekundenkleber laufen. So sitzen alle Taklinge auch im härtesten Einsatz fest. Auch Naturfaserleinen lassen sich so bestens an den Enden fixieren. Selbst genähte Taklinge sitzen so absolut fest. Bei den Klebearbeiten mit Sekundenkleber sollte man besser Einweghandschuhe benutzen.

Masttrimm mit Federwaage

Ein Palstek-Leser-Tipp von Horst Arndorfer

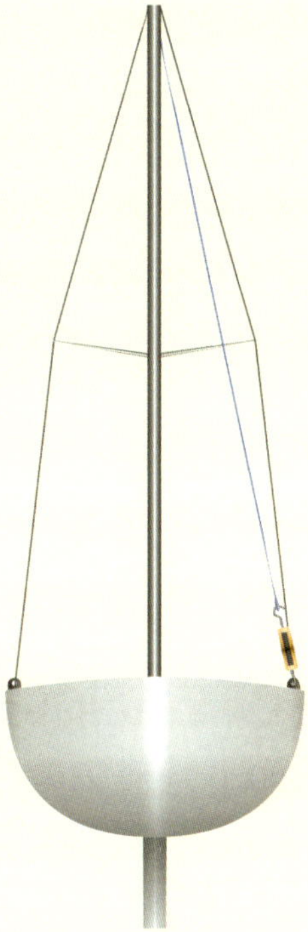

Ehe man nach dem Maststellen mit dem Riggtrimm beginnt, muss sichergestellt sein, dass der Mast senkrecht an Deck steht. Als Messhilfe lässt sich gut das Großfall oder die Dirk verwenden. Man misst damit den Abstand zur Backbord- und Steuerbord-Pütting. Durch den schwerkraftbedingten Durchhang des Falls ist diese Methode jedoch nicht unbedingt genau, und Wunschdenken ist Tür und Tor geöffnet. Um diesen Messfehler auszuschließen, benutze ich eine einfache Federwaage aus dem Baumarkt mit einem Messbereich von zehn Kilogramm.

Eine Seite der Waage schäkele ich an das betreffende Fall, die andere Seite wird in die Pütting eingehängt und etwa auf den halben Messbereich vorgespannt. Durch die nun klar definierte Vorspannung lässt sich leicht ablesen, wie der Mast an Deck steht. Man muss dann nur noch so lange trimmen, bis an beiden Seiten der gleiche Wert angezeigt wird. Dann steht die Spiere perfekt senkrecht.

Gewaschene Schoten

Ein Palstek-Leser-Tipp
von Christof Toth

Nach der Saison wird das Segelboot gründlich gereinigt. Ich erreiche, dass Schoten und Fallen wie neu aussehen, ohne dabei Schaden zu nehmen, indem ich sie bei 60 Grad mit einem Feinwaschmittel in der Waschmaschine wasche.

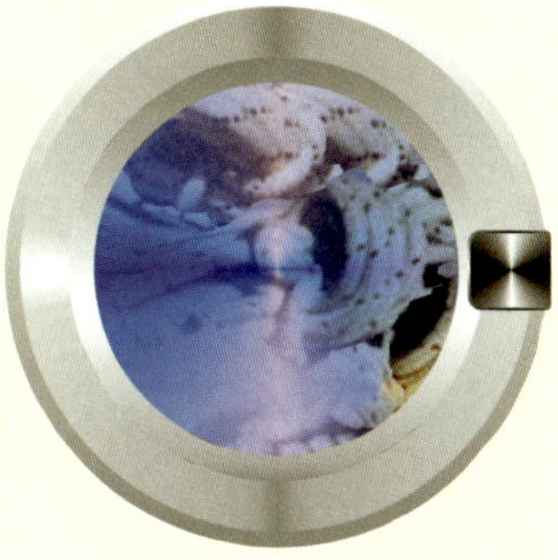

Mast und Spieren

Dieses Rigg ist wirklich einfach herzustellen. Die einfachste Möglichkeit für einen Mast ist ein Baum, den Sie sich passend zurechtsägen und -hobeln können. Ein durchgehendes ziemlich rundes Profil ist der einfachste Weg zur Herstellung. Wir nehmen Fichtenholz mit einem unteren Durchmesser von zwölf Zentimetern und einem oberen von acht Zentimetern. Damit sind Sie auf der sicheren Seite, und bei diesen Maßen wiegt der Mast ohne Beschläge circa 22 Kilogramm. Für die Rah und den Baum können Sie in gleicher Weise eine trockene Fichte von geringerem Durchmesser nehmen.

Um das Holz zu bekommen, suchen Sie den Kontakt zu einem Förster und schildern Sie ihm genau, was Sie suchen. In jedem Wald gibt es tote Fichten, die den Vorteil haben, dass sie schon schön trocken sind. Am besten ist ein Baum, der durch sauren Regen oder durch Sturmbeschädigung eingegangen ist. Vergewissern Sie sich, dass der Baum keine Stammfäule hat. Die benötigte Menge an Holz für Mast, Rah und Baum wird Sie finanziell kaum belasten. Der Rest ist Fleißarbeit.

Eine andere Möglichkeit ist, den Mast als quadratisches Kastenprofil aus Brettern hohl zu verleimen. Lesen Sie hierzu das Kapitel über „Leimen". Anschließend können Sie die Ecken nach Geschmack runden.

Sollte es Ihnen möglich sein, Bretter von sechs Metern Länge aufzutreiben, vereinfacht das die Sache, ansonsten müssen Sie schäften. Gehobelte Bretter von 20 Millimeter Stärke sollten ausreichend sein. Achten Sie beim Schäften auf eine ausreichende Überlappung; die achtfache Brettstärke dürfte es schon sein.

Steht der Mast in einem Koker, lassen Sie ihn unten eckig. Den Aufwand hohler Verleimung würde ich allerdings nur für den Mast treiben, aber vielleicht scheuen Sie den Umgang mit dem Hobel. Bretter passend zu schneiden ist vielleicht einfacher. Ein hohl verleimter Mast spart natürlich Gewicht, bei den angenommenen Maßen sind es etwa 20 Prozent.

Der Baum

Für den Baum empfehle ich Ihnen, zwei Bretter passender Länge mit den Abmessungen von etwa 20 mal 60 Millimeter zu nehmen und sie zu verleimen, damit sich das Teil nicht verzieht. Ich segle seit Jahren mit solch einem Baum und bin höchst zufrieden damit.

Schneiden Sie ihn nicht zu kurz ab, geben Sie mindestens 25 Zentimeter über die Unterliekslänge hinaus zu. Natürlich können Sie auch die Rah so anfertigen, vielleicht nicht ganz so mächtig, außerdem kann sie zu den Enden hin etwas schwächer werden. Dort, wo das Fall angreift, sollte die größte Dicke sein.

Selbstverständlich gibt es noch ganz andere Möglichkeiten. Bei meinem Dschunkenrigg, das ich später beschreiben werde, dient mir seit Jahren ein alter Surfmast als oberste Rah, und das mit bestem Erfolg: Das Ding ist leicht und steif und hat an beiden Enden einen Holzpfropfen. Damit ist es zugleich Auftriebskörper, sollte das Segel mal über Bord gehen. Denken Sie nicht, dass so etwas nicht passieren kann.

Gehen Sie auch mit offenen Augen durch einen Yachthafen, besonders durch einen mit einer Werft und reden Sie mal mit dem Werftchef. Vielleicht liegt ja irgendwo ein alter Holzmast herum, der gerade in dem Abschnitt beschädigt ist, den sie ohnehin abschneiden wollen, und den Sie billig kaufen können. Zu tun bleibt dann immer noch genug.

Rufen Sie doch auch mal bei der Post an, beispielsweise. Oder bei Banken, großen Firmen oder der Stadtverwaltung. Warum? Ganz einfach, weil es dort eine Liegenschaftsverwaltung gibt, die unter anderem zuständig ist für Fahnenmasten. Fragen Sie ruhig nach, ob nicht ein beschädigter Aluminiummast entsorgt werden muss. Seien Sie aber vorsichtig und nehmen Sie auf gar keinen Fall ein Aluminiumrohr, das sichtbar beschädigt ist. Die Stabilität ist unkalkulierbar beeinträchtigt.

Der Baum muss eine Verbindung zum Mast haben. In diesem einfachen Fall können Sie sich einen aufwändigen Lümmelbeschlag getrost sparen. Leimen und schrauben Sie an beide Seiten des Baumes zwei Backen, die locker um den Mast greifen und auch nicht reiben, wenn Sie den Baum um den Mast drehen. Sichern Sie den Baum anschließend mit einem Bändsel, das Sie durch zwei Löcher vorne an den Backen führen.

Kleiden Sie die Innenseite der so geschaffenen Klaue mit Leder aus, um sowohl den Mast als auch den Baum zu schonen. Schließlich benötigen Sie noch eine Leine von der Klaue nach unten, um beim Segelsetzen den Baum auf der richtigen Höhe zu fixieren. Schützen Sie auch den Mast mit einem Stück aufgeklebtem Leder an der Stelle, an der die Rah am Mast anliegt. Die Arbeit mit Leder können Sie sich sparen, wenn Sie die Klaue aus Polyäthylen fertigen.

An der Rah brauchen Sie auch noch eine Leine, die dafür sorgt, dass sie am Mast bleibt, wenn sie der Wind wegdrücken will. Befestigen Sie dort, wo das Fall angreift, eine Leine und einen Block. Führen Sie die Leine um den Mast, durch den Block und dann nach unten zum Belegen.

Alle Holzteile brauchen Schutz gegen die Witterung. In diesem Zusammenhang verweise ich Sie auf die einschlägigen Informationsschriften der diversen Farbenhersteller, aus denen Sie ein geeignetes Produkt leicht auswählen können.

Heissluftpistole zum Verschmelzen

Ein Palstek-Leser-Tipp von Detlef Mudrack

Wenn ich die Enden von Leinen verschweißen möchte, nehme ich dafür eine Heißluftpistole. Bewährt hat sich ein Modell, welches sich hochkant aufstellen lässt. So kann sich die Heißluftpistole bereits „warmlaufen", während ich die entsprechenden Vorbereitungen treffe. Zudem kann man dieses Werkzeug auch noch gut für andere Arbeiten einsetzen. Etliche Tipps erhielt ich vom meinem Eisenwarenhändler. So ist die Flächendüse zum Beispiel geeignet, um Farbe zu entfernen, die Reflektordüse zum Erwärmen von Schrumpfschläuchen, die Schneiddüse zum Schneiden von Hartschaum und Styropor. Noch ein wichtiger Warnhinweis: Die Düse wird sehr heiß. Niemals berühren. Die Hände bitte schützen und brennbare Materialien in angemessener Entfernung lagern. Niemals die Heißluftpistole unbeaufsichtigt laufen lassen!

Der Masttopp

Steigen wir hinauf zum Masttopp. Unabhängig davon, woraus Ihr Mast besteht, decken Sie ihn oben ab. Fertigen Sie einen Topf aus Edelstahl – etwas anderes kommt nicht aufs Boot –, der stramm über den Masttopp in Silikon gebettet wird. Zwei seitliche Schrauben fixieren ihn. Schweißen Sie an der Seite und vorne so viele Augen an, wie Sie für die Wanten, das Vorstag, die Fallen, die Flaggleine etc. benötigen. Ein so kurzer Mast braucht keine Salinge. Vergessen Sie auch nicht, eine Vorrichtung für den Verklicker vorzusehen.

Die Wanten

Ihr Mast braucht eine Verstagung. Wenn Sie ihn mehrmals im Jahr stellen und legen wollen, empfehle ich, die beiden Wanten genau auszumessen und mit stabilen Schäkeln am Boot zu befestigen. Geben Sie dem Mast ein klein wenig Neigung nach achtern, sodass die Wanten stramm, aber nicht dichtgeknallt sind und regulieren Sie die Spannung über das Vorstag.

Zum raschen Lösen und Schließen hat sich ein Pelikanhaken bestens bewährt, der mit einem Wantenspanner gekoppelt sein kann. Einen Pelikanhaken können Sie in kurzer Zeit aus einem Stück VA-Rundstahl von acht Millimeter Durchmesser leicht selbst biegen, wie Sie weiter hinten sehen werden.

Für die Wanten nehmen Sie VA-Draht 7x19 von fünf Millimeter Stärke. Der ist nur unwesentlich teurer als Vier-Millimeter-Material, doch gibt er Ihnen sicherlich ein sehr geborgenes Gefühl, wenn es mal kräftig weht.

Ein beeindruckendes Beispiel von Lowtech habe ich an einem Boot gesehen, mit dem dort die Vorstagspannung reguliert wird: An dem entsprechend gekürzten Vorstag hängt eine VA-Platte von circa 18 mal 4 Zentimetern und drei Millimetern Stärke, auf der eine Klampe montiert ist. Am anderen Ende hängt ein Block, an dessen unteren Ende ein Acht-Millimeter-Ende geknotet ist. Dieses verbindet das Vorstag mit einem Doppelblock, der seinerseits an den Bugbeschlag geschäkelt wird. Das Ende wird mit einer Talje dichtgesetzt und auf der Klampe belegt. Da weder das Schiff noch die Konstruktion neu aussahen, hat sie sich anscheinend bewährt.

Dem Want ein Schnippchen schlagen

Ein Palstek-Leser-Tipp von Martin-Sebastian Kreplin

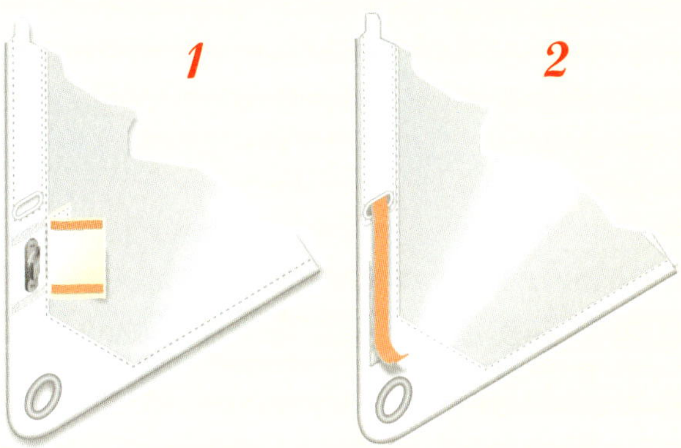

Vorsegel und Wanten stehen auf Kriegsfuß. Schamfilen kann nicht nur das Segel beschädigen, auch alle am Segel angebrachten Beschläge schweben in ständiger Gefahr, besonders gilt das für die untere Befestigung des Liekbandes. Sobald ein Vorsegel mit seiner Achterkante hinter die Wanten kommt, kann eine aufgenähte Liekklemme, zum Beispiel ein Clamcleat, sich verhaken und dadurch beschädigt werden oder im schlimmsten Fall durch Abreißen der Klemme das Segel in Mitleidenschaft ziehen. Um dies zu umgehen, sollte schon beim Bestellen der neuen Segel beim Segelmacher daran gedacht werden, dem Want keinen Angriffspunktzu geben, sprich, die Klemme mit einem aufgenähten Deckel aus Tuch abgedeckt werden (Bild 1), der mithilfe eines Klettverbandes verschlossen wird. Eine andere Möglichkeit ist es, die Klemme ganz wegzulassen. Stattdessen wird am Liekband ein Stück Gurtband befestigt, auf welches der Flauschteil des Klettverschlusses aufgenäht wird (Bild 2). Der andere Teil des Klettbandes wird auf das Segel genäht. Diese Befestigung bietet den Wanten weniger Angriffsfläche zum Verhaken und ergibt ein sehr haltbares, aber dennoch flexibles Befestigungssystem, welches so auch am Unterliek eingesetzt werden kann. Ein Umrüsten ist übrigens in den meisten Fällen problemlos möglich!

Selbstwendefock

Für Ihre Luggertakelung ist eine Fock von Vorteil, und um deren Handhabung zu vereinfachen, könnten Sie daran denken, dieses Vorsegel als Selbstwendefock zu riggen. Der Markt bietet ausgefeilte und entsprechend teure Anlagen an, denen gemeinsam ist, dass quer vor dem Mast eine gebogene Schiene montiert ist, deren Biegung in etwa dem Radius der Fock plus etwas an Schotlänge entspricht.

Trotz wiederholten Fragens hat mir bis jetzt noch kein Rigghersteller oder Segelmacher stichhaltig begründen können, warum eine derartig aufwändige Konstruktion erforderlich ist. Tatsache ist, dass der Wind die Fock immer bis zum Anschlag nach Steuerbord beziehungsweise Backbord drückt und dass die dazwischen liegende gebogene Schiene keine Funktion fürs Segeln hat.

Das hat zur Folge, dass man getrost auf dieses Teil verzichten kann, und das macht die Sache für den Selbstbauer interessant. Montieren Sie ein gerades Edelstahlrohr an geeigneter Stelle quer über das Kajütdach, auf dem der bewegliche Fußpunkt für den Block hin und her läuft.

Die Abbildung verdeutlicht den Aufbau. Ob Sie an den Seiten eine Art abgerundetes Dreieck aus Edelstahl verwenden oder eine Rohrkonstruktion oder zwei Holzklötze, bleibt Ihrem Geschmack überlassen. Der Rutscher könnte aus einem Streifen VA-Stahl gebogen werden, zwischen dessen Enden ein passend geformtes Stück aus Polyäthylen geschraubt wird. Vielleicht haben Sie aber auch einen großen Schäkel in Ihrer Wühlkiste, der locker über das Rohr passt. Die ganze Apparatur ist leicht nachzubauen und sie funktioniert genauso gut wie ein gekauftes System mit einem sündhaft teuren kugelgelagerten Schlitten.

Ausbaumen mit dem Bootshaken

Ein Palstek-Leser-Tipp von Ingenieur Otto Waczek

Ich habe eine kleine Yacht. Da ich nicht sehr oft auf See bin, habe ich die Anschaffung eines Spinnakers gescheut. Beim Segeln vor dem Wind (Butterfly) hatte ich besonders bei schwachem Wind immer Probleme mit der Fock. Vor einem Jahr fand ich eine Lösung, die bis heute prächtig funktioniert:

Ich fahre einen Teleskop-Bootshaken. An einer Seite des Rohres ist der Bootshaken befestigt, an der anderen ein Griff darübergeschoben. Den Griff habe ich an der geschlossenen Seite kurz abgeschnitten, sodass das Rohr sichtbar wurde. In dieses Loch habe ich einen kleinen Spinnakerbeschlag gesteckt (der zufällig perfekt gepasst hat) und verstiftet.

Beim Segeln vor dem Wind ziehe ich das Teleskoprohr aus, befestige den Bootshaken an der Fock und hänge den Spinnakerbeschlag in den Ring am Mast ein. Eine Leine der Fockschoten dient als Achterholer, die zweite als Niederholer. Das einzige Problem, das auftreten kann: Wenn das Teleskoprohr nicht fest genug fixiert ist, schiebt es sich zusammen – aber das kann leicht behoben werden. In unserer Marina gibt es bereits einige Nachahmer.

Die Segel

Ein Segel selbst zu nähen ist Ihnen vielleicht noch nicht in den Sinn gekommen, doch genau dazu will ich Sie auffordern. Ich habe es auch getan, und das Ergebnis ist durchaus zufriedenstellend, obwohl ich in der Schule nicht mal Handarbeitsunterricht hatte.

Was Sie dazu brauchen, ist eine Nähmaschine. Nehmen Sie aber um Himmels willen nicht das gute Stück Ihrer Frau und kaufen Sie sich auch nicht eine Segelnähmaschine. Ich empfehle Ihnen nach einem Uralt-Gerät der Firmen Singer, Pfaff oder Dürrkopp mit Fußbetrieb Ausschau zu halten. Wenn sie mechanisch in Ordnung ist, können Sie damit ganze Flotten mit Segeln ausstatten.

Derartige Maschinen bekommen Sie für wenig Geld über eine Zeitungsannonce, auf dem Flohmarkt, in Secondhand-Läden, unter Umständen sogar auf dem Sperrmüll. Scheuen Sie sich nicht zuzugreifen. Meine näht nur geradeaus vorwärts und rückwärts mit verstellbarer Stichlänge. Sollten Sie eine erwischen, die zickzack näht, umso besser.

Wie beim Schweißen gilt auch hier: Übung macht den Meister. Segeltuch ist ein arg flutschiges Material, also suchen Sie sich ein paar kleine Stücke und versuchen Sie, gerade Nähte zustande zu bringen.

Den Fußantrieb werden Sie bald beherrschen, sodass es flott vorangeht. Selbst wenn das bei Ihnen erfreulicherweise der Fall sein sollte, rate ich dazu, zügig, aber nicht zu schnell zu nähen. Bevor Sie sich an ein Segel wagen, nähen Sie zur Bestätigung Ihrer Kenntnisse doch einen Beutel, der außen an die hintere Kajütwand gehängt wird und in dem das lose Ende des Falls gut aufgehoben ist.

Segeltuch und Segelgarn bekommen Sie bei Segelmachern. Holen Sie ruhig mehrere Angebote ein und kalkulieren Sie mindestens zehn Prozent für Verschnitt und Fehler ein; fünfzehn Prozent sind besser.

Nachdem unser Luggersegel keine besonderen Raffinessen beim Schnitt erfordert, nähen Sie einfach eine Bahn an die andere. Ob Sie die Bahnen parallel zum

Arretieren und Steuern

Ein Palstek-Leser-Tipp von Thomas Biermann

Auf meiner Waarschip 660, eine bekanntermaßen lebendige kleine Yacht, habe ich seit fünf Jahren eine sehr einfache Lenkhilfe im Einsatz, mit der ich gerade beim Einhandsegeln sehr gute Erfahrungen gemacht habe. Ein Gummiseil mit einem Durchmesser von fünf Millimetern wird im Cockpit parallel zum Heck gespannt. Der Abstand zum Heck ist gleich der Pinnenlänge. Benötigt man eine Lenkunterstützung, so schlägt man das Gummiseil um die Pinne – je nach benötigter Kraft an der Pinne einen oder mehrere Törns. Die Spannung in dem Gummiseil hängt dabei von der Anzahl der Törns ab – je mehr Törns, desto höher ist die Spannung und desto stärker ist die Kraft, die auf die Pinne wirkt. Soll die Pinne zur Mittschiffslinie einen Anstellwinkel aufweisen, kann das umtörnte Gummiseil an der Pinne stufenlos verdreht werden, bis der gewünschte Anstellwinkel erreicht ist. Trotz der Arretierung kann die Pinne durch den Steuermann bewegt werden. Ausweichmanöver und Kurskorrekturen sind somit ohne Probleme möglich. Bei starkem Wind unterstützt das Gummiseil den Steuermann, weil dieser die Pinne nicht mit voller Kraft halten muss. Wo sonst die ganze Hand zum Steuern nötig ist, reichen mit dem Gummiseil zwei Finger. Obwohl ich seit zwei Jahren eine elektrische Selbststeueranlage besitze, setze ich weiterhin das Gummiseil ein. Die elektrische Selbststeueranlage benutze ich kaum.

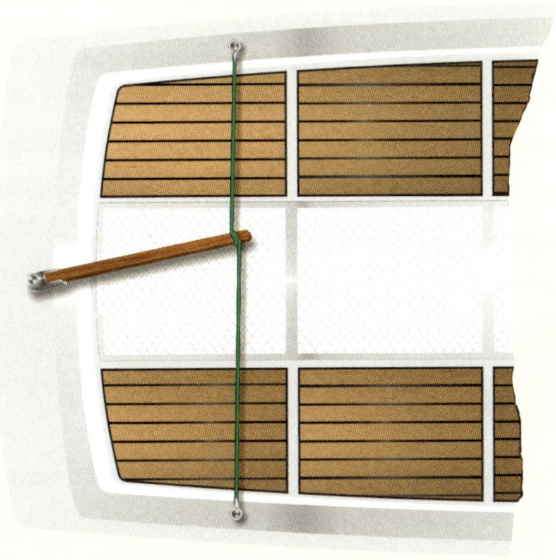

Achterstag-spanner über Klappläufer

Ein Palstek-Leser-Tipp von Edgar Wallenborn

Das Durchsetzen des Achterstagspanners erfolgt in der Regel dann, wenn er bereits unter starker Spannung steht. Man kann seine Bandscheiben schonen, wenn hierzu weniger Kraft aufgewendet werden muss. Ich habe daher eine Vorrichtung angebracht, mit der sich die erforderliche Zugkraft zum Trimmen auf die Hälfte reduziert. Dazu habe ich parallel zu der vorhandenen Talje einen Drahtseilstropp durch einen passenden Block am Hahnepot geschoren und zum Rumpf hin sowohl Stropp als auch Talje an einem aus 5-Millimeter-VA-Material zurechtgeschnittenen und gebohrten Dreiecksblech als Spreize angesetzt. Die Führung der holenden Part bleibt unverändert. Für Block, Stropp und Schäkel entstehen Kosten von circa 30 Euro. Die Länge des Stropps habe ich nach dem entspannten Stag bemessen, sodass genügend Weg zum ordentlichen Durchsetzen vorhanden ist. Das Dreiecksblech hat die Maße 90 mal 90 mal 70 Millimeter und ist an den Spitzen und Kanten abgerundet. Die gleiche Methode lässt sich zum Beispiel auch auf den Baumniederholer anwenden.

Verstärkte Stander

Ein Palstek-Leser-Tipp von Jürgen Sandkuhl

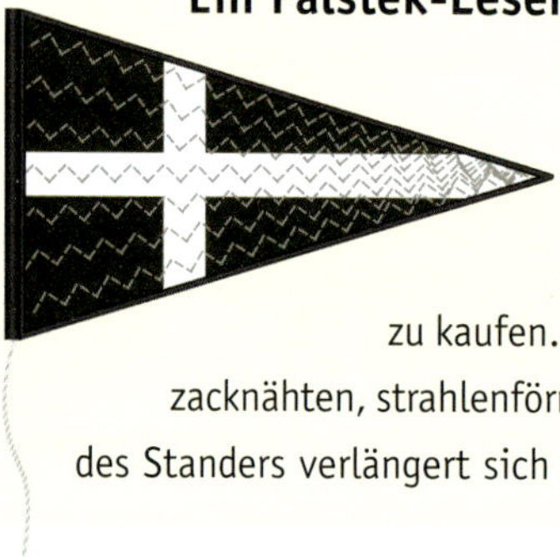

Welcher Kassenwart freut sich nicht über einen schnellen Euro? Meiner grämt sich sicher, denn ich brauche nur noch selten einen Vereinsstander zu kaufen. Einen neuen Stander verstärke ich gleich mit Zickzacknähten, strahlenförmig ausgehend vom Ende nach vorn. Die Haltbarkeit des Standers verlängert sich so mindestens um das Doppelte!

Baum oder zur Rah legen, spielt keine große Rolle. Schauen Sie sich Bilder von solchen Segeln an und machen Sie es so, wie es Ihnen am besten gefällt. Zeichnen Sie sich einen Plan, schneiden Sie die entsprechenden Längen ab und kalkulieren Sie eine Überlappung von 2,5 bis 3 Zentimetern ein. Bedenken Sie auch, dass Sie die Bahnen so lang abmessen, dass Sie das Vor- und Achterliek bequem umnähen können. Entlang der Rah und des Baums sollten Sie großzügig umnähen, wenn Sie beabsichtigen, dort Kauschen einzuschlagen, um eine Marlleine durchzuführen.

Markieren Sie sich die Lage mit Bleistift und kleben Sie die ersten zwei Bahnen mit Uhu zusammen, damit sich die Teile beim Nähen nicht selbstständig machen. Nähen Sie auf dem verklebten Streifen drei oder vier möglichst gerade Nähte mit mittelgroßen Stichen. Wenn Ihnen der Faden reißt oder wenn der Unterfaden zu Ende ist, ist das kein Problem: Gehen Sie zehn Zentimeter zurück und fangen Sie wieder an. Jeweils am Anfang und Ende der Naht nähen Sie mehrmals ein paar Zentimeter vor und zurück.

Die vier Ecken müssen Sie verstärken: Nähen Sie drei, besser vier, kleiner werdende Flecken auf die Ecken und runden Sie sie ein wenig ab. Ihre Maschine müsste das schaffen. Wollen Sie etwas Zusätzliches tun, nehmen Sie einen Streifen Leder und nähen Sie ihn – wahrscheinlich mit der Hand – etwa fünfzehn Zentimeter beidseitig um die Ecke.

Dann schlagen Sie vier Kauschen ein, wobei Sie darauf achten, keine vernickelten zu nehmen. Die rosten schon, wenn sie die Ostsee nur von Weitem sehen. Ich empfehle Edelstahl oder Messing, nicht vermessingt!

Um die Haltbarkeit zu erhöhen, ist es gut, wenn Sie durch die Augen ein Gurtband führen, und das V-förmig beidseitig auf das Segel nähen. 30 Zentimeter auf jeder Seite reichen sicherlich aus. Das Gurtband können Sie als Meterware im Baumarkt bekommen, auch farbig, oder Sie haben im Keller noch ein altes Jalousien-Band herumliegen, bei dem nur 20 Zentimeter ausgefranst sind. Das gute Ende eignet sich hervorragend für diesen Zweck. Oder Sie gehen zum Autoabwracker und holen sich dort alte Sicherheitsgurte, die massenhaft in den Autos zu finden sind.

Gurtzeug selber gemacht

Ein Palstek-Leser-Tipp von Ralf Eisinger

Gurtzeug kann man sehr gut selber herstellen. Es lässt sich mit jeder besseren Haushaltsnähmaschine nähen. Das Geflecht eines Gurtbandes ist selten so eng wie ein dickerer Stoff. Die Nadel mit dem dicken Polyestergarn flutscht geradezu durch. So habe ich die Reling im Plichtbereich durch 40 Millimeter breites Gurtband an dreieckigen Nirobügeln ersetzt, ordentlich vernäht, die Fadenenden verknotet und verschweißt. Das hält schon zwei Saisons ohne jegliche Abnutzungserscheinung und ist bequem! Das Material bekommt man in gut sortierten Seglerläden, Gurtband ist preiswert, die Bügel recht teuer. Auf der Suche nach Material für Strecktaue (auf den Drahttauen rollte ich immer weg) stieß ich bei einem Ausrüster für Bergsteiger auf das Schlauchband Edelrid X-Tube, das immerhin eine maximale Zugkraft von 18 Kilonewton (kN) aufweist. Das muss als Strecktau dann sehr sorgfältig verarbeitet werden. Ich habe mir die Nähte der „Schlingen" für Kletterer (die ja hohe dynamische Kräfte aushalten müssen) genau angesehen und die Ösen an den Enden meiner Strecktaue zehnmal mit engem Zickzack quer zur Zugrichtung genäht mit nur zwei Fäden (Ober- und Unterfaden), die ich dann am Anfang und am Ende verknotet und verschweißt habe. Mit einer langsam laufenden Maschine kann man da sehr exakt arbeiten. Für die weiteren Schäkel aus geschmiedetem Niro musste ich dann allerdings noch einmal recht tief in die Tasche greifen; das 25 Millimeter breite Schlauchband bekam ich für 0,95 Euro pro Meter.

Im Gegensatz zu den Strecktauen ohne Angaben der Festigkeit, die einige Ausrüster anbieten (auch „nur" vernäht), weiß ich, dass mein Material immerhin 18 kN (~ 1.834 Kilogramm) fest ist. Die neuen Strecktaue liegen friedlich auf dem Deck, lassen sich sicher begehen und benutzen und haben genau die richtige Länge.

Ein weiteres Problem habe ich ebenfalls mit Schlauchband gelöst. Der Schäkel der Großschot war dabei, den 33 Jahre alten bronzenen Bügel meiner Baumnock durchzuscheuern, mit den entsprechenden knarzenden Geräuschen. Ich stellte eine Schlinge her, wie sie auch Kletterer zum Sichern in der Wand benutzen, die ersetzt jetzt den Schäkel, sehr zu meiner Zufriedenheit.

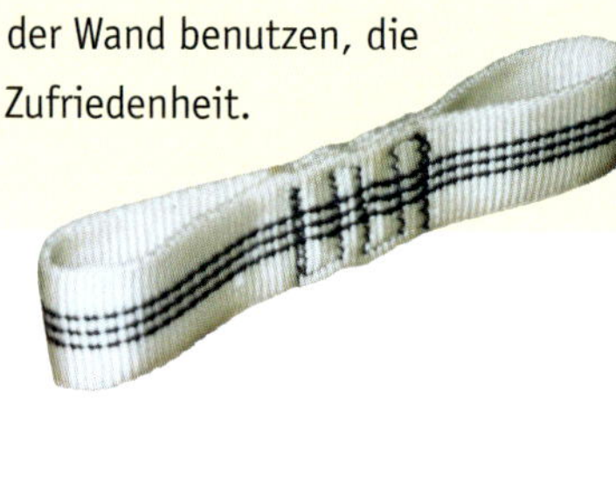

Das Unterliek können Sie fliegend fahren oder auf dem Baum festreihen. Da der Baum deutlich länger ist als das Unterliek, können sie dessen Spannung leicht über zwei Blöcke regulieren, von denen einer an der Baumnock sitzt und der andere am Segel.

Reffen wollen Sie natürlich auch können. Also nähen Sie vier oder fünf Quadrate von circa 25 Zentimetern Kantenlänge in einer Linie auf das Segel mit der Spitze nach unten und fügen wieder Gurtbandstreifen zur Verstärkung durch die Augen hinzu. Das erste und letzte Auge sollte etwas größer sein, denn dort wirkt die größte Kraft, und Sie wollen vielleicht eine Leine mehrmals durchführen. Bei dieser Segelgröße müssten zwei Reffreihen genügen.

Nehmen Sie ordentlich Maß bei der Länge der Reffbändsel, besonders bei der oberen Reffreihe. Reffen macht sowieso keinen Spaß, weil es erfahrungsgemäß zu spät passiert, aber wenn dann auf dem wild schlingernden Kahn auch noch die Reffbändsel zu kurz sind, sind wüste Verwünschungen an der Tagesordnung.

Hierzu noch ein Tipp: Versehen Sie die Reffbändsel mit einem nicht zu kleinen Palstek, ziehen Sie sie durch die Ösen bis zum Knoten und fixieren Sie sie mit einem weiteren Knoten auf der anderen Seite. Das heißt, auf der einen Seite sieht man nur die Palsteks, auf der anderen die langen Schwänze.

Eine derartige Anordnung erlaubt es, sich bei widrigen Verhältnissen mit einer Hand festzuhalten, und mit der anderen das lange Bändsel durch den Palstek zu führen und mit zwei halben Schlägen zu sichern.

Das Großsegel ist nun fertig, und wir wenden uns der Fock zu. Grundsätzlich läuft alles ähnlich ab. Wenn Sie die Fock an Stagreitern fahren, nähen Sie in den Umschlag des Vorlieks ein Gurtband, durch das dann die Augen für die Stagreiter geschlagen werden. Noch ein Hinweis: Knoten Sie am Segelkopf eine dünne Leine an und führen Sie diese durch die Stagreiter nach unten.

Unter schwierigen Bedingungen ist diese Leine ein Segen, um eine widerspenstige Fock schnell nach unten zu ziehen. Wenn Sie wollen, können Sie sie auch mit einem kleinen Block am Fußpunkt des Segels nach achtern ins Cockpit umlenken, damit Sie nicht am Bug herumturnen müssen, wenn es weht.

Zweifellos braucht es einige Zeit, bis Sie beide Segel fertiggestellt haben, doch die Aufgabe ist mit Sorgfalt und Geduld ohne Weiteres zu schaffen.
Bei manchen Segelschnitten ist es den Segeleigenschaften förderlich, wenn Segellatten das Profil unterstützen. Unabdingbar sind Latten, wenn das Achterliek eine Rundung aufweist. Unsere Altvorderen haben Segellatten natürlich selbst hergestellt, indem sie sie aus geeignetem Holz auf die benötigten Maße zurechtgeschnitten, gehobelt und geschliffen haben. Wegen ihrer Elastizität war Esche ein sehr geschätztes Material. Das Verfahren lässt sich auch heute noch anwenden, oder Sie verleimen zwei Streifen von zwei Millimeter Dicke miteinander, die Sie anschließend auf das gewünschte Maß reduzieren können.
Ich bin mir allerdings nicht so sicher, ob sich dieser Aufwand lohnt. Kaufen Sie sich lieber GFK-Latten und nehmen Sie die längsten, die Sie bekommen können. 120 Zentimeter ist ein gutes Maß. Im Regal neben den Latten finden Sie wahrscheinlich auch passende Endkappen aus blauem Kunststoff, die Sie jedoch getrost liegen lassen können.
Setzen Sie vor allem keine Kappe auf das Ende, das Sie in die Tasche schieben. Wahrscheinlich dauert es nicht lange, und das Käppchen bleibt in der Tasche

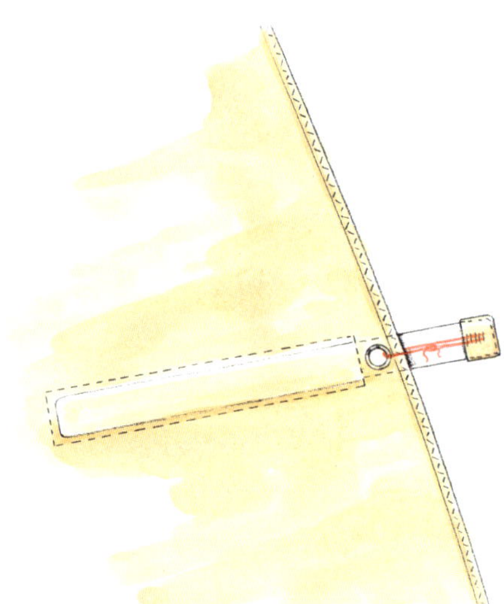

hängen, und Sie kriegen es nicht wieder raus. Runden Sie die Latten sorgfältig mit feinem Schmirgelpapier, um zu verhindern, dass scharfe Kanten das Segeltuch beschädigen. Wenn Sie die Lattentasche aufnähen, doppeln Sie am hinteren Ende sowohl das Segel als auch das Taschenmaterial.

Um die Lattentasche zu verschließen, sind zwei Methoden leicht anzuwenden. Bei der einen nähen Sie einen rechteckigen oder halbrunden Flecken Segeltuch an der Stelle ans Achterliek, wo die Latte in der Tasche verschwindet. Nähen Sie ein Stück Klettband auf diese Klappe und das Gegenstück auf die Tasche. Führen Sie die Tasche nicht ganz bis ans Liek, lassen Sie die Latte etwa zwei Zentimeter heraus schauen, damit sie besser zu greifen ist.

Leichtes Spiel bei Klettverschlüssen als Lattenspanner

Ein Palstek-Leser-Tipp von Torsten Gräser

Es ist Herbst und das neue durchgelattete Großsegel soll abgeschlagen werden. Aber so sehr Sie sich auch bemühen, der Klettverschluss der Lattentasche am Achterliek lässt sich trotz extra angebrachter Lasche einfach nicht öffnen. Abhilfe schafft hier ein kleines Stück Segellatte, zirka dreißig Zentimeter lang und höchstens halb so breit wie die eingesetzten Latten. Die Ecken dieser Latte sollten sie mit einer Feile abrunden. Dann schiebt man sie zwischen das Klett- und das Flauschband und kann diese einfach voneinander trennen. Solange die Latte in der Lattentasche bleibt, kann der Verschluss auch nicht wieder zugehen. So haben Sie die Latten im Handumdrehen aus dem Segel.

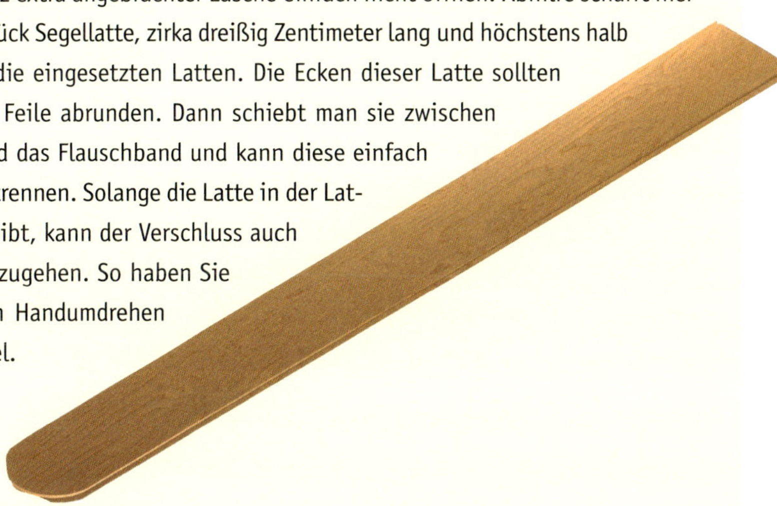

Gaffelrigg

Vielleicht gefällt Ihnen ein Luggersegel nicht. Wie wäre es dann mit einem Gaffelsegel? Beim Nähen des Segels ist der Unterschied gering, bei der oberen Stenge, der Gaffel, allerdings schon. Die Gaffel braucht eine Gaffelklau, die ähnlich der ist, die ich weiter vorne schon für den Baum beschrieben habe, allerdings mit dem Unterschied, dass sie noch zusätzlich nach oben gebogen sein sollte. Damit umgreift sie den Mast, auch wenn die Gaffel nach oben zeigt. Um das Segel vorzuheißen, brauchen Sie zwei Fallen, das Klaufall und das Piekfall, mit welchem dann auch die Neigung der Gaffel reguliert wird. Das Piekfall wird gewöhnlich mehrfach zwischen dem Mast und der Gaffel umgelenkt, was den Aufwand zusätzlich erhöht.

Noch weiter erhöht sich der Aufwand dadurch, dass Sie das Gaffelsegel am Mast befestigen müssen. Entweder Sie tun das mit einer Leine oder mit Mastringen, wobei eine Leine sicherlich die unproblematischere Lösung ist.

Liebe Freundinnen und Freunde des Gaffelriggs, vielleicht möchten Sie Ihr Gaffelsegel aber gerne mit Korallen ausrüsten, so wie man es auf Originalen und auch auf vielen Nachbauten sieht. Das Problem dabei sind die Kugeln. Natürlich kann man sich welche drechseln lassen, und auch bei einigen Schiffsausrüstern oder in Läden für Bastelbedarf gibt es Holzkugeln unterschiedlicher Größe, die als Korallen in Frage kommen können.

Leider leiden Holzkugeln durch die dauernde Reibung am Mast, was sie bald unansehnlich aussehen lässt und was sie auch bald ihren Lackschutz verlieren lässt; außerdem kosten Kugeln Geld. Sollten Sie zu Holzkugeln neigen, schützen Sie diese nicht mit Lack, sondern mit Öl, das tief in die Holzporen einzieht und dauerhaften Schutz verspricht.

Wenn Sie die Sache allerdings vorausschauend angehen, bietet sich eine Alternative zu Holzkugeln. Bitten Sie doch Freunde und Bekannte, Ihnen ihre aufgebrauchten Deo-Roller zu überlassen. Die Plastikkugeln, die das Deo auftragen, sind als Korallen gut geeignet und absolut wartungsfrei.

Das Gaffelrigg ist etwas aufwändiger

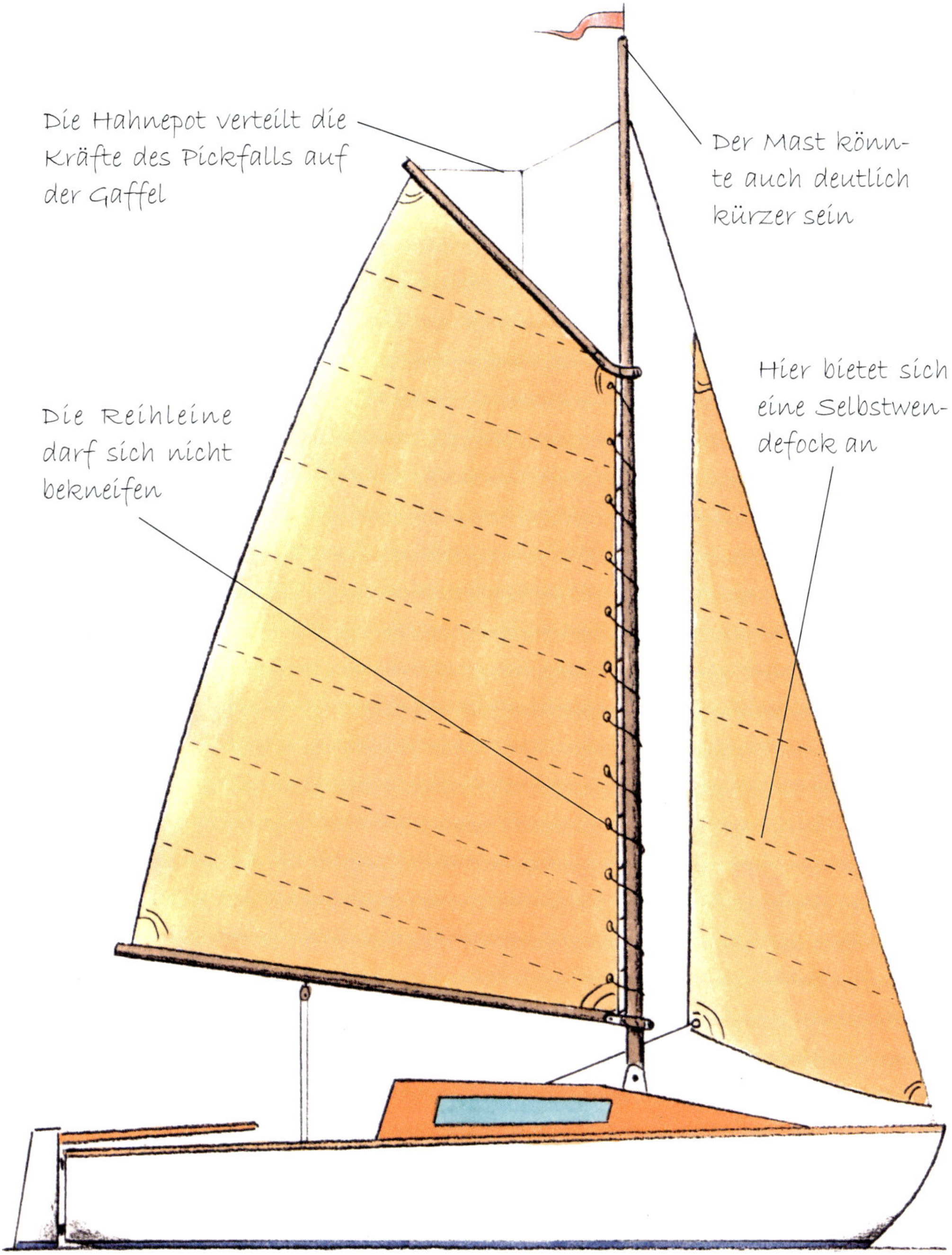

Wenn Sie Ihr Rigg nicht häufig auf- und abbauen müssen und das Segel auf dem Baum geschützt aufgetucht liegen bleiben kann, finde ich ein Gaffelrigg sehr reizvoll. Für ein Trailerboot ist es allerdings sehr arbeitsaufwändig. Diese Erfahrung musste ich machen, bis ich zu dem Rigg kam, das mich immer noch fasziniert.

Seekartenlesestein

Ein Palstek-Leser-Tipp von Peter Bregenzer

Mit Blindheit geschlagen ist fast jeder ab dem 50. Lebensjahr und versucht, diesen Umstand mit Lesebrille und sonstigen Hilfsmitteln zu kompensieren. Ich hatte zunehmend Schwierigkeiten, den Kleinkram in den Seekarten zu entziffern. Besonders die Schärenkarten der schwedischen Ost- und Westküste mit ihren diversen nautischen Angaben bereiteten meinen durchaus geschulten Augen erhebliche Schwierigkeiten. Ich besorgte mir aus diesem Grund einen beim Optiker erhältlichen Lesestein, den ich mit einem auf der Drehbank hergestellten Holzring versah. In die Rückseite des Ringes wurde eine Nut eingestochen, die zur Aufnahme eines Gummirings dient, um auch bei Seegang ein Verrutschen des Lesesteins auf der Seekarte zu verhindern. Außerdem wurde hinten ein kleiner grüner Pfeil aufgeklebt, um die Position und Fahrwasserseite anzuzeigen. Es gibt Lesesteine in allen Formen zu kaufen, man braucht nicht unbedingt eine Holzeinfassung und kann diese auch rutschfest machen, in dem man einige Gummistückchen darunterklebt. Der abgebildete Lesestein erleichtert den Umgang mit der Schärenseekarte ganz erheblich!

Das Dschunkenrigg

Das Dschunkensegel ist zweifellos eine sehr exotische Variante der Besegelung, zumindest was Europa angeht. Es ist einem Luggerrigg nicht unähnlich, mit drei wesentlichen Unterschieden: Es ist durchgelattet und hat eine durchgehende Segelfläche vor dem Mast, wie man aus der Abbildung gut erkennen kann. Schließlich liegt der Baum nicht waagerecht, sondern er steigt nach hinten an.

Ein Dschunkensegel zu nähen ist auch nicht schwieriger als ein Luggersegel, wenn Sie sich einen Plan gezeichnet haben. Sie müssen nur zusätzlich dafür sorgen, dass die Latten ordentlich angebracht werden können. Man kann ähnlich den Reffaugen jeweils eine doppelte Reihe von kleinen Augen anbringen und die Latte anbändseln oder auch lange Taschen aufnähen, in denen die Latten verschwinden. Vom vorderen Ende jeder Latte führt eine Leine um den Mast und wird achterlich davon wieder an der Latte befestigt.

Auf diese Weise bleibt das Segel auch nah am Mast, wenn der Wind von der Seite einfällt, auf der das Segel nicht geriggt ist. Als Latten verwende ich Bambusstangen mit einem Durchmesser am dickeren Ende von 35 bis 40 Millimetern. Sie sind leicht und ausreichend robust.

Ein Dschunkensegel hat Nachteile: Es sieht hierzulande merkwürdig aus, erregt Aufsehen und gibt immer wieder Anlass zu Gesprächen, was ich wiederum sehr positiv finde. Ein echter Nachteil ist jedoch, dass die einmal eingestellte Segeltiefe nur sehr schwer verändert werden kann. Und da das Segel durchgelattet ist, hat es ein nicht sehr tiefes Profil. Mit Erfahrung und durch Experimentieren kann man seinen besten Kompromiss finden. Mein Segel ist sehr flach.

Dem stehen indessen eine ganze Reihe von Vorteilen gegenüber, die für mich ausschlaggebend waren, mir solch ein Rigg zu bauen und immer noch davon überzeugt zu sein. Erstens habe ich nur ein Fall und eine Schot, und das Segel ist in Minutenschnelle demontiert mit allem, was dazu gehört, und natürlich ebenso schnell wieder aufgeriggt.

Zweitens bietet solch ein Rigg Kopffreiheit im Cockpit. Da das Segel mit dem Baum nach achtern ansteigt, besteht keine Gefahr, dass man bei einer Halse den Baum an den Kopf bekommt und Verletzungen erleidet.
Drittens - und das ist für mich das Wichtigste - reffe ich stufenlos in Sekunden, indem ich nur das Fall fiere. Das funktioniert ziemlich unabhängig von der Segelstellung und ist ein ganz entscheidender Sicherheitsaspekt. Ich brauche das Cockpit nicht zu verlassen und muss keine Reffleinen einbinden, durch das Gewicht der Latten kommt das Segel sauber runter und liegt zwischen den Fangleinen sofort ordentlich aufgetucht. Einfacher geht es nicht.
Viertens wird der Winddruck durch die relativ steifen Latten gleichmäßig auf die Segelfläche verteilt. Die Schot greift über kleine Blöcke an jedem Lattenende an, was fünftens den Vorteil hat, dass die Segelstellung effektiv kontrolliert werden kann.
Schließlich ist die Belastung auf der Schot außerordentlich gering, sodass eine relativ dünne Leine ausreicht. Meine Schot für ein Segel von 19 Quadratmetern ist eine Sechs-Millimeter-Leine, und sie reicht vollkommen aus. Schotwinschen sind absolut überflüssig.
Wie auf der Abbildung zu erkennen ist, hat ein Dschunkenrigg die eine oder andere Leine mehr als ein Luggerrigg, doch ist es ein Musterbeispiel für Low-tech und Sicherheit. Selbst für mein ziemlich großes Segel brauche ich keine Winsch, ich habe nicht einmal eine Talje angeschlagen. Aufgrund der geringen Reibung kann ich es einfach mit Muskelkraft nach oben ziehen.
Im Gegensatz zum Gaffelrigg können ein Luggersegel und ein Dschunkensegel rasch abgebaut, aufgerollt und verstaut werden. Auch das ist ein erfreulicher Nebenaspekt, der dazu beitragen kann, dass das Boot häufiger benutzt wird. Unabhängig von Ihrer Vorliebe, wählen Sie ein Tuchgewicht zwischen 250 und 300 Gramm pro Quadratmeter.

Das Dschunkenrigg ist ein Musterbeispiel für lowtech

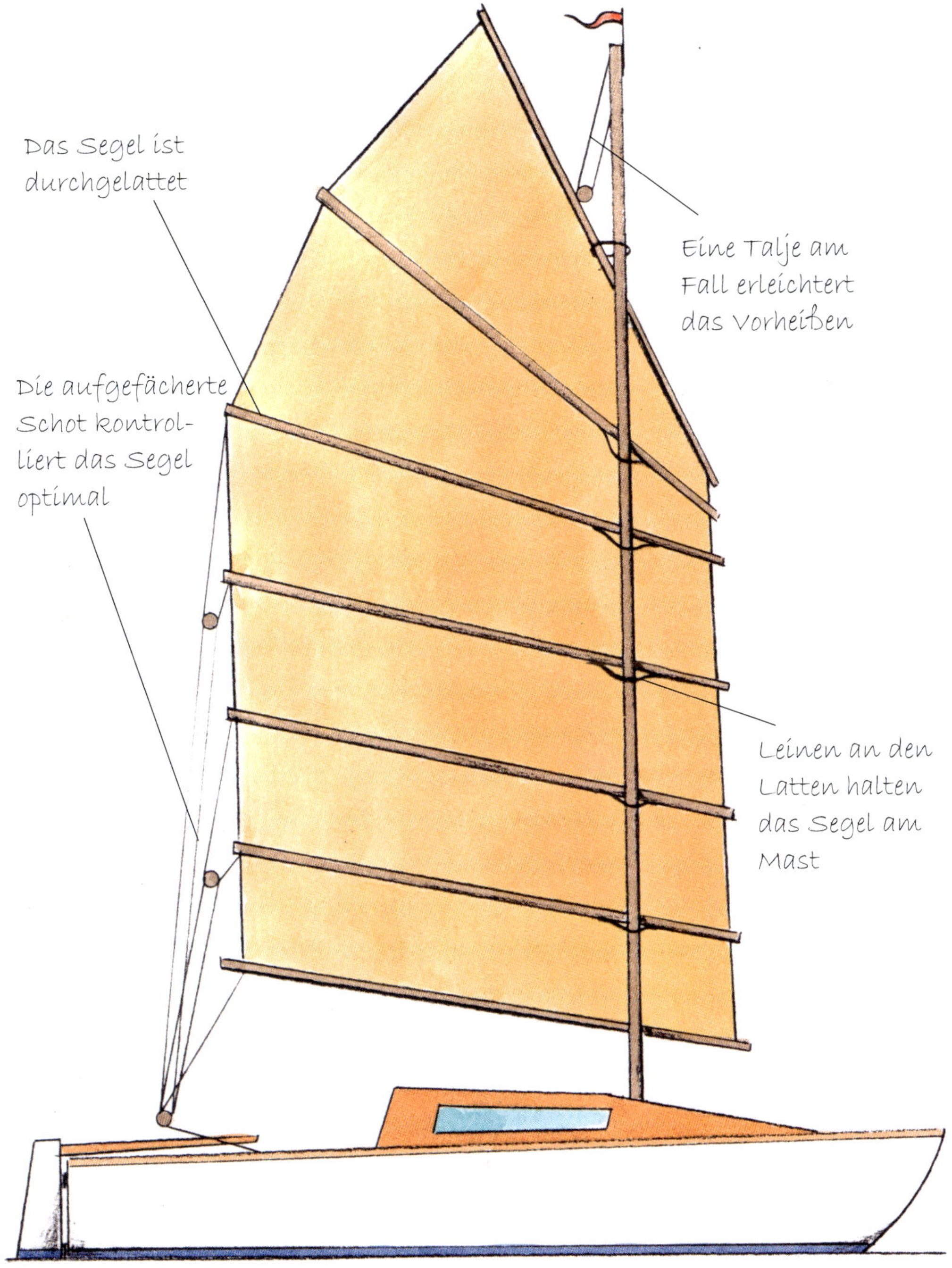

Fallen

Um das Segel zu setzen und zu bergen brauchen Sie ein Fall, und wenn Sie sich im Mastenwald umsehen, stellen Sie fest, dass Fallen und Dirken gewöhnlich innerhalb der Aluminiummasten geführt werden: unten rein und oben raus. Die Begründung ist auch hier in der Regattaszene zu finden, die alles zu vermeiden trachtet, was Windwiderstand bietet und somit bremst. Dieses Argument trifft auf unser Boot kaum zu, und deshalb brauchen wir auch keine innen geführten Fallen und Dirken.

Solange alles mit den Leinen in Ordnung ist, sind sie keines Gedankens wert, doch wehe, es tritt ein Problem auf. Bei innen laufenden Leinen ist sowohl die Fehlerdiagnose als auch die Fehlerbehebung schwieriger, als wenn man sofort sieht, wo etwas nicht funktioniert und wie Abhilfe geschaffen werden kann. Außen geführte Fallen haben noch einen weiteren Vorteil: Sie sind der Nachtruhe förderlich. Man braucht sie nur wegzubändseln, sodass sie nicht gegen den Mast schlagen können.

Fazit: Innen liegende Leinen bringen uns keine Vorteile. In Gegenteil, sie erschweren im Schadensfall unnötig das Leben und erfordern mehr Aufwand und damit auch mehr Kosten. Sie sind nicht Lowtech und haben deshalb auf unserem Schiff nichts zu suchen.

Wantenspanner

Verzichten Sie auf Wantenspanner! Natürlich müssen Sie eine Möglichkeit haben, Ihren Mast mit einem Dreibein aus den beiden Wanten und dem Vorstag zu stabilisieren und gegebenenfalls die Spannung zu regulieren. Dazu sind jedoch keine Wantenspanner notwendig. Entweder machen Sie es so, wie ich es weiter vorne beschrieben habe: Wanten mit festen Längen und einer Talje am Vorstag, oder Sie machen es umgekehrt: Das Vorstag ist fix, und Sie benutzen zwei kleinere Taljen am unteren Ende der Wanten.

Sehen Sie dafür etwa 60 Zentimeter bis zu einem Meter vor. Wenn Sie zwei Doppelblöcke verwenden und eine Sechs-Millimeter-Leine, hält diese Anordnung jeder Belastung stand. Darüber hinaus ist ein weiterer Gesichtspunkt von Bedeutung. Als empfehlenswertes Teil der Ausrüstung einer Yacht wird immer wieder ein Bolzenschneider erwähnt, der im Falle einer Havarie zum Einsatz kommt und dazu dient, die Wanten oder Stage zu kappen.

Ein wirklich zuverlässiges Gerät ist ziemlich unhandlich, schwer und kostet mehrere hundert Euro. Die eben vorgeschlagene Lösung benötigt keinen Bolzenschneider. Ist es wirklich notwendig, den Mast vom Schiff zu trennen, genügt ein scharfes Messer.

MATERIALBESCHAFFUNG

Im Folgenden finden Sie einige Hinweise auf den Selbstbau von Werkstücken aus Metall. Für uns Segler bedeutet das nicht rostender Stahl, den meisten als Edelstahl bekannt. Ein anderes Metall kommt nicht aufs Boot. Der Weg zu einer Schlosserei ist normalerweise unnötig. Der Schlosser hat das Material selbst eingekauft und verkauft es Ihnen weiter, wobei er auch noch gerne etwas verdienen möchte. Das hat zur Folge, dass der finanzielle Vorteil des Selbstbaus schwindet.

Eine sehr viel sinnvollere Möglichkeit besteht darin, einen Schrottplatz aufzusuchen, bei dem nicht rostender Stahl durch metallverarbeitende Betriebe angeliefert wird. Bei den metallverarbeitenden Betrieben werden Sie meistens mit dem Begriff VA-Stahl konfrontiert. Diese Bezeichnung ist eigentlich nur ein Produktname, wobei die Zusatzziffern V2A oder V4A den Materialmix bezeichnen. V4A ist der maritime Edelstahl, aber V2A wird bei sorgfältiger Bearbeitung auch brav seine Dienste tun.

Ein Schrottplatz ist nichts Anrüchiges, sondern ein Ort, an dem Altstoffe und Industrieabfälle gesammelt werden, um sie einer neuen Nutzung zuzuführen, und das trifft doch ganz unzweifelhaft auf uns zu. Haben Sie also keine Hemmungen, sondern gehen Sie hin und fragen Sie, wo der VA-Container steht. Sie werden überrascht sein, welche Schätze da herumliegen, die nur darauf warten, von Ihnen in allerlei nützliche Bootsausrüstung verwandelt zu werden.

Hier komme ich zurück auf einen Gesichtspunkt von weiter vorne: Seien Sie flexibel! In den meisten Fällen ist es absolut belanglos, ob das Rechteckrohr die Abmessungen 30 mal 40 Millimeter oder etwas mehr oder weniger hat und ob die Wandstärke oder die Bodenplatte für eine Klampe drei oder vier Millimeter dick ist. Da es sich in der Regel um einzelne Teile handelt, brauchen die Abmessungen nicht schon vorhandenen Teilen angepasst zu werden.

Wenn Sie also Edelstahlabschnitte von Rohren, Winkelprofilen, Flacheisen, Rundstahl etc. finden, greifen Sie zu! Bietet sich die Gelegenheit, mehr zu bekommen, als Sie im aktuellen Fall gerade benötigen, kaufen Sie mehr! Vielleicht geht etwas schief und Sie brauchen mehr Material oder es fällt Ihnen während der Arbeit ein, dass sich noch eine weitere Verwendungsmöglichkeit für das Stahlstück bietet. Ist das Material sehr günstig, ist man auch eher geneigt, einfach so die eine oder andere Idee auszuprobieren. Nebenbei: Machen Sie doch Ihrer Frau mal eine Freude und basteln Sie ihr ein Rankgerüst aus VA-Rundmaterial für ihren Lieblingsblumentopf. Sie üben etwas, Ihre Holdeste bekommt, was es im Geschäft nicht gibt, und Ihr Pluspunktkonto wächst.

Wenn Sie mit Edelstahl arbeiten, bleibt es nicht aus, dass Sie einen Winkelschleifer benutzen müssen. Widerstehen Sie der Versuchung, normale Schleif- oder Trennscheiben im Baumarkt oder bei Aldi zu kaufen, auch wenn sie dort sehr preiswert sind. Wenn Sie normale Scheiben verwenden, dürfen Sie damit auf keinen Fall normalen Stahl und nicht rostenden Stahl bearbeiten. Die Eisenteile aus dem normalen Stahl werden in den nicht rostenden eingeschliffen und sorgen dort für Rostbildung.

Besser ist, Sie suchen Kontakt zu einem Betrieb, der Edelstahl verarbeitet. Dort werden Industrie-Trennschleifer verwendet mit Scheiben, die für Edelstahl konzipiert sind. Wenn diese Scheiben so weit heruntergeschliffen sind, dass sie auf den großen Maschinen nicht mehr einsetzbar sind, eignen sie sich immer noch hervorragend für den Einsatz auf den Heimwerker-Winkelschleifern mit 115er- oder 125er-Scheiben.

Ein Boot ist neben anderem auch ein kleiner Haushalt, in dem Dinge nützlich sind, die sich in normalen Haushalten auch finden: allerlei Koch- und Küchengerät, Reinigungsmittel, Einrichtungsgegenstände in allen Bereichen des Bootes und so weiter und so weiter.

Wenn Sie sich darüber Gedanken machen, wo Sie Ihre Einkäufe tätigen, machen Sie sich von der Vorstellung frei, dass es nur bei Yachtausrüstern möglich ist, sich für das Boot einzudecken. Besteck mit Anker, Teller mit umlaufender Tauverzierung und neues Spezialgerät bekommen Sie wahrscheinlich nur dort, doch verstehe ich nicht so recht, warum ich Haushaltsreiniger, Spiegel, Klopapier, Lampen etc. beim Yachtausrüster kaufen soll, wenn es beim nächsten

Supermarkt oder Baumarkt deutlich billiger ist. Schauen Sie auch in die Kataloge von solchen Anbietern, die sich nicht speziell an Wassersportler wenden, aber aufgrund der größeren Anzahl ihrer Kunden mitunter deutlich billiger sind, auch bei Produkten, die für den Wassersportler von Interesse sind. Ganz besonders trifft das zu auf Werkzeug und andere technische Geräte sowie auf elektrische und elektronische Bauteile.

Auch Kataloge aus den Bereichen Autozubehör und Campingartikel können ein intensives Studium lohnen. An zwei Beispielen will ich das Gesagte verdeutlichen. Bei Yachtausrüstern kostet eine der beliebten Solarduschen etwa fünfzehn Euro, bei einem Campingausrüster habe ich das gleiche Gerät für weniger als die Hälfte gesehen. An Bord ist eine Pütz ein sehr nützliches Gerät. Beim Yachtausrüster zahlen Sie dafür etwa acht Euro. Ich habe beste Erfahrungen gemacht mit einem Mörtelkübel für Maurer aus dem Baumarkt, der genauso stabil ist und nur 1,99 Euro kostet.

Worauf ich Sie immer wieder hinweisen möchte, sind die Angebote im Internet. Es wimmelt nur so von preiswerten Einkaufsmöglichkeiten. Sie müssen, sich nur die Mühe machen, sie zu suchen. Tun Sie es! Ihr Bootsprojekt kann dadurch deutlich preiswerter werden.

Nelken gegen Wespen

Ein Palstek-Leser-Tipp von Friedrich Marsch

In den Sommermonaten werden wir immer wieder beim Frühstück oder während der Teatime in der Plicht von Wespen heimgesucht. Es kann einem vor Anker oder im Hafen den Aufenthalt im Freien ganz schön vermiesen. Wir stellen eine kleine Schale oder einen Eierbecher gefüllt mit fünfzehn bis zwanzig Gewürznelkenköpfen neben die Marmelade oder den Kuchen. Die Wespe kommt geflogen, riecht den Duft der Nelken und nimmt Reißaus. Es muss für sie das ätherische Öl sein, das eine abschreckende Wirkung hat.

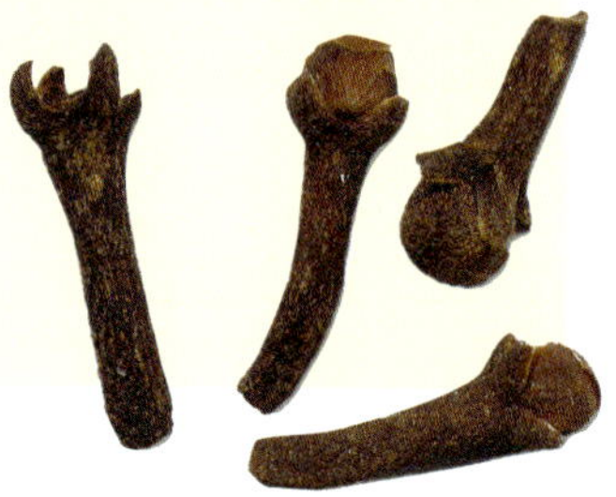

Wechseln von Teak-Pfropfen

Ein Palstek-Leser-Tipp von Jürgen Sandkuhl

Beim Auswechseln von Teakdeckpfropfen wird man sich grämen, wenn das umgebende Holz durch die Arbeit Macken bekommt. Um diesem vorzubeugen, habe ich mir drei Werkzeuge angefertigt:

1. Ein Stecheisen, bei dem ich die Brust im Radius der Pfropfen geschliffen habe. Damit kann man vorsichtig den Propfen ausstechen. Durch den Radius wird die Teakleiste nicht, wie bei einem geraden Stecheisen, beschädigt.
2. Einen Hohlbohrer, vorne mit Sägezähnen, mit Griff aus härtbarem Stahl, im Durchmesser der Pfropfen, um auch alle Reste aus dem Loch entfernen zu können. Wer keine Beziehungen zu einem Maschinenbaubetrieb hat, kann sich auch mit einem einfachen Stahlrohr behelfen.
3. Das Entfernen der überstehenden, neu eingeklebten Pfropfen sollte man niemals mit einem Stecheisen machen, da dann die Gefahr besteht, dass der Propfen ausbricht und ein Loch tiefer als das Deck entsteht. Ein kurzes Stück eines Stahlsägeblattes, mit einem gekröpften Griff, kommt auch in die engsten Ecken.

Davor habe ich versucht, die Pfropfen mit einem Spiralbohrer, geführt in einer Bohrschablone, auszubohren. Das war ein Fiasko, weil man die Schablone gar nicht so genau über den Pfropfen halten kann, dass das umgebende Holz nicht beschädigt wird.

Ersatzteile und weitere Ausrüstung

Jeder, der mit einem Boot mit dem Ziel der Fahrtensegelei unterwegs ist, hat Ersatzteile an Bord: Birnchen, Schäkel, Blöcke, etc. Darum geht es hier nicht; es geht vielmehr um eine Ausrüstung, die es einerseits im Falle eines unvorhergesehenen Ereignisses erlaubt, die Reise bis zum nächsten Hafen oder Ankerplatz gefahrlos fortzusetzen und die andererseits die Handhabung des Bootes einfacher und sicherer machen kann.

Ein ganz wesentlicher Gesichtspunkt ist hierbei die möglichst mehrfache Verwendungsmöglichkeit von Ausrüstungsteilen. Platzknappheit und Rücksicht aufs Gewicht geben diesem Aspekt bei kleineren Booten mehr Bedeutung als bei großen.

Kostenlose Magnetangel

Ein Palstek-Leser-Tipp von Michael Lagner

Da bückt man sich für die letzten Handgriffe am Schiff vor dem Landgang, und prompt rutscht der Schlüsselbund aus der Brusttasche. Natürlich fällt er mit einem leichten „platsch" ins Wasser statt auf den Steg. Was tun? Stelle merken und angeln! Dazu besorgt man sich einen defekten großen Lautsprecher und baut den Magnet ab. Dieser hat üblicherweise in der Mitte ein Loch, sodass man ihn an einer Schnur befestigen kann. Damit habe ich nicht nur meine Schlüssel wiederbekommen, sondern auch noch die Dose Bier, die aus der Einkaufstüte gekullert war, und den Kaffeelöffel meines Stegnachbarn.

Ruderanlage

Hatten Sie schon einmal einen Ruderbruch? Ich schon. Es war zwar nicht unmittelbar lebensbedrohlich, aber doch unangenehm. Bei heftigem Ruderlegen in einer ablandigen Böe brach das Sperrholzblatt auf der Höhe der Wasserlinie glatt ab und schwamm davon. Wir hatten genug Seeraum, bargen das Segel und behoben den Schaden. Es war zwar ein ordentliches Stück Arbeit bei der elenden Schaukelei, aber nach 20 Minuten war wieder alles in Ordnung.
Das Problem war deshalb so leicht zu beheben, weil zum einen die Verhältnisse an Bord die Reparatur begünstigten, und weil zum anderen ein Ersatzteil zur Verfügung stand.
Wenn irgend möglich, wählen Sie ein angehängtes Ruder. Diese Anordnung hat den Vorteil, dass alle wesentlichen Teile sichtbar, kontrollierbar und zugänglich sind. Vermeiden Sie ein Ruderblatt aus Sperrholz. Durch den typischen Aufbau einer Sperrholzplatte, deren Schichten im Winkel von 90 Grad verleimt sind, trägt praktisch nur die Hälfte der Platte die Kraft. Die waagerecht angeordneten Fasern sind bei einem Sperrholzruderblatt mehr oder weniger nutzlos. Das bedeutet, dass Sie entweder das Blatt doppelt so dick bauen oder ein anderes Material wählen müssen.
Sie können sich ein stabiles Ruderblatt leicht selbst herstellen. Sie brauchen dazu Holzleisten, die Sie miteinander verleimen. Nehmen wir der Einfachheit halber an, dass es sich um ein einteiliges, starres Blatt handeln soll, 120 Zentimeter lang, 35 Zentimeter tief und 4 Zentimeter stark. Organisieren Sie sich so viele Leisten von 120 Zentimeter Länge und 45 Millimeter Stärke, dass die gewünschte Tiefe locker erreicht wird.
Nehmen Sie Fichte, Kiefer, Lärche, Mahagoni, Eiche, Teak, was immer Sie finden. Sollten Sie dunkles und helles Holz haben, ergibt das sicherlich einen reizvollen Kontrast. Vor der Verarbeitung von Teak sollten Sie die Leimflächen mit Aceton entfetten, damit das Harz ordentlich hält. Nun leimen Sie die Leisten aneinander, immer drei zusammen, bis die ganze Fläche vor Ihnen

Einbruchsicherung am Niedergangsschott

Ein Palstek-LeserTipp von Edgar Wallenborn

Gelegenheitseinbrecher kann man, so heißt es, in vielen Fällen von ihrem Vorhaben abbringen, indem man ihnen den Zugang zum Diebesgut so versperrt, dass ihnen nur schweres Werkzeug weiterhelfen würde. Um nun einem potenziellen Schiffsmarder so viel Widerstand wie möglich entgegenzusetzen, habe ich auf meinem Schiff folgende Vorkehrung getroffen: An der Griffleiste des Schiebeluks und dem unteren Schottrahmen habe ich zum Cockpit hin mit durchgehenden Schrauben je eine Ringmutter M6 montiert. Ein VA-Rundstab von 16 Millimeter (entspricht dem Innendurchmesser der Ringmutter), der etwas länger als der Abstand zwischen den beiden Ringmuttern ist, erhielt an einem Ende eine angeschweißte Nase, am anderen Ende eine Fünf-Millimeter-Bohrung, die ich an beiden Seiten angesenkt habe. Zum Verschließen wird der Stab von oben durch beide Ringmuttern gesteckt. In der Bohrung wird ein Sicherheitsschloss mit gehärtetem Bügel angebracht. Auf diese Weise ist das Eindringen durch den Niedergang erst möglich, wenn der Dieb mit erheblichem Aufwand zu Werke geht. Dies würde Lärm und Aufsehen verursachen – ein großes Risiko für den Übeltäter.

Wasserdichte Dokumente

Ein Palstek-Leser-Tipp von Uwe Carstensen

Wichtige Dokumente wie Segelscheine etc. führe ich nur in Kopie mit und – einlaminiert, das schützt vor Feuchtigkeit. Für den Fall der Fälle habe ich für meine Gäste an Bord Kurzanleitungen geschrieben und ebenfalls einlaminiert. Diese hängen in der Nähe von dem Funkgerät, dem Motor, der Schalttafel und der Rettungsinsel. Laminiergeräte und die zugehörigen Folien bekommt man mittlerweile in fast jedem Kaufhaus.

liegt. Inzwischen haben Sie sich sicherlich Gedanken darüber gemacht, welche Form das Ruderblatt haben soll. Übertragen Sie diese auf das Holz und sägen Sie sie aus.

Als ich mein Ruderblatt baute, wollte ich ihm ein ordentliches Profil geben. Kurz darauf fand eine Bootsausstellung statt, und ich fragte einige sachkundige Leute und sah mir an mehr als zwanzig Schiffen profilierte Ruderblätter an. Anschließend war ich sehr verwirrt, denn sie sahen alle ganz unterschiedlich aus.

Wenn Sie sich profilieren wollen und nicht auf den letzten Zehntelknoten Wert legen, dann teilen Sie die Tiefe im Verhältnis 1:2 von vorne nach hinten. Bei etwa zwölf Zentimeter von vorne in unserem Beispiel sollte die größte Stärke sein, die sich nach hinten sanft geschwungen auf ein Drittel verjüngt und nach vorne in eine weiche Rundung mündet.

Ein guter Hobel mit einem scharfen Messer und ein Bandschleifer erleichtern die Arbeit sehr. Das Profil braucht natürlich nur im Unterwasserbereich ausgearbeitet zu werden, darüber lassen Sie die eckige Form.

Die Ruderaufhängung lässt sich aus Edelstahl biegen und bohren, und wenn Sie oben eine Möglichkeit schaffen, die Pinne zu befestigen, ist das Ruderblatt bis auf die Lackierung fertig.

Da ich ein aufholbares Ruder habe, ist der Aufwand für ein Ersatzruderblatt noch geringer. Mit seiner Länge von etwa 60 Zentimeter lässt es sich leicht in der Backskiste stauen und steht für einen Notfall jederzeit zur Verfügung.

Zum Ruder gehört eine Pinne. Unterstellen wir, dass die normale Pinne nicht mehr einsatzfähig ist und Ersatz geschaffen werden muss. Wenn die Pinne in einem runden oder viereckigen Rohr steckt, ist die Sache nicht so schwierig. Ein Stück Holz von passender Länge ist rasch gehobelt und lackiert und kann als Ersatzpinne mitgeführt werden. Auch ein Stück Aluminiumrohr tut es, selbst wenn der Durchmesser nicht genau passt. Für diesen Fall empfehle ich, einige kleine Keile aus Holz an Bord zu haben, die das Rohr fixieren. Mit etwas Klebeband umwickelt, hält die Vorrichtung sicherlich bis in den nächsten Hafen.

Ein Splint im Bootshaken sorgt für weniger Überraschungen

Der fixierte Bootshaken

Ein Palstek-Leser-Tipp von Dr. Klaus Müller Henneberg

Wer hat es nicht schon erlebt, dass sich der Teleskop-Bootshaken in unangenehmer Weise verkürzt, wenn man sein Schiff von der außenhautzerstörenden Pier abhalten will. Damit ist bei mir jetzt Schluss. Ich habe den Stiel an mehreren Stellen durchbohrt, die Stellung der Bohrung mit einem wasserfesten Filzer markiert und mit einem Splint gesichert. Seitdem bin ich von dieser Überraschung befreit.

Goldige Signale

Ein Palstek-Leser-Tipp von Professor Scheuer

Von der Suche nach einem Signalspiegel in diversen Outdoor-Läden kam ich frustriert nach Hause. Frustriert, weil man mit dem Begriff nichts anfangen konnte oder einfach einen Glaspiegel zum Signalspiegel erklärte. Mein Vorschlag: Eine CD-ROM – goldig spiegelnd – erfüllt den Zweck. Durch das zentrale Loch kann man die Richtung und Wirkung kontrollieren, und die Fläche fängt genügend Sonnenlicht ein, um die Aufmerksamkeit im Seenotfall zu erreichen, oder wenn es nötig wird, über eine weite Strecke Signale zu geben. Eine solche CD-Scheibe gehört in die Tasche, die für den Ernstfall am Niedergang steht.

Vielleicht können Sie Ihren Mast legen. Wenn ja, dann ruht er wahrscheinlich in einer Art X-förmigen Stütze oder in einer U-förmigen Gabel, die auf einem Rohr sitzt. Ein Bein des X oder das Rohr lassen sich zweifellos so gestalten, dass sie/es als Notpinne zu gebrauchen ist.
Auch die Herstellung einer individuellen Pinne ist nicht sehr aufwendig, wie Sie im Kapitel über „Nützliches aus Holz" nachlesen können.

Pinnenverlängerung

Wahrscheinlich fahren Sie am Heck einen Außenborder, den Sie leicht mit einer Pinnenverlängerung ausrüsten können. Der Aufwand ist gering, und dieses Gerät könnten Sie so herrichten, dass es im Notfall auch als Pinne zu gebrauchen ist.
Hier empfehle ich Ihnen ausnahmsweise, ein Aluminiumrohr zu nehmen, weil es so schön leicht ist. Ein Stück eines Aluminium-Gabelbaumes von einem Surfrigg tut hier gute Dienste. Messen Sie anschließend die Länge und die Durchmesser vorne und hinten Ihres Außenbordergriffes aus. Besorgen Sie sich ein rechteckiges Stück VA-Flachmaterial von zwei Millimeter Stärke, das acht Zentimeter länger ist als der Außenbordergriff und kanten Sie es auf Ihrem Schraubstock.
Um das Teil jederzeit demontieren zu können, befestigen Sie es sowohl am Rohr als auch am Pinnengriff mit jeweils zwei Bögen, die Sie aus Gewindestangen herstellen können. Zum Festziehen benutzen sie Flügelmuttern, um nicht auf Werkzeug angewiesen zu sein. Der Schäkelöffner Ihres Bordmessers bewährt sich aber hier.
Außenbordergriffe sind gewöhnlich konisch. Damit die Verlängerung gerade nach vorne weggeht, kleben sie unter den vorderen Schraubbügel so viel Gummi, Holz, Plastik, Kork etc., bis Pinne und Verlängerung sauber fluchten, also in einer Linie liegen.

Relingpolster

Ein Palstek-Leser-Tipp von Rolf Erne

Relingpolster: Für Geld lassen sich solche kaufen – und mit wenig Aufwand und einer Nähmaschine selber und sogar auf Maß bauen. Die Schaumstoffröhre liefert jeder Kältetechnik-Betrieb günstig. Dieser geschlossenzellige Schaumstoff ist besser geeignet als die in den Baumärkten erhältlichen Rohrisolationen, da jene keine Naht aufweisen, weicher und dicker sind. Im Inneren vermeidet ein PVC-Rohr (Elektrikbedarf) das Schamfilen des Relingdrahtes am Schaumstoff und für den Überzug verwendet man UV-stabilen PVC oder Blachenstoff passender Farbe.

Kästen für Ersatzteile

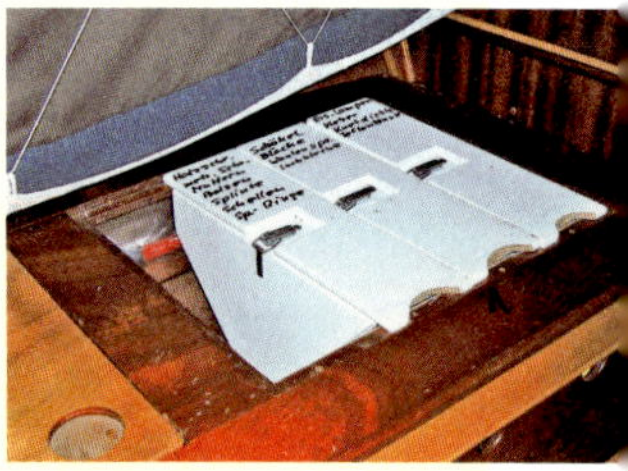

Palstek-Leser-Tipp von Jürgen Sandkuhl

Wer hat noch nicht geflucht, als unter den Kojenpolstern nach Ersatzteilen oder Werkzeug gesucht werden musste? Meistens sollte es auch noch schnell gehen, aber die Polster wollten nicht oben bleiben und wurden mit dem Kopf gehalten, weil man beide Hände brauchte, um in der finsteren, vollen Kiste nach der Werkzeugtasche zu grabbeln.
Meine Antwort sind speziell angefertigte Kästen, die oben im Rand für den Kojendeckel aufliegen und darunter die Form des Kojenkastens haben. Obendrauf steht der Inhalt geschrieben, um nicht erst lange gucken zu müssen, was drin ist.
Jetzt halte ich mit der einen Hand die Polster und mit der anderen nehme ich das Ersatzteil oder den Werkzeugkasten heraus. Die verschiedenen Dinge sind in Fächer sortiert, und die Mütze wird vom Polster auch nicht mehr über die Augen gedrückt.

Bootsmannstuhl

Für einen einfachen Bootsmannstuhl benötigen Sie ein Brett, zwei Leisten und eine Leine.

Besorgen Sie sich ein Brett aus einem harzfreien Holz, zum Beispiel Eiche, Mahagoni oder Teak mit den Maßen 50 Zentimeter lang, fünfzehn bis zwanzig Zentimeter breit und drei Zentimeter dick. Natürlich können Sie sich dieses Brett auch aus Leisten zusammenleimen. Verstärken Sie die Unterseiten rechts und links mit einer Leiste von drei bis vier Zentimetern Breite und bohren Sie an den Ecken jeweils ein Loch, das etwas größer ist als die Stärke der Leine. Zehn oder zwölf Millimeter ist eine gute Leinenstärke. Seien Sie sorgfältig dabei, die Kanten der Löcher abzurunden, damit sich das Ende daran nicht abwetzt. Schneiden sie nun

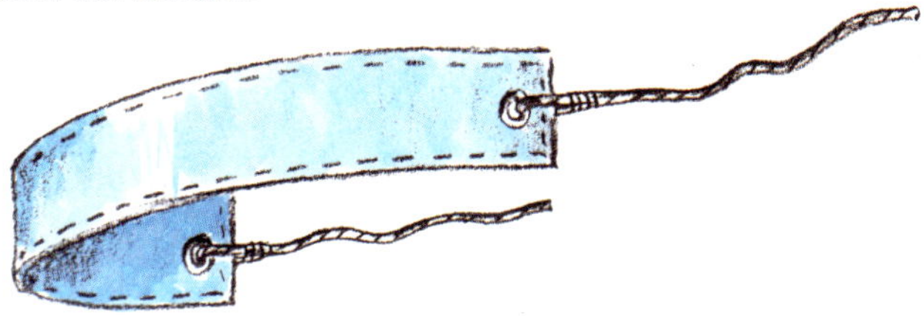

zwei Stücke der Leine ab, die so lang sind, dass Sie sich vor der Brust treffen. Mit einem Augspleiß oder Palstek an jedem Ende müssten Sie mit 1,8 oder 1,9 Meter auskommen. Führen Sie die Leinen nun kreuzweise durch die Löcher und fassen Sie die geknoteten oder gespleißten Augen mit einem stabilen Ring oder Schäkel zusammen, an dem auch das Fall angeschlagen wird. Damit ist der Bootsmannstuhl im Prinzip fertig. Sie können ihn lackieren und Sie können ihn noch verbessern.

Schutz vor Wind, Lose und Steg

Drei Palstek-Leser-Tipps von Thomas Kramer

Tipp 1: Manchmal kommen sie noch zum Einsatz, die guten alten Standard-Petroleumlampen, ob beim Captain's-Dinner abends im Cockpit, als Außenlieger-Laterne, Ankerlicht im Watt (nicht weitersagen ...) oder allgemein als Notleuchte bei leerem Akku. Leider sind diese Lampen nicht sonderlich windfest. Aus zwei Mineralwasserflaschen und einigen Nieten lässt sich ein leicht konischer Mantel anfertigen, der nicht nur bei Starkwind noch für flackerfreie Flamme sorgt, sondern die Laterne zudem noch in der Backskiste vor Bruch schützt.

Tipp 2: Um bei unserem 17-Fuß-Boot das Problem mit der Spannung im doppelten Vorstag zu lösen, kommt seit einem Jahr die abgebildete Konstruktion zum Einsatz. Zwei gut gefettete Wantenspanner ohne Kontermuttern, jeweils mit zwei selbst gefertigten Klapphebeln versehen. Die Querstange verhindert das Mitdrehen der oberen Gewindeteile. Vier oder fünf Drehungen geben Spannung aufs richtige Stag. Bei heruntergeklappten Hebeln (wie rechts zu sehen) dreht sich der Spanner nicht selbst weiter. Seit einer Saison erprobt (auch einhand und bei Starkwind) halten wir diese wirklich preisgünstige Konstruktion bei kleineren Booten für ausreichend dimensioniert.

Tipp 3: Manche Dinge braucht man nicht ständig, zum Beispiel Fendersocken. Diese hier sind zwar nicht todschick, aber dafür umsonst und haben sich bei uns sogar seit einem Jahr im Dauereinsatz am Steg bewährt. Wer will, kann sie unten noch besäumen mit Gummizug drin gegen Hochrutschen, geht aber auch ohne. Überflüssig zu erwähnen: großer Fender – große Hose...

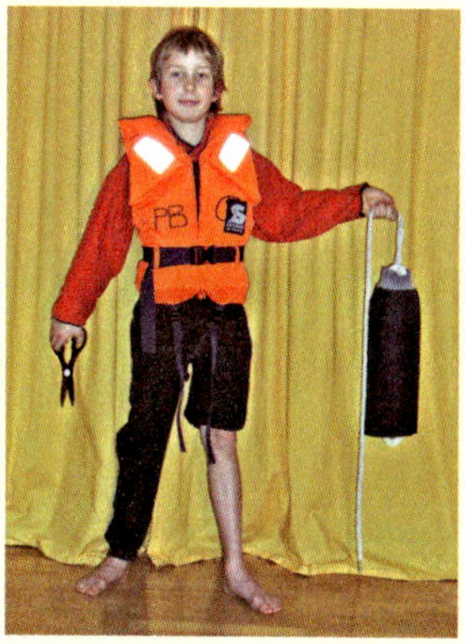

Er wird sicherer, indem sie ein Gurtband vorbereiten, das Sie an beiden Enden mit einem Karabiner versehen. Ein Stück eines Sicherheitsgurtes aus einem Schrottauto ist hierfür sehr geeignet. Legen Sie das Brett auf einen Stuhl und setzen Sie sich so hin, dass Ihr Rücken leicht nach hinten geneigt ist.
Bitten Sie nun jemanden, den Ring mit den Leinen etwa 25 Zentimeter vor Ihrer Brust zu halten und das Gurtband vom Ring unter Ihren Armen durch wieder zum Ring zu führen. Geben Sie einige Zentimeter zu, denn möglicherweise tragen Sie Ölzeug und Pullover, wenn Sie den Stuhl brauchen. Mit dieser Konstruktion verhindern Sie, dass sie durch eine unbedachte Bewegung nach hinten rausfallen.
Sie können ihn auch noch praktischer machen, indem Sie rechts und links kleine Taschen aus Segeltuch vorsehen, in denen Sie allerlei Werkzeug und Ersatzteile mit nach oben nehmen können. Schweres Werkzeug wie zum Beispiel ein Hammer oder eine Zange wird mit dünnen Leinen gesichert, um die Person an der Winsch nicht zu gefährden.
Grundsätzlich sichert sich die Person im Bootsmannstuhl am Mast. Der Sturz aus wenigen Metern an Deck endet mindestens im Krankenhaus.

Paddel und Riemen

Vielleicht gehören Sie zu denjenigen Segelfreunden, die ganz bewusst auf einen Motor verzichten und ihre Befriedigung darin sehen, nur unter Ausnutzung des Windes ihr Ziel zu erreichen. Ich habe großen Respekt vor diesen Seglerinnen und Seglern, weil sie in aller Regel ihr Boot meisterhaft beherrschen und aus jeder Situation das Beste für sich herausholen können.
Trotzdem lässt sich die Tatsache nicht leugnen, dass der Wind im Sommer am Abend häufig einschläft, und gelegentlich kommt es dann vor, dass der motorlose Segelasket vor dem Hafen in der Flaute dümpelt. Der Hafen ist greifbar nah und doch so fern.

Sinkende Fender

Ein Palstek-Leser-Tipp von Tilman Lewitz

Nach der Rückkehr von unserem Sommer-Ostsee-Törn habe ich als treuer Leser einen Tipp für die Abfenderung in den Schleusen des Nord-Ostsee-Kanals (NOK): Die Schleusenkammern in Brunsbüttel und Kiel-Holtenau verfügen über hölzerne Schwimmstege, die nur circa 15 Zentimeter über die Wasseroberfläche hinausragen. Beim Anlegen mit normalen Fendern kann es bei etwas stärkeren Schiffsbewegungen passieren, dass die Fender hochgedrückt werden und die Außenhaut des Schiffes durch unmittelbaren Kontakt mit den Schwimmstegen in Mitleidenschaft gezogen wird. Um dies zu verhindern, habe ich drei alte kleine Fender (Durchmesser 10 bis 15 Zentimeter) zu 75 Prozent mit Wasser gefüllt und mit langen Fenderleinen versehen. In den NOK-Schleusenkammern befestige ich diese Fender mit den Fenderleinen so, dass sie senkrecht im Wasser stehen. So rutschen diese Fender nicht mehr so leicht hoch.

Schamfilschutz

Ein Palstek-Leser-Tipp von Peter Spargel

Betrachtet man die verschiedenen Erfindungen, mit denen Skipper ihre über scharfe Betonkanten laufenden Festmacherleinen schützen, so wundert man sich über die vielen Einfälle. Da werden Holzknüppel, Fender und sogar Altpapier unter die Leinen gelegt oder alte Feudel darübergewickelt. Ich benutze, wenn die Leinen auf der Pierkante aufliegen (zum Beispiel in Utklippan), Gummischläuche, die ich spiralförmig aufgeschnitten habe und dadurch problemlos um bereits festgemachte Leinen legen kann. Die Steigung des spiralförmigen Schnittes beträgt bei mir etwa 12 Zentimeter. Am Anfang und am Ende dieses Schutzmantels ist jeweils ein Befestigungsbändsel. Ganz vorsichtige Skipper können auch einen etwas größeren Schlauch gegensinnig aufschneiden und über den unteren Schutzmantel legen.

Vielleicht ist es Ihnen aber auch schon passiert, dass ein Tag mit ungünstigen Bedingungen zu Ende geht, der Außenborder stundenlang gelaufen ist, und nun kein Tropfen Sprit mehr im Tank ist. Was also tun? Der beste Motor ist nutzlos, wenn er keinen Kraftstoff saugen kann.

Solche Situationen verlieren ihren Schrecken, wenn man Muskelkraft mit geeignetem Gerät verbindet. Muskelkraft dürfte vorhanden sein, und entsprechendes Gerät kann man mitführen.

Wenn Ihr Boot keinen besonders hohen Freibord hat und wenn Sie zu zweit sein sollten, bieten sich Paddel an. Stechpaddel sind hervorragend geeignet, aber teuer, es sei denn, Sie bauen sich selbst welche, wie es im Kapitel „Nützliches aus Holz“ beschrieben ist.

Wesentlich preiswerter sind Paddel, wie man sie bei Badebooten verwendet. Wenn Sie ein Schlauchboot mitführen, haben Sie solche Paddel wahrscheinlich ohnehin dabei. Aus eigener Erfahrung kann ich versichern, dass derartige Paddel mit Aluminiumrohren und Plastikblättern ausreichend stabil sind, um das Boot vorwärtszubewegen. Darüber hinaus sind sie recht leicht, sodass man nicht das Gefühl hat, dass einem nach kurzer Zeit die Arme abfallen. Paddelt man langsam, zügig und synchron, ist es auch nicht so schwierig, das Boot auf Kurs zu halten. Große Geschwindigkeiten wird man freilich mit Paddeln nicht erreichen, aber darum geht meistens auch nicht.

Wirkungsvoller als Paddel sind in jedem Fall Riemen mit langen schmalen Blättern und einer Gesamtlänge zwischen drei und vier Metern. Wenn Sie ein Brückendeck haben, wo Sie und gegebenenfalls noch ein Mitkämpfer bequem sitzen können, und wenn Sie Rudergabeln installiert haben, dann muss Sie auch eine Flaute nicht mehr verzweifeln lassen. Zwei Riemen und zwei wackere Ruderer können auch ein größeres Boot ganz flott voranbringen.

Werden die Riemen nicht gebraucht, können sie mit entsprechenden Vorrichtungen an Heckkorb und Kajüte eine ganz passable Rückenlehne abgeben und sind gut aufgehoben. Das ist sehr zu empfehlen.

Segeln sie häufig einhand oder reicht die Kraft Ihrer Mitsegler/in nicht für längere Ruder-Trimm-Stunden, rate ich Ihnen zum Wriggen. Dazu brauchen

Sie einen sehr langen Riemen, vier Meter sollte er schon lang sein, und entweder eine Ausnehmung im Spiegel oder wiederum eine Rudergabel. Hier zu erklären, wie Wriggen funktioniert, ist wenig hilfreich, lassen Sie es sich am besten von jemandem zeigen, der es gut kann. In kurzer Zeit werden Sie das Prinzip verstanden haben, und der Rest ist Übung. Wriggen ist nicht so anstrengend wie rudern, allerdings geht es auch gemächlicher voran.
Paddel oder Riemen sollten Sie immer dabeihaben; der Aufwand ist nicht groß, und manchmal sind sie mehr als nützlich und sei es nur, um am Strand einen Windschutz damit aufzuspannen oder sich beim Pinkeln an Bord dagegenzulehnen.

Kartenbrett für kleine Yachten

Ein Palstek-Leser-Tipp von Thomas Saueressig

Wer kennt das Problem nicht: Navigation auf kleinen Yachten. Man sitzt im Cockpit und kann keine Kursline einzeichnen, weil man ständig aufpassen muss, dass die Karte nicht über Bord geweht wird. Ein selbst gebauter Kartentisch schafft Abhilfe.
Man nehme eine Sperrholzplatte (Sportbootkartenformat plus 20 Millimeter rundum, sechs Millimeter stark) und zwei Niroklammern. Die Klammern werden mit einem wasserfesten Kleber einfach auf das Brett geklebt (siehe Foto), danach wird die Holzoberfläche mit Holzöl versiegelt.
Die Sportbootkarte kann man nun durch eine Plastikhülle geschützt auf dem Brett festklammern und es mit ins Cockpit nehmen. Die Kurslinen zeichne ich mit einem spirituslöslichen Stift einfach auf die Plastikhülle. Nach dem Törn wische ich die Kurslinen und Eintragungen mit Spiritus wieder weg. Die Karte bleibt ewig frisch.

Einen Hinweis möchte ich Ihnen mitgeben, bevor Sie anfangen zu paddeln oder zu rudern. Auch wenn Totenflaute herrscht, besteht die Möglichkeit, dass Strömung setzt. Werfen Sie kurz den Anker über Bord, um das festzustellen. Setzt Strom, wird das Schiff in die entsprechende Richtung schwojen. Vermeiden Sie es dann, gegen eine Strömung zu rudern. Sie arbeiten sich die Arme aus dem Leib und kommen doch kaum vorwärts. Wenn irgend möglich, rudern Sie mit der Strömung, auch wenn Sie das nicht in einen Hafen, dafür aber an einen geeigneten Ankerplatz bringt. Von hier können Sie, wenn sich die Wind- und Stromverhältnisse ändern, in Ruhe zu einem anderen Liege- oder Ankerplatz verholen.

Kartenhalter

Ein Palstek-Leser-Tipp von Rolf Erne

In ruppiger See und bei viel Lage machten sich unsere Papierkarten immer wieder selbstständig, vor allem wenn mehrere aufeinander gelegt wurden. Um die Karten auf dem Navigationstisch schnell und einfach festzuklemmen, habe ich mir aus V4A-Chromstahl zwei mit Druckfedern ausgestattete Klemmen gebaut. Die Federhöhe ist ausreichend, um mehrere Karten übereinander und zusätzlich sogar einen Notizblock festklemmen zu können. So macht das Arbeiten mit Kursdreieck auch bei Lage Spaß. Zudem können die oberen Karten einfach hochgehoben werden, um zum Beispiel einen schnellen Blick auf eine unten liegende Detailkarte zu werfen, ohne dass Unordnung entsteht.

Die Klemmen lassen sich mit einfachen Kenntnissen des Hartlötens gut selber herstellen. Materialkosten: Reststücke beim Metallbauer gratis, Federn, U-Scheiben und Kunststoffkappen unter vier Euro.

LÖSUNGEN MIT EDELSTAHLTEILEN

Mastkoker

Der Mastkoker auf meinem Boot ist 40 Zentimeter hoch und aus solider Eiche gefertigt. Er steht auf einem der Decksneigung angepassten Sockel und ist mit dem Deck verklebt und verbolzt. Besonders beim Stellen und Legen des Mastes wirken über den Koker erhebliche Kräfte auf das Deck und die anschließenden Verbände.

Um diese Kräfte kontrolliert in die Rumpfstruktur einzuleiten, mussten horizontale Verstrebungen sowohl in Schiffslängs- als auch in Schiffsquerrichtung nachgerüstet werden. In Längsrichtung wurden zwei Leisten von 40 Millimeter Stärke beidseitig des Kokers als Fortsetzung der Schiebelukführung auf das Deck geklebt, und in Querrichtung kam eine Edelstahlkonstruktion zum Einsatz.

An die beiden hinteren Kanten des Kokers wurden ziemlich weit oben zwei Winkelprofile geschraubt, und an diese zwei 20-Millimeter-Rohre so angeschweißt, dass sie an der Aufbaukante zwei Edelstahlwinkel treffen, die durch Deck und Seitenwand verschraubt sind. Optimal ist es, wenn die beiden Deckswinkel neben einem Schott angebracht werden können, um die Einleitung der Kräfte zu optimieren.

Die eben beschriebene Vorgehensweise erfordert einige Übung im Schweißen. Wenn Sie sich das nicht zutrauen, geht es auch einfacher: Schweißen Sie an alle vier Winkel Laschen von drei mal drei oder vier mal vier Zentimeter, durch die Sie Acht-Millimeter-Löcher gebohrt haben. Schlitzen Sie die Rohre mit dem Winkelschleifer und bohren Sie an entsprechender Stelle ebenfalls Löcher und verschrauben Sie das Ganze.

Diese Konstruktion hat sich bei mir sehr gut bewährt und bietet noch einen weiteren Vorteil: Die Rohre werden gerne benutzt, um sich daran festzuhalten, wenn es auf das Vorschiff geht.

Messer griffbereit am Mast

Ein Palstek-Leser-Tipp von Edgar Wallenborn

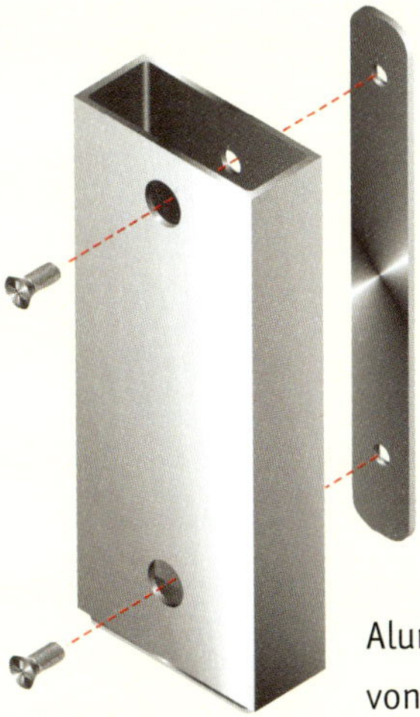

Variante 1 aus gebogenem Blech

Da ich an Bord nicht ständig ein klobiges und auf die Dauer doch lästiges Segelmesser am Mann tragen will, aber an Deck schon häufiger auf die Schnelle ein solches Werkzeug gebraucht hätte, habe ich etwas oberhalb des Mastfußes an der Mastnut einen Köcher angebracht. In dem Köcher ist ein nicht rostendes Multitool untergebracht, das ich so an Deck immer sofort zur Hand habe. Dazu kann man entweder ein entsprechend ausgesägtes Aluminiumblech selbst biegen oder ein fertiges Stück Aluminium-Hohlprofil mit einem Querschnitt von etwa 50 mal 20 Millimeter und einer Länge von circa 120 Millimeter verwenden. Hiervon habe ich an drei Seiten wieder 20 Millimeter abgesägt und die verbliebene Lasche nach innen gebogen, sodass das Messer nicht herausfällt. Die Lasche sollte nicht dicht schließen, damit eindringendes Wasser ablaufen kann. Die übrigen Abmessungen richten sich nach der Messergröße. In die Breitseite des Profils habe ich zwei durchgehende Bohrungen gesetzt, die innen angesenkt sind. In einen 10 bis 15 Millimeter breiten und drei Millimeter dicken Aluminiumstreifen mit der Länge des Köchers (probieren, ob er in die Mastnut passt) werden entsprechend der Bohrungen im Köcher zwei M5-Gewinde geschnitten. Wer die Mühe mit dem Gewindebohren scheut, kann stattdessen auch kurze Blechtreibschrauben verwenden.

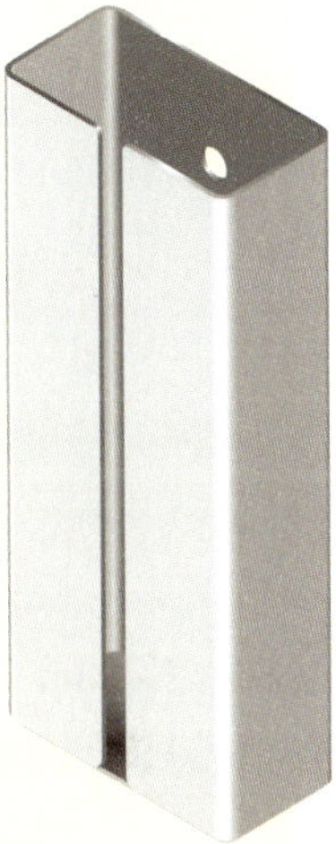

Variante 2 aus Rechteckrohr

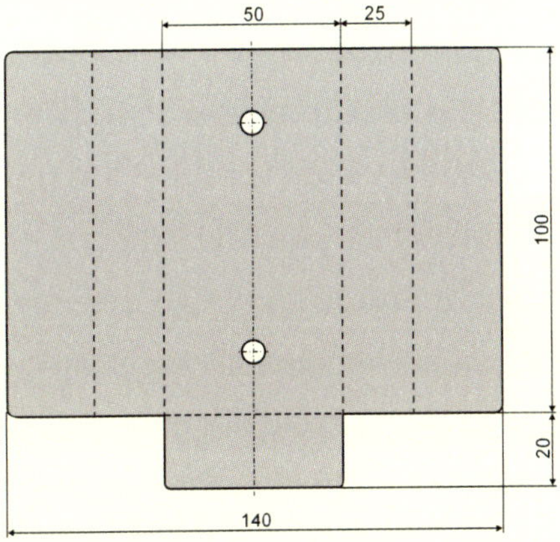

Blechzuschnitt

Umlenkrollen

Ein weiteres Problem besteht gelegentlich darin, Leinen umzulenken. Viele Segler halten es für eine gute Sache, Fallen, Leinen und Strecker ins Cockpit umzulenken, damit man sie gefahrlos bedienen kann. Zum Reffen und Trimmen muss man nicht mehr die geschützte Plicht verlassen. Um dies zu erreichen, werden die erforderlichen Fallen und Leinen in aller Regel umgelenkt.

Der Fachhandel bietet für diesen Zweck flache Umlenkrollen für Fallen an, in denen mehrere Scheiben horizontal nebeneinander angeordnet sind und die an passender Stelle aufs Deck geschraubt werden.

Gegen diese Standardlösung kann man kaum etwas einwenden, sie hat sich millionenfach bewährt. Der Nachteil dieser Lösung ist nur, dass sie teuer ist, wenn sie nachgerüstet werden soll. Wie in den meisten Fällen gibt es jedoch auch hier preiswerte Alternativen.

Ich wiederhole einen Gedanken von weiter vorne: Auf unserem Schiff gibt es keine Leinen, die im Mast laufen und demgemäß zweimal umgelenkt werden müssen. Einmal vom Mastfuß weg nach außen und von dort Richtung Cockpit nach achtern.

Nehmen wir an, Sie wollen folgende Leinen umlenken: Groß-, Fock- und Blisterfall, die Dirk und eine weitere Leine in Reserve. Was Sie nun brauchen, liegt wahrscheinlich bei Ihnen in der Eisenkiste herum oder ist leicht zu besorgen: Sie brauchen zwei Stücke Winkelprofil aus Edelstahl von etwa 15 bis 20 Zentimeter Länge, drei oder vier Zentimeter Schenkellänge und drei Millimeter Materialstärke und - in diesem Beispiel - fünf Schäkel und fünf Blöcke.

Bohren Sie in die senkrechten Schenkel jeweils drei Löcher (man weiß nie, ob man vielleicht doch noch mal eines braucht) und verbolzen Sie das Stück querschiffs so weit außen auf dem Deck, dass die Leinen auch bei ganz geöffnetem Schiebeluk nicht schamfilen, wenn sie nach achtern umgelenkt werden.

Verstärken Sie die Unterseite des Decks an dieser Stelle, um dem Zug der Fallen entgegenzuwirken.

Klampenideen

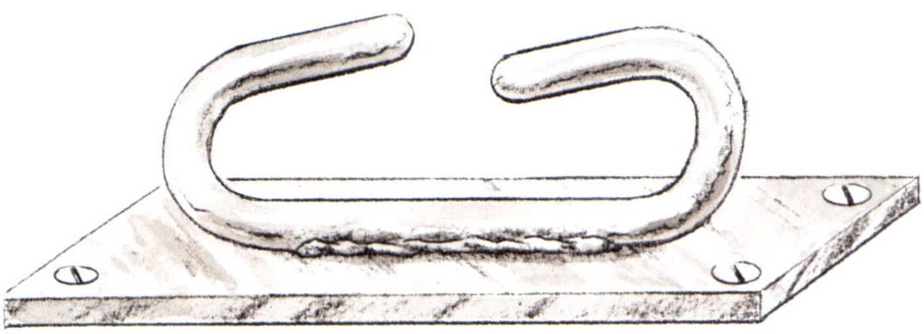

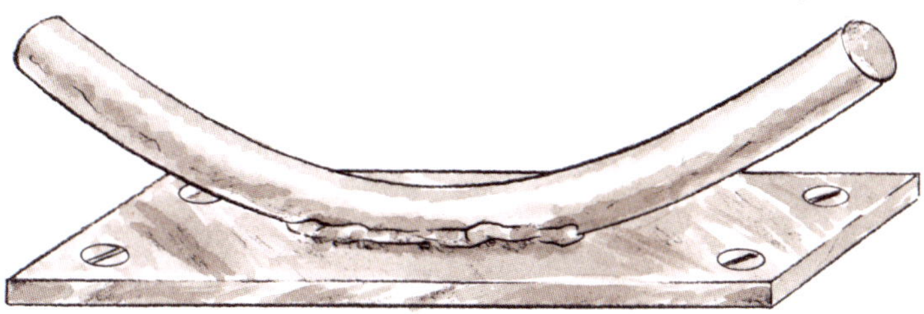

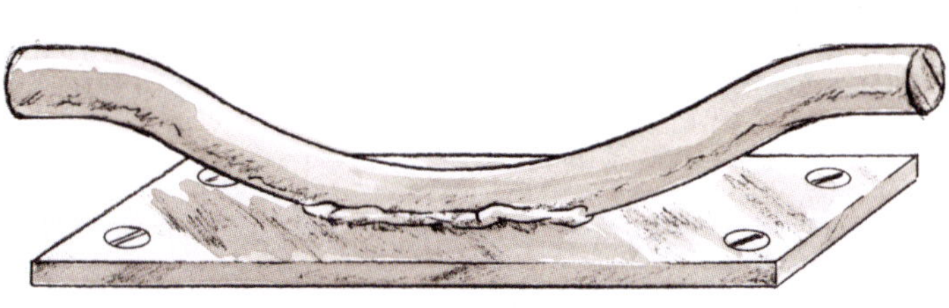

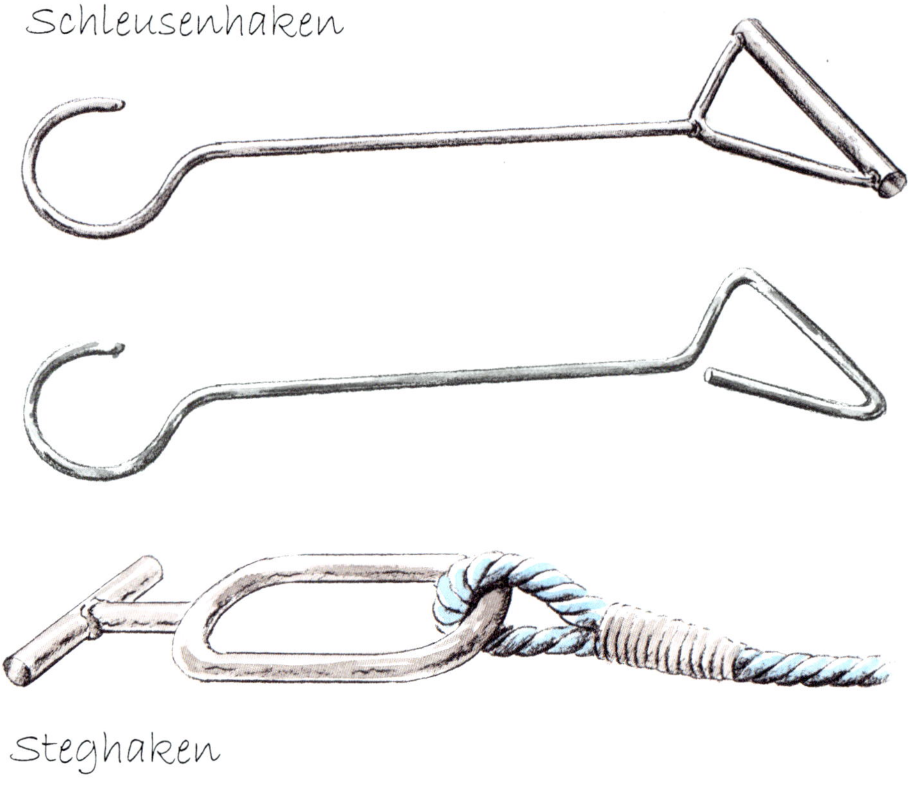

Danach montieren Sie die Blöcke mittels der Schäkel. Sollten Sie Wirbelblöcke zur Verfügung haben, umso besser. Auf diese Weise sind die Leinen weg vom Mast, sodass nichts schlagen kann, und sie versperren auch nicht den Weg, weil sich dort normalerweise niemand aufhält. Im Gegenteil, alles ist übersichtlich angeordnet. Ich empfehle, alle Fallen auf eine Seite zu legen, auf der man gegebenenfalls auch eine Winsch zur Unterstützung anbringen kann.

Ein kleiner Haken soll nicht verschwiegen werden. Wenn die Blöcke nicht unter Spannung nach oben weisen, kann es vorkommen, dass sie aufs Deck schlagen und dort den Lack beschädigen.

Das einfachste Gegenmittel besteht darin, dass Sie an der fraglichen Stelle einen Streifen aus Kork oder Gummi aufkleben oder sie besorgen sich Spiralfedern, die zwischen dem Winkelprofil und dem Block angebracht werden und ihn in eine senkrechte Stellung zwingen.

Sollten Sie den oben erwähnten Vorschlag nachahmenswert finden, Ihren Mastkoker beidseitig nach außen abzustützen, wird es noch einfacher, die Leinen umzulenken. Sie brauchen nur jeweils ein Stück Flachmaterial, das Sie mit Löchern versehen und auf die Verstrebung schweißen.
Beide Anordnungen erfüllen überdies auch noch einen Sicherheitsaspekt. Bei unruhigen Bewegungen des Bootes ergreift man gerne etwas, was Halt verspricht, und je höher und weiter außen eine hilfreiche Leine angeordnet ist, desto eher ist sie geeignet, ein Mehr an Sicherheit zu bieten.

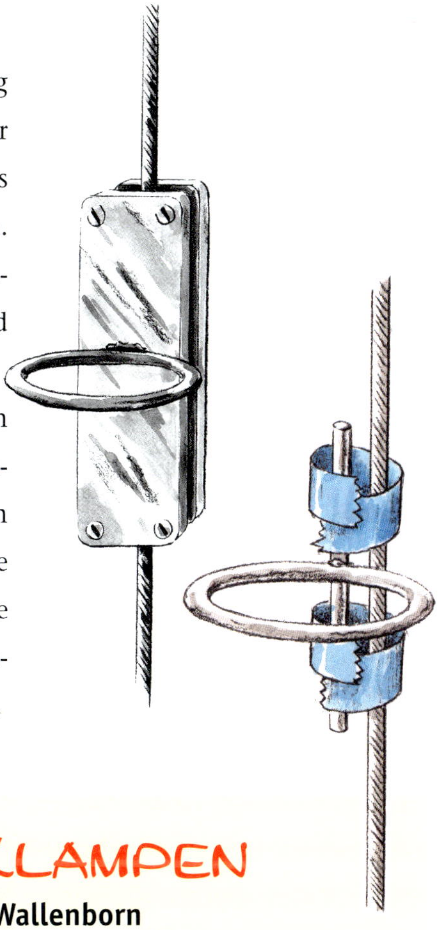

Uri-Geller-Klampen

Ein Palstek-Leser-Tipp von Edgar Wallenborn

Ohne Worte.

NÜTZLICHE DINGE AUS HOLZ

Im Folgenden geht es nicht um aufwändigen Selbstbau, sondern darum, einige Dinge aus Holz anzufertigen, die man an Bord erfahrungsgemäß benötigt und die im Geschäft teuer sind, sofern man sie überhaupt passend für den eigenen Zweck findet. Im einen oder anderen Fall möchte ich Sie auch gerne auf Alternativen hinweisen, die ebenso leicht zu realisieren sind, mit Holz aber nichts zu tun haben. Allen diesen Vorhaben ist gemein, dass man sie ohne großen Aufwand an Zeit, Material und Werkzeugausstattung durchführen kann.

Halterungen für Teller, Tassen und Gläser

Fahrtensegler essen gelegentlich an Bord, und deshalb ist in der Regel eine mehr oder minder umfangreiche Ausstattung an Tellern, Tassen und Gläsern vorhanden, damit man halbwegs zivilisiert seine Mahlzeiten zu sich nehmen kann. Aus diesem Grunde ist der Gedanke nicht abwegig, diese Dinge so zu verstauen, dass sie im Bordalltag nicht beschädigt werden, aber gut greifbar sind.
Noch ein Wort zum Geschirr: Ich vermeide an Bord Porzellan, weil mir die Bruchgefahr einfach zu groß ist. Es gibt im Handel sehr ansprechendes Geschirr aus Kunststoff, das unter anderem unter dem Namen Melamin vertrieben wird und das sich hervorragend für den Bordgebrauch eignet.
Wenn Sie an solches Geschirr denken, gehen Sie im Herbst in die Abteilungen für Boots- oder Campingzubehör, wenn zum Saisonende Sonderangebote locken. Seit ich mit meinem Schiff unterwegs bin, benutze ich Glasgeschirr der französischen Firma Arcoroc. Es war das erste Geschirr meines Studentenhaushalts und wurde irgendwann von Porzellan abgelöst. Dieses Geschirr ist

geradezu unverwüstlich und aufgrund des glatten Materials auch leicht sauberzuhalten.

Wenn Sie auf Ihre Teller von oben her Zugriff haben wollen, könnten Sie folgende Halterung basteln: Nehmen Sie ein quadratisches Stück Holz von etwa zwei Zentimeter Stärke, dessen Seitenlänge so groß ist wie der Durchmesser Ihrer Teller. Zeichnen Sie sich diesen Durchmesser auf dem Brett an und verbinden Sie die gegenüberliegenden Ecken mit dünnen Strichen.

Besorgen Sie sich im Baumarkt ein Stück Rundholz von einem Zentimeter Durchmesser oder etwas mehr. Legen Sie nun einen Teller verkehrt herum auf das Brett und markieren Sie auf den diagonalen Linien die vier Punkte, wo Sie die Löcher für die Rundhölzer bohren müssen. Achten Sie darauf, dass die Teller nicht zu stramm in den Hölzern sitzen, sonst werden sie bald locker. Eine Winzigkeit Spiel darf durchaus sein.

Bohren Sie mit einem scharfen Bohrer Löcher durch das Brett und sägen Sie von dem Rundholz vier gleich lange Stücke ab, die auch den obersten Teller noch gut erreichen. Bearbeiten Sie die Schnittkanten mit Schleifpapier und leimen Sie die Hölzchen in die Löcher. Wenn Sie ein Übriges tun wollen, können Sie Ihren Tellerhalter noch lackieren.

Auf die gleiche Weise können sie Halterungen für Tassen und Gläser herstellen. Wenn sie mehr Geschirr zwischen senkrechten Hölzchen unterbringen möchten, bietet es sich an, statt mehrerer kleiner ein größeres Bodenbrett zu verwenden, das den Gegebenheiten bei Ihnen an Bord genau angepasst ist.

Liegen die Verhältnisse auf Ihrem aber Boot so, dass Sie auf Ihre Teller von vorne Zugriff haben, funktioniert die Sache mit den Hölzchen nicht. Eine Möglichkeit besteht dann darin, dass Sie den wahrscheinlich nach oben begrenzten Raum senkrecht so abteilen, dass die Teller darin Platz finden, ohne seitlich verrutschen zu können. Die Vorderseite schließen Sie mit zwei Brettchen

Geschwungene Holzpinne

Ein Palstek-Leser-Tipp von Werner Ellers

Als Segler eines 15er Jollenkreuzers störte mich die vorhandene Holzpinne, die immer wieder beim Heranziehen gegen meine Knie stieß. So kam mir der Gedanke, die gerade Holzpinne durch eine geschwungene zu ersetzen. Diese sollte aus schmalen Hartholzstreifen lamelliert werden, eine Technik, mit der ich die gewünschte Form verhältnismäßig einfach erzielen konnte.
Zuerst habe ich auf einer stabilen und festen Unterlage, zum Beispiel einem Reststück einer Küchenarbeitsplatte (im Baumarkt sehr günstig zu erhalten), eine feste Pappe in die Form der gewünschten Pinne gebogen. Die Umrisse dieser Form wurden von mir mit dem Bleistift auf die Platte übertragen.
Entlang dieser Linien schraubte ich Holzklötzchen – in kurzen Abständen – fest auf die Platte. Die Beschaffung der Holzlamellen erwies sich einfacher als gedacht. Gleich der erste von mir angesprochene Schreiner war sehr hilfsbereit und sägte mir die erforderlichen Streifen zu. Die Holzlamellen, in meinem Fall aus Eiche, 170 mal 50 mal 4 Millimeter, wurden dann mit wasserfestem Leim eingestrichen, aneinandergefügt und zuerst in der Mitte mit einer stabilen Schraubzwinge fixiert. Danach habe ich weitere Schraubzwingen abwechselnd nach links und rechts fest angesetzt, bis alle Spalten zwischen den Lamellen geschlossen waren.
Nach Aushärtung des Leims begann die eigentliche Arbeit. Hobeln, schleifen und wieder hobeln und schleifen. Irgendwann hat man dann die gewünschte Form erreicht. Danach habe ich mit derselben Technik die Pinnenverlängerung hergestellt, die im Vergleich zu der ursprünglich vorhandenen in der Länge reduziert werden konnte. Auch diese wurde so lange gehobelt und geschliffen, bis sie so aussah, wie ich sie mir vorgestellt hatte. Anschließend habe ich die Teile lackiert. Die Beschläge habe ich von der Originalpinne übernommen, wodurch die Kosten für die neue Pinne ziemlich im Rahmen blieben. Man kann natürlich auch andere Hölzer als Eiche verwenden oder sogar verschiedenfarbige Holzarten wählen, wodurch sich sehr schöne Effekte erzielen lassen.

so ab, dass in der Mitte eine Öffnung bleibt, durch die Sie die Teller greifen können Die Höhe der Brettchen richtet sich nach der Höhe der gestapelten Teller, und nach oben hin muss genügend freier Raum bleiben, um die Teller handhaben zu können.

Für Isolations- und Verpackungszwecke finden Platten aus geschlossenzelligem PE-Schaum vielfach Verwendung, die Sie auch für unsere Zwecke gut nutzbar machen können. Sie sind sehr leicht, nehmen kein Wasser auf, und man kann sie mit einem scharfen Messer sehr gut schneiden. Ein Teppichmesser mit einer schmalen Klinge ist bestens geeignet.

Wenn Sie es sich zutrauen, schneiden Sie runde Löcher, wenn nicht, dann schneiden Sie quadratische.

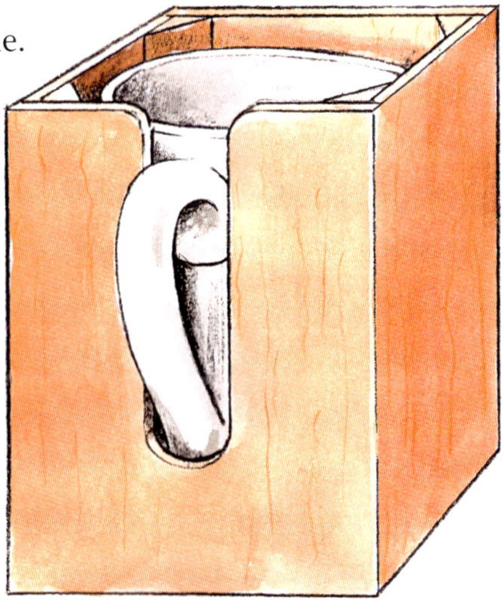

Der Tasse ist es ziemlich egal, ob sie formschlüssig gehalten wird oder nur an vier Punkten. Die Hauptsache ist, sie fliegt nicht weg. Ich habe auch schon Modelle aus Schaumgummi und aus Styropor gesehen.

Von diesen Materialien bin ich nicht so begeistert, weil Schaumgummi Feuchtigkeit aufnimmt und weil Styropor bestimmt irgendwann anfängt zu bröseln.

Tassen können Sie auch gut übereinander in einer Halterung unterbringen, die man dort anbringen kann, wo es sich anbietet. Ich habe die Erfahrung gemacht, dass Tassen mehr gebraucht werden als Teller, deshalb sollten sie eher zugänglich sein. Natürlich kann man sie an passenden Haken einfach an die Decke hängen, was auf einem alten Holzschiff vielleicht ganz hübsch aussieht.

Sie können sich aber auch folgendes Behältnis basteln: Nehmen Sie ein quadratisches Stückchen Abfallholz, dessen Kantenlänge geringfügig größer ist als der Durchmesser Ihrer Tassen. Die Art des Holzes spielt hierbei keine Rolle; Fichte ist genauso gut wie Kiefer, Mahagoni oder Teak. Auch Sperrholz

Senken statt bohren

Ein Palstek-Leser-Tipp von Wolfgang Weber

Hin und wieder steht man vor der Aufgabe, große Löcher in Stahl zu bohren, die eigentlich mit einer Handbohrmaschine nicht mehr sicher gebohrt werden können. Die Grenze liegt bei einem Durchmesser von etwa 13 Millimetern, wobei mir auch diese Größe bereits Unbehagen bereitet, besonders wenn man keinen sicheren Stand hat. Ein Versuch mit einem Senker brachte die Lösung: Nach größtmöglichem Vorbohren mit einem Spiralbohrer wird mit einem Senker entsprechender Größe das Loch auf den gewünschten Durchmesser vergrößert. Senker scheinen im Gegensatz zu Bohrern nicht zu haken und schneiden auch besser durch zähen Stahl. Am besten arbeitet man sich von beiden Seiten vor. Schneidöl oder -paste erleichtert auch hier die Arbeit. Beim Refit meines Bootes mussten mehrere Löcher für den Einbau der Entlüfter, davon einige mit einem Durchmesser von bis zu 24 Millimetern, in vier bis sechs Millimeter dicken Stahl gebohrt werden. Mit einem Senker war dies ohne Probleme möglich.

Nieten ausbohren

Ein Palstek-Leser-Tipp von Stephan Kaiser

Beim Ausbohren von Nieten mit Flachköpfen in Masten wird bei Verwendung von normalen Bohrern mit Spitzenwinkeln von zirka 130 Grad meist das Bohrloch beschädigt. Zum Abbohren der Nietköpfe haben sich Schweißpunktbohrer mit Spitzenwinkel 180 Grad als sehr gut erwiesen. Die Bohrung wird dadurch nicht beschädigt und die neuerliche Vernietung hält optimal. Durch die ausgezeichnete Spitze verlaufen diese Bohrer auch nicht.

können Sie nehmen, nur Pressspanplatten sollten Sie unter allen Umständen vermeiden.
Dann stapeln Sie so viele Tassen aufeinander, wie Sie unterbringen möchten und messen die Höhe aus. Anschließend sägen sie aus Sperrholz vier Brettchen zurecht, die ebenso lang sind und geben Sie die Dicke des Bodenbrettchens dazu. Die Vorder- und Rückwand ist genauso breit wie das Bodenbrett, die Seitenteile sind um die doppelte Sperrholzstärke breiter. Dann leimen Sie alles zusammen, wobei Sie die Ecken innen noch mit Dreiecksleisten verstärken können.
Wenn der Leim ausgehärtet ist, schneiden Sie mit der Stichsäge auf der Vorderseite einen langen Schlitz, der so breit ist, dass die Henkel locker Platz haben und herausschauen können. Glätten Sie die Sägekanten, lackieren Sie das Stück und schrauben Sie es dorthin, wo es am besten passt und wo nach oben ausreichend Platz vorhanden ist, um die Tassen zu entnehmen und wieder zu verstauen.
Was ich weiter oben über Porzellan gesagt habe, gilt für mich auch für Gläser. Bei mir gibt es keine, außer den unzerbrechlichen von Arcoroc. Eine Alternative sind angeblich ebenso unzerbrechliche „Gläser“ aus dem Kunststoff Polycarbonat, die in vielen Formen für alle möglichen Getränke angeboten werden.
Konische Gläser lassen sich schlecht stapeln, denn sie neigen dazu, sich zu verkeilen, sodass man Schwierigkeiten hat, sie voneinander zu lösen. Man sollte sie einzeln unterbringen. Stielgläser würde ich auf keinen Fall mit an Bord nehmen.
Alternativ zur Stöckchenmethode von weiter oben können Sie für Ihre Gläser diese Vorrichtung bauen: Sie brauchen zwei dünne Holzbrettchen, die zwei Zentimeter breiter sind als der Durchmesser Ihrer Gläser. Ihre Länge ergibt sich durch folgende Berechnung: Glasdurchmesser mal Anzahl der Gläser plus die gewünschten Zwischenräume plus die Abstände rechts und links.
Ein Beispiel soll die dürren Worte ergänzen: Sie haben vier Gläser von acht Zentimeter Durchmesser, und zwischen den Gläsern sowie nach rechts und

Zollstock als Schmiege

Ein Palstek-Leser-Tipp von Wolfgang Hauf

Wie entnehme ich die Rundung einer Bordwand ohne eine Schablone und umständliches Messen? Ich schneide an einem Zollstock (in der Schweiz: Doppelmeter) auf einer Seite die überstehenden Enden mit einer Stichsäge ab, kann diesen so an die Rundung anpressen und ihn, möglichst ohne woanders anzustoßen, auf das zu bearbeitende Holzstück übertragen.

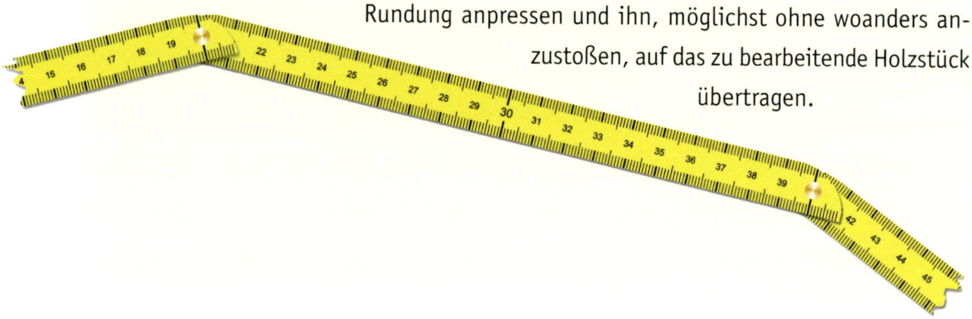

Ökonomische Pinselreinigung

Ein Palstek-Leser-Tipp von Wolfgang Bahr

Wer freut sich nach erfolgtem Anstrich auf das Pinselreinigen? Sollte es dafür einen Fanclub geben, hält sich dessen Mitgliederzahl wahrscheinlich in Grenzen. Es gibt eine Möglichkeit, die Prozedur zu vereinfachen und die Menge der benötigten Lösemittel erheblich zu reduzieren: Man nimmt zwei leere, saubere Marmeladengläser mit gut schließendem Schraubdeckel. In das erste füllt man den Pinselreiniger, wäscht darin den Pinsel gründlich aus und trocknet ihn mit Küchenpapier.

Am folgenden Tag haben sich die Lackreste am Boden des Glases abgesetzt. Nun schüttet man die saubere, über dem Lackrest stehende Flüssigkeit in das zweite Glas und kann damit bei Bedarf erneut Pinsel reinigen. Die verschmutzte Flüssigkeit schüttet man zurück in das erste Glas, wo der Reinigungsprozess wieder beginnt. So wird der Pinselreiniger sehr ökonomisch eingesetzt und man verringert die zu entsorgende Menge dieser problematischen Flüssigkeit erheblich.

links soll ein Abstand von zwei Zentimetern bestehen. Also brauchen Sie zweiunddreißig Zentimeter für die Gläser, sechs Zentimeter zwischen den Gläsern und noch vier Zentimeter auf beiden Seiten. Das ergibt eine Gesamtlänge von zweiundvierzig Zentimetern. Markieren Sie nun die Lage der Gläser auf einem der Brettchen und sägen Sie die Löcher am besten mit einer Laubsäge aus. Sollten Sie einen Kreisschneider in passender Größe finden, erleichtert das die Sache, verzichten Sie aber hier darauf, die Stichsäge zu nehmen. Die Gefahr, dass Sie bei den engen Rundungen das Brett ruinieren, ist sehr groß. Optimal ist natürlich eine Dekupiersäge. Was Sie nun noch benötigen, sind zwei Seitenteile und eine Rückwand, sodass ein fünfseitig geschlossener Kasten entsteht, in den von oben die Gläser eingesetzt werden können. Der Abstand der beiden waagerechten Brettchen richtet sich nach der Höhe Ihrer Gläser. Wählen Sie den Abstand nicht zu klein, damit man auch mal mit einem Staublappen dazwischenkommen kann.

Konsole für Notebook

Ein Palstek-Leser-Tipp von Hartmut Harders

Um den knappen Platz auf dem Kartentisch in meiner Nordwind 32 nicht mit dem Laptop zu blockieren, habe ich eine Konsole gebaut. So kann ich zusätzlich zur elektronischen Karte auch immer eine herkömmliche Seekarte auf dem Kartentisch haben.

Die Konsole hat auf der linken Seite senkrechte Scharniere und unter der Konsole ein Schiebegestänge mit einer Flügel-Feststellschraube. So kann ich den PC immer so einstellen, dass ich den richtigen Blickwinkel habe. Im zurückgeklappten Zustand ist mehr Platz auf dem Tisch, und die Klappe zum Kartenfach kann besser geöffnet werden.

Halterung für das Navigationsbesteck

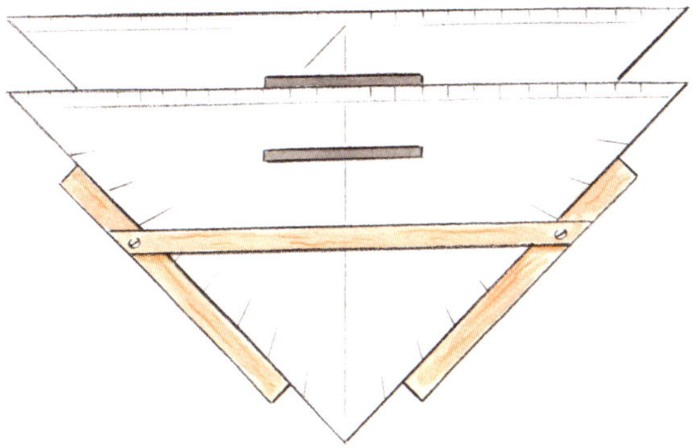

Seit den Tagen meines Kurses für den Sportbootführerschein navigiere ich mit zwei Dreiecken. Ich habe mich daran gewöhnt und komme damit gut zurecht. Fatalerweise haben aber flache und kleine Geräte wie die Dreiecke den Drang in sich, sich hinter und unter allerlei Gerät, Ausrüstung und Kleidung zu verbergen, wenn man sie dringend braucht. Aus diesem Grunde habe ich mir eine Halterung aus Holz gebastelt und zwinge mich auch, die Teile sofort nach Gebrauch tatsächlich dort wieder aufzuräumen.

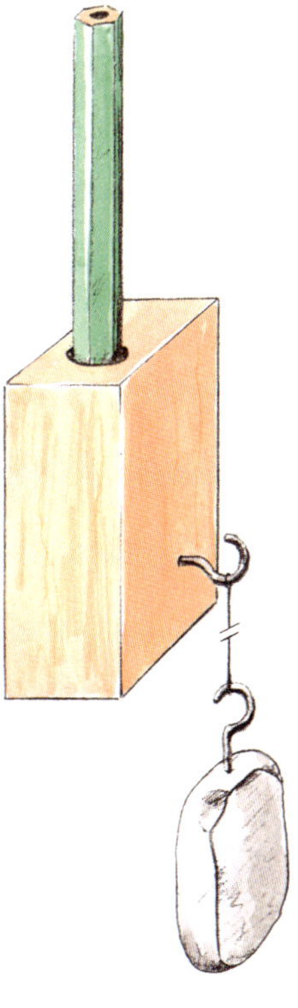

Markieren Sie mit einem Bleistift an der vorgesehenen Stelle den Umriss eines Dreiecks mit der Spitze nach unten. Das Anzeichnen der beiden kurzen Schenkel, der Katheten, reicht für unser Vorhaben aus. Anschließend kleben oder schrauben Sie zwei Leisten so an, dass die Markierung innen sichtbar bleibt; unten kann gerne eine Öffnung bleiben. Die Leisten sollten so weit vorstehen, dass die beiden Dreiecke hintereinander locker Platz finden, das heißt, mehr als sechs Millimeter brauchen es nicht zu sein.

Der Spinnaker ist bereit zum Setzen und ruht noch in dem Sack, der an dem Lukenrand befestigt wurde. Unter Deck fängt der Spinnakersack das Tuch ein und wird mit einem zweiten Band einfach zugezogen

SICHER BERGEN

Ein Palstek-Leser-Tipp von Uwe Seger

Es geht um einen einfachen Segelsack, in den der Spinnaker nach dem Bergen verpackt wird. Ich habe mir diesen patenten Spinnakersack genäht, welcher mit einer umlaufenden Schnur in den Rand der Vorschiffsluke eingehängt wird. So kann ich den Spinnaker aus dem Vorluk setzen und natürlich auch wieder bergen. Der große Vorteil ist, dass der Spinnaker sich unter Deck nicht verhaken und an keinem Beschlag einreißen kann. Nachdem das Segel „im Sack" ist, wird der Segelsack vom Rand des Vorluks gelöst und mit einer zweiten Schnur zugezogen.

Verbinden Sie anschließend die beiden Leistenstückchen mit einer flachen Leiste, um zu verhindern, dass die Dreiecke herausfallen. Üblicherweise haben beide Dreiecke kleine Griffe; bringen Sie deshalb die Querleiste so tief an, dass Sie den Griff noch gut fassen können und schieben Sie das zweite Dreieck hinter das erste, sodass dessen Griff auf dem ersten Dreieck aufliegt.
Um zu verhindern, dass sich das hintere Dreieck seitlich verschiebt, können Sie auch noch zwei kurze Leistenstückchen in Höhe der Hypothenuse, der langen Seite, die in unserer Halterung nach oben zeigt, seitlich anbringen. Wenn Sie hierzu etwas größere Klötzchen nehmen, können Sie in eines auch ein Loch bohren, in dem der Bleistift seinen festen Platz hat. Schließlich bietet es sich auch noch an, einen kleinen Haken hineinzuschrauben, an dem das Radiergummi an seinem Bändsel hängt.

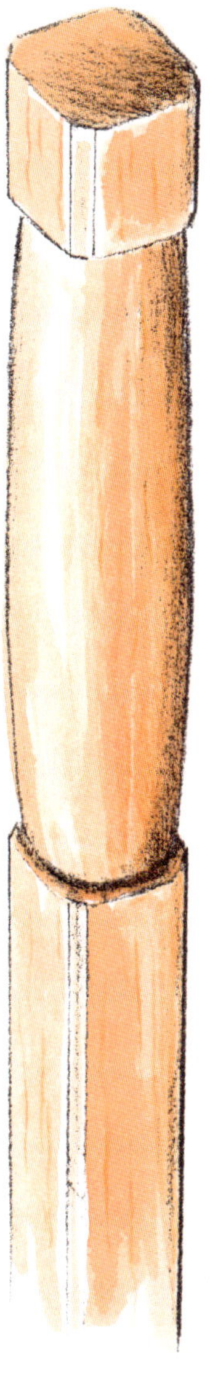

Stechpaddel

Ein Stechpaddel zu bauen ist eigentlich Luxus, weil es Modelle aus Aluminiumrohr und mit Plastikblättern gibt, die recht preiswert sind und unseren Ansprüchen vollauf genügen.
Andererseits ist die Arbeit nicht sehr schwierig und bietet die Möglichkeit, ein individuelles, schönes und nützliches Teil selbst herzustellen und noch dazu, Abfallholz sinnvoll zu verwenden. Mein Paddel ist hundertsechzig Zentimeter lang, das Blatt misst in der Länge vierzig Zentimeter und in der Breite dreißig Zentimeter. Nehmen Sie diese Maße aber nicht als Dogma. Ein Bekannter hat ein Paddel gekauft, dessen Blatt fünfundfünfzig Zentimeter lang und zwanzig Zentimeter breit ist.

Wirksamer Tropfenfänger

Ein Palstek-Leser-Tipp von Edgar Wallenborn

Nach dem Auskranen im Herbst muss neben dem Abspritzen des Unterwasserschiffs in der Regel auch der übrige Rumpf noch einer intensiven Reinigung unterzogen werden. Besonders die Kalkablagerungen in Höhe der Wasserlinie lassen sich schwer entfernen. Oft werden dabei scharfe Reinigungsmittel verwendet. Wenn man dann über Schulterhöhe arbeitet, passiert es oft, dass der Reiniger an den Handschuhen herabläuft und zu Unterarmen und Ellbögen sickert. Das kann zu Reizungen und Verätzungen der Haut führen. Um dies zu vermeiden, krempeln wir einfach die Stulpen der Handschuhe einmal nach außen um. Solange man über Schulterhöhe arbeitet, sammelt sich der abfließende Reiniger im Umschlag. Beim Senken der Arme tropft die Flüssigkeit nach unten ab und gelangt daher nicht an die Haut.

Hilfreiche Sauna

Ein Palstek-Leser-Tipp von Joh Schaafsma

Ich brauchte für mein Segelboot eine neue Gummileiste. Leider war das Material (vier mal fünf Zentimeter) so steif und starr, dass es mir nicht gelang, es am Schiff anzubringen. Ich habe die zähe Gummileiste einfach mit zum nächsten Saunaabend genommen und über Nacht in der Kammer gelassen. Am nächsten Morgen war die Gummileiste noch so heiß, dass ich sie nur mit Handschuhen anfassen konnte, aber auch so biegsam, dass ich keine Schwierigkeiten hatte, sie am Boot anzubringen. Vielleicht hilft heißes Wasser oder ein Föhn auch, aber meine Methode ist ganz sicher. Nach der Sauna war die Leiste ungefähr eineinhalb Stunden gut zu bearbeiten.

Der wichtigste Teil ist der Schaft. Sie brauchen ein Stück Holz von 160 mal 4 mal 4 Zentimeter. Esche wäre optimal, doch sind Fichte oder Weißtanne ebenso brauchbar, wenn Sie astfreies Material bekommen können.

Bevor Sie jedoch Geld für Holz ausgeben, schauen Sie doch mal in der Werkstatt, der Garage, im Keller oder auf dem Dachboden nach. Wahrscheinlich liegt genügend Holz herum, das aufbewahrt haben und nun auf einmal gut gebrauchen können, auch wenn es nicht lang genug ist. Lamellieren heißt die Lösung.

Hobeln oder schneiden Sie alle Holzteile auf 0,8 oder einen Zentimeter Dicke zurecht und schneiden Sie sie auf der Kreissäge zu unterschiedlich langen Stäben von vier Zentimeter Breite. Anschließend verleimen Sie die Stäbe so miteinander, dass schließlich eine Stange von 160 mal 4 mal 4 Zentimeter entsteht. Natürlich müssen Sie dabei stückeln, was jedoch unproblematisch ist, wenn Sie die Stoßkanten abschrägen, um die Leimflächen zu vergrößern, und wenn Sie darauf achten, dass die Stöße möglichst unregelmäßig verteilt sind. Dass Sie angedicktes Epoxidharz als Kleber verwenden, lohnt kaum noch der Erwähnung.

Am unteren Ende leimen Sie beidseitig Leisten an, bis sie dreizehn Zentimeter erreicht haben, und am oberen Ende verbreitern Sie die Stange auf zehn Zentimeter für den Knauf. Während der Epoxid-Kleber aushärtet, machen Sie sich eine Schablone aus Pappe für die Form des Blattes und des Knaufs, die Sie dann auf den Rohling übertragen und anschließend mit der Stichsäge ausschneiden.

Der Rest ist noch eine Menge Feinarbeit mit Hobel, Bandschleifer, Schleifpapier und Schleifklotz, um das Blatt zu verjüngen und es auf die richtige Dicke von zehn oder fünfzehn Millimeter am Rand abzutragen. Den Schaft können Sie nach Belieben abrunden und dem Knauf eine handfreundliche Form geben. Nachdem es ordentlich klar lackiert ist, haben Sie sicherlich viel Freude damit.

Es könnte unter Umständen sogar als Pinkelstange in Betracht kommen.

Knete für die Decksreparatur

Ein Palstek-Leser-Tipp von Gerian Kühlborn

Den folgenden Tipp habe ich an meinem 20 Jahre alten Laser ausprobiert. Es ist zwar fraglich, ob sich das bei diesem Boot noch lohnte, aber die Methode lässt sich auch an jedem anderen strukturierten Decksbelag anwenden:

Im Decksbereich störten mich vier Löcher der ehemaligen Paddelbefestigung. Die Struktur des Gelcoat sollte erhalten bleiben. Dazu habe ich mit gewöhnlicher Kinderknete einen Abdruck von einem intakten Decksbereich abgenommen und daraufhin das Gelcoat auf die beschädigte Stelle aufgetragen. Unmittelbar danach wurde die Knete wie ein Deckel auf das noch weichen Gelcoat aufgelegt.

Das Resultat sieht man auf dem Bild. Die unterschiedliche Färbung der Reparaturstelle kommt daher, dass ich blau eingefärbte Knetmasse genommen habe. Man sollte also darauf achten, dass die Knetmasse die gleiche Farbe wie das Deck hat.

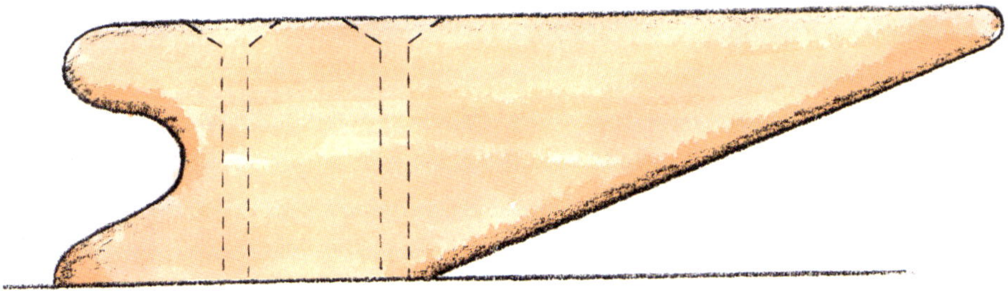

Kneifklampe

Eine Kneifklampe würde ich aus Holz bauen und nicht aus Metall. Auf der einen Seite sieht sie aus wie eine normale Klampe, doch auf der anderen Seite ist sie von außen bis zur Auflage geradlinig abgeschrägt, sodass sich ein spitzer Winkel mit dem Deck ergibt. Ihr Vorteil liegt darin, dass man die Leine nur zweimal darumwickeln muss, bis sie zuverlässig hält, und außerdem lässt sich die Leine rasch loswerfen.

Verwenden Sie möglichst hartes Holz wie zum Beispiel Eiche, das Sie in der in Frage kommenden Größe problemlos bekommen können. Ein ramponierter Eichenstuhl vom Sperrmüll ist ganz hervorragend geeignet. Trockneres Holz werden Sie sonst kaum finden.

Beim Ausschneiden können Sie sich an der folgenden Skizze orientieren. Runden Sie die Kanten, lackieren Sie das Stück und bolzen Sie es mit zwei gut versenkten Gewindeschrauben und großen Scheiben durch das Deck. Achten Sie bei der Montage darauf, dass die Kneifseite entgegen der Zugrichtung der Leine liegt und die Klampenseite als Umlenkung dient.

Klappbarer Kartentisch

Ein Palstek-Leser-Tipp von Jürgen Sandkuhl

Auf kleinen Schiffen gibt es meist keinen Platz für einen Kartentisch. Man muss sich mit dem Kajüttisch behelfen und dann bei Lage die Seekarte auf dem Kajütboden suchen. Für klappbare Kartentische gibt es viele Lösungen, aber meinen habe ich mit zwei Features ausgerüstet.

1. Eine kleine mit Federkraft haltende Klemme, die nur ganz wenig übersteht, zum Halten der gefalteten Seekarte. Das Kursdreieck wird dadurch nur wenig behindert und man braucht nicht mehr auf dem Boden herumzusuchen.

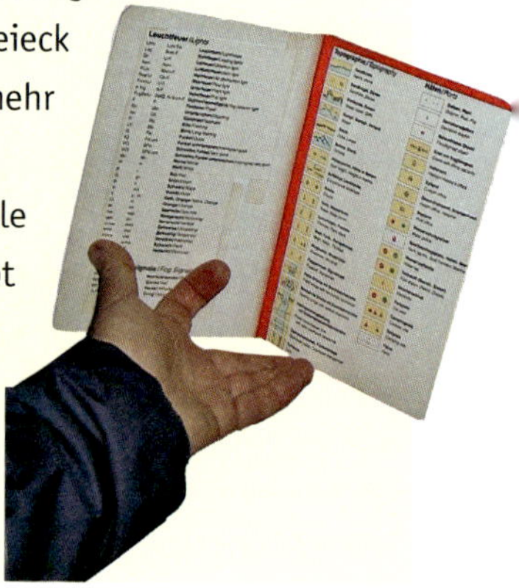

2. Es gibt wohl kaum jemanden, der alle Seekartensymbole auswendig weiß. Das Nachschlagen in der Karte 1 unterbleibt meistens, weil man nicht im Bücherschapp danach suchen will. Ich habe mir am Halterarm des Kartentischs eine Sammlung der Symbole angebracht, so kann ich dort jederzeit, ohne langes Suchen und Blättern, nachsehen.

Pinne

Gefällt Ihnen Ihre Pinne? Wenn nicht, könnten Sie Ihrem Boot eine sanft elegant geschwungene Pinne gönnen anstelle des werksseitig montierten geraden Pinnökels.

Setzen Sie sich in Ihr Boot und versuchen Sie festzustellen, was Ihnen an Ihrer vorhandenen Pinne nicht gefällt: Ist sie zu kurz, stoßen Sie sich die Knie an, lässt sich der Backskistendeckel nicht richtig öffnen und so weiter und so weiter. Nehmen Sie anschließend einige Leistenstücke und ein paar kleine Schraubzwingen und versuchen Sie, eine Form zu finden, die Ihren Wünschen und Anforderungen entspricht. Die so ermittelte Form übertragen Sie zum Beispiel auf ein Stück Spanplatte und sägen sie aus. Auf diese Weise können Sie überprüfen, ob wirklich alles passt, bevor Sie darangehen, die Pinne zu bauen.

Als Unterlage benötigen Sie eine Holzplatte, auf der Sie die Pressspan-Schablone festklemmen, nachdem Sie vorher eine Plastikfolie darauf getackert haben. Damit stellen Sie sicher, dass Sie die Pinne nicht mit der Unterlage

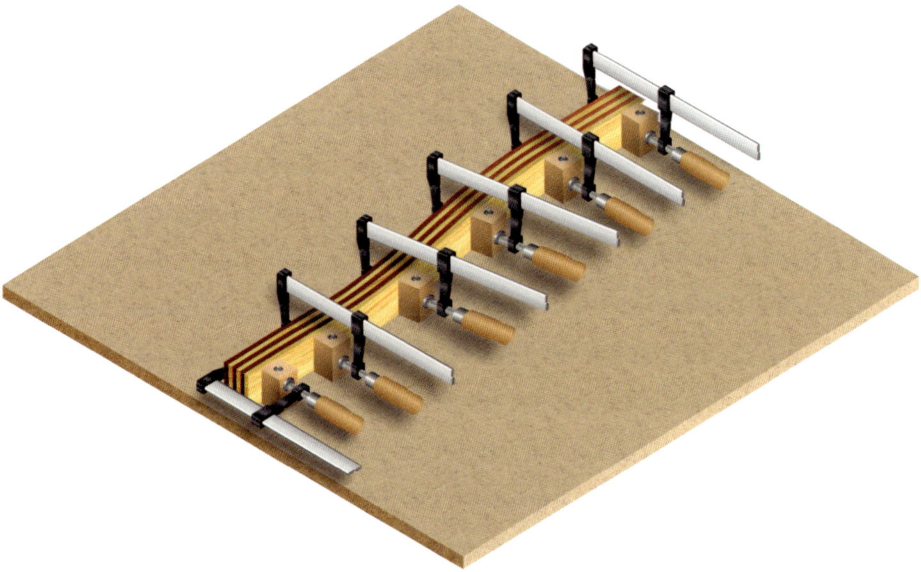

verleimen. Bereiten Sie eine Reihe von Holzklötzchen vor, acht oder zehn, wobei das Maß ziemlich egal ist, und bohren Sie jeweils etwa in der Mitte ein Loch. Diese Klötzchen schrauben Sie an einer Seite längs der Schablone auf die Unterlage, bei starker Krümmung näher zusammen, an den anderen Stellen weiter auseinander.

Die Pinne selbst besteht aus dünnen Holzstreifen, die miteinander mit Epoxidharz verleimt werden. Sie sollten einige Zentimeter länger sein als das vorgesehene Maß. Arbeiten Sie zunächst mit einem quadratischen Querschnitt, dessen Seitenlänge Sie von der Schablone abnehmen. Verjüngen können Sie später immer noch.

Ist ihre Form sehr geschwungen, sollten die Streifen ziemlich dünn sein, so etwa drei oder vier Millimeter, bei ebenmäßigerem Verlauf schneiden Sie dickere Streifen. Streichen Sie die Streifen einseitig mit Kleber ein und pressen Sie sie mit vielen Schraubzwingen sowohl aneinander als auch an die Klötzchen. Klemmen Sie auch hier etwas Plastikfolie zwischen die Schraubzwinge und das Holz. Sie ersparen sich auch jede Menge Arbeit, wenn Sie überschüssigen Kleber entfernen, bevor er aushärtet.

Auch bei diesem Werkstück macht es sich gut, wenn Sie Holzstreifen unterschiedlicher Färbung verwenden. Nebenbei kann es eine gute Methode sein, passende Holzreste einer sinnvollen Verwendung zuzuführen.

Wenn das Harz abgebunden hat, putzen Sie das gute Stück, passen es an den Ruderkopf an und lackieren es. Sicherlich werden Sie mit viel mehr Freude Ruder gehen als bisher. Die alte Pinne verstauen Sie. Wer weiß, ob sie nicht mal als Notpinne gebraucht wird.

Halter für Toilettenpapier

Sollten die Modelle aus der Sanitärabteilung des Baumarktes Ihren ästhetischen Mindestanforderungen nicht genügen, schauen Sie sich mal diesen Vorschlag hier an.

Sie bauen ein U-förmiges Teil, das nach vorne hin offen ist. Die lichte Weite beträgt etwa elf Zentimeter, je nachdem, wie breit Ihre bevorzugte Toilettenpapierrolle ist. Die Holzteile können Sie auch genauso hoch fertigen, und die beiden Seitenwände sollten zwanzig Millimeter stark sein.

Organisieren Sie sich nun ein rundes Stück Holz, das gerade locker durch die Papprröhre passt, und zeichnen Sie den Durchmesser dieses Stückes oben auf den Seitenteilen dort an, wo Sie später die Aussparungen vornehmen werden. Die Rolle soll sich auch in vollem Zustand leicht drehen lassen.

Wenn Sie eine Oberfräse zur Verfügung haben, sind die Schlitze bald fertig. Wenn nicht, sägen Sie jeweils zwei Schnitte in der gewünschten Tiefe und stemmen den dazwischen liegenden Teil heraus. Bei diesem Verfahren leimen Sie zwei Holzstückchen als Auflage in die Aussparungen. Wenn Sie exquisites Holz wählen, es fein schleifen und mehrfach lackieren, wird dieses einfache Teil sicherlich zum Blickfang und Schmuckstück Ihrer Nasszelle.

Halterung fürs Radio

Bücherschapp

Halterung fürs Radio

Was ich zur Aufbewahrung von Tassen vorgeschlagen habe, gilt sinngemäß auch für die Unterbringung des Radios. Ein nach oben und nach vorne offenes Kästchen mit den Maßen Ihres Radios ist leicht gebaut und bewahrt es davor, in der Kajüte herumzuliegen und beschädigt zu werden.

Die Öffnungen an der Vorderseite können Sie dort anbringen, wo Bedienungselemente angeordnet sind, sodass Sie das Gerät nicht einmal aus der Halterung nehmen müssen, um es ein- und auszuschalten.

Wenn Sie ein Übriges tun wollen, kleben Sie auf den Boden und an die Wände kleine Stoßdämpfer aus Filz, damit sich das Radio nicht abstößt. Filzgleiter für Stuhlbeine eignen sich sehr gut für diesen Zweck.

Halterung für den Kajüttisch

Bei vielen kleineren Booten ist es wünschenswert, den Kajüttisch so anzubringen, dass er während der Fahrt den Raum nicht blockiert und keine Quelle für Verletzungen darstellt, im Hafen oder vor Anker jedoch sofort einsatzbereit ist. Ich gehe davon aus, dass der Tisch an der Maststütze angebracht werden soll. Ist diese ein zylindrisches Rohr, können Sie eine Vorrichtung bauen, mit der sich der Tisch in der Höhe verschieben lässt. Unterwegs hängt er direkt unter der Decke oder seitwärts, je nachdem, wie bei Ihrem Boot die Verhältnisse aussehen.

Schrauben Sie an der Unterseite der Tischplatte hinten eine massive mittig geteilte Holzplatte an, damit Sie den Tisch ohne Probleme montieren und bei Bedarf auch wieder demontieren können. Die folgenden Abmessungen können eine Richtschnur sein: Die Platte sollte drei bis vier Zentimeter stark sein, die Fläche 20 bis 25 Zentimeter unter die Tischplatte reichen, insgesamt vier Zentimeter breiter sein als der Durchmesser der Maststütze und über die

Ausführung mit Flügelschraube
Einsteckbarer Tisch

Hinterkante der Tischplatte denselben Durchmesser plus einige zusätzliche Zentimeter hinausragen. Markieren Sie auf dieser Platte die Hinterkante des Tisches und sägen Sie das Profil der Maststütze so aus, dass das Loch die Markierung berührt.

So liegt der Tisch genau an der Maststütze an. Dann sägen Sie die Platte in der Mitte der Länge nach durch, sodass das ausgesägte Loch die Maststütze genau umfasst. Bohren Sie anschließend ein waagerechtes Loch durch den verbleibenden Überstand, durch das Sie eine passende Schlossschraube schieben und fixieren. Mit einer großzügig dimensionierten Flügelmutter oder Rändelschraube lässt sich der Schlitz zusammendrücken, und die Tischplatte wird an der Maststütze festgehalten. Sollte der Tisch nicht auf Anhieb halten, sägen sie den Schlitz auf der Schraubenseite ein wenig breiter.

Ist die Maststütze aus Holz und weist sie ein rechteckiges Profil auf, bietet sich nachstehende Konstruktion an. Für die Befestigung benötigen Sie zwei Leisten von circa 40 Millimeter Höhe, 25 Millimeter Breite und 30 Zentimeter Länge sowie zwei kleinere Stückchen desselben Profils. Ermitteln Sie Ihre bequemste Tischhöhe und markieren Sie die Höhe der Tischplattenunterseite an der Vorderseite der Maststütze. Auf dieser Höhe schrauben Sie waagerecht ein Stückchen Leiste an, das genauso breit ist wie die Stütze und als Auflage für den Tisch dient.

Auf der Rückseite der Stütze schrauben Sie auf gleicher Höhe, jedoch nach oben, ebenfalls eine waagerechte Leiste, die rechts und links von der Maststütze um die Leistenbreite hinausragt. Sie dient als Widerlager. Schließlich schrauben Sie die beiden langen Leisten so gegen die Unterseite der Tischplatte, dass sie die Maststütze möglichst spielfrei umfassen und unter das rückseitige Widerlager greifen. So lässt sich der Tisch im Nu einstecken und wieder entfernen.

Strom an Bord und elektrische Geräte

Eigentlich nein, aber wahrscheinlich doch. Nachdem Sie mich als Anhänger einfacher Lösungen kennengelernt haben, der jeder Anhäufung von Technik misstraut, wird Sie meine Skepsis auch gegenüber Strom nicht überraschen. Unter Strom verstehe ich dabei eine zentrale Stromversorgung mittels Batterie(n), von deren Ladezustand die Funktionsfähigkeit vieler Aggregate und damit letztlich des gesamten Schiffes abhängt.

Auch ich habe elektrische Leitungen an Bord, die es mir erlauben, den gesetzlichen Vorschriften Genüge zu tun und Positionslampen zu betreiben. Daneben ist noch ein zweites, sehr kleines Netz vorhanden, um Landstrom nutzen zu können.

Über die Installation der Elektrik, über technische Details wie Schalter, Leiterquerschnitte etc. finden Sie hier nichts. Dazu verweise ich auf eine Reihe von Publikationen, die sich speziell mit diesem Thema befassen.

Die elektrische Ausstattung bei mir an Bord ist denn auch sehr bescheiden; sie beschränkt sich auf ein Echolot, ein Hand-GPS-Gerät sowie einen guten Weltempfänger. Eine Windlupe, einen Windmesser und ein separates Log habe ich noch nie vermisst, und auch einen Kartenplotter, eine elektrische Ankerwinsch, ein elektrisch betriebenes Klo mit Fäkalienzerhacker, einen elektrischen Autopiloten und Radar halte ich für meine Belange küstennaher Fahrt für entbehrlich. Mit terrestrischer Navigation bin ich gut vertraut und weiß in den meisten Fällen, wo ich ungefähr bin. Bislang hatte ich glücklicherweise auch noch nie Probleme, dort anzukommen, wo ich ankommen wollte.

Um die Abhängigkeit von einer einzigen Stromquelle zu vermeiden, lege ich Wert darauf, meine wenigen Geräte mehrfach speisen zu können. Viele Batterien auf Booten geben nicht deshalb den Geist auf, weil sie zu viel, sondern weil sie zu wenig benutzt werden. Sollte diese Gefahr auch bei Ihnen beste-

hen, dann fassen Sie eine Alternative ins Auge, die unter den Bezeichnungen Energie-Station, Power-Station, oder Power-Pack im Handel ist.
Im Gegensatz zu seegehenden Yachten mit wahrscheinlich sehr viel höherem Energiebedarf beschränkt sich mein Bedarf auf wenige Verbraucher, und der kann mit einem oder auch zweien solcher Geräte gedeckt werden. Positionslampen sind damit problemlos mehrere Stunden zu betreiben. Energie-Stationen haben mehrere Vorteile gegenüber Batterien: Sie sind klein und leicht und lassen sich deshalb ohne Umstände aus dem Boot entfernen, wenn sie während längerer Liegezeiten nicht an Bord benötigt werden.
Zu Hause können sie im Haushalt, in der Werkstatt, fürs Auto oder für anderweitige Hobbys eingesetzt, entladen und wieder geladen werden, um ihnen

Tragegeschirr für Batterien

Ein Palstek-Leser-Tipp von Uwe Seger

Folgendem Tipp geht ein Unfall voraus: Beim Tragen einer nagelneuen 80-Amperestunden-Batterie brachen beide Tragegriffe in der Mitte und die Batterie fiel auf den harten Zementboden. Zum Glück hatte ich keinen Fuß unter der Batterie. Allerdings bekam das Gehäuse einen Riss, sodass Batteriesäure austrat. Die Batterie war hin. Aus diesem Anlass und der Überlegung, dass ich meine Batterien auch ab und zu aus drei Meter Höhe abseilen muss, habe ich mit einfachen Mitteln ein Tragegeschirr geknüpft. Damit lässt sich die Batterie nun auch aus größerer Höhe sicher abseilen.

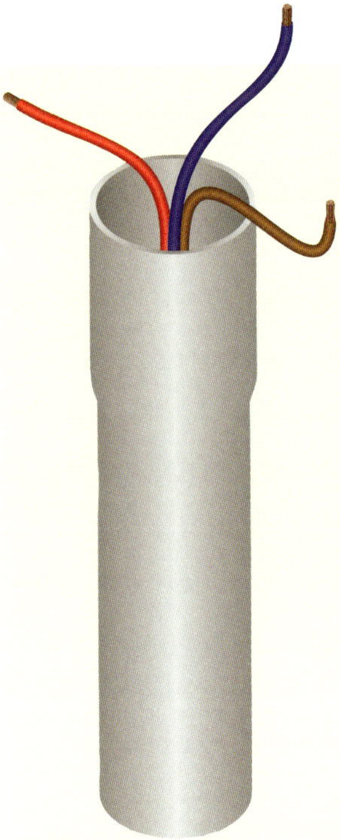

Mastrohre

Ein Palstek-Leser-Tipp von Christian Bartz

Für den Schutz von Kabeln sind Elektroinstallationsrohre aus PVC sowie aus Panzerstahl im Fachhandel und in jedem guten Baumarkt erhältlich. Die Kunststoffrohre sind leicht und angenehm zu verarbeiten und in verschiedenen metrischen Größen erhältlich. So würde ein Rohr, welches nicht nur gerade, sondern bis zu einem gewissen Radius auch gebogen werden kann, sogar mehr Schutz bieten, da ein wenig Platz im Rohr überbleibt. Für Rundungen sind flexible Rohrstücke erhältlich, die zu den starren Endstücken passen. Ein anderer Vorteil ist meiner Meinung nach auch, dass man die Rohre mittels passender Schellen fest installieren kann. Eine andere, nicht zu verachtende Option bieten die Rohre dann, wenn man bei der Erstinstallation einen Zugdraht mit einzieht. Dann können jederzeit ohne großen Aufwand zusätzliche Leitungen eingezogen werden, was bei einem Schlauch in der Regel nicht möglich sein dürfte. Das Rohr gibt es in Standardlängen von drei Metern mit den Größen M20 (ausreichend für ein Kabel mit 3 mal 1,5, 3 mal 2,5 oder 5 mal 1,5 Quadratmillimeter Querschnitt), M25 (zwei Kabel mit 3 mal 2,5 oder 5 mal 2,5 Quadratmillimeter Querschnitt) sowie M35, in dem ausreichend Platz für drei bis vier Leitungen ist.

Zündkerzenschutz

Ein Palstek-Leser-Tipp von Detlef Mudrack

Nasse Zündkerzen sind kein Ersatz. Um auf Nummer sicher zu gehen, suchte ich eine wasserdichte Verpackung für die Reservezündkerzen meines Außenborders. Im Fachhandel für den Wassersport war nichts zu finden. Fündig wurde ich erst im Motorradfachhandel. Der Zündkerzenhersteller NGK, der europaweit über den Fachhandel liefert, führt so etwas in seinem Sortiment.

eine lange Lebensdauer zu sichern. Batterien baut man nicht einfach mal eben aus. Ein Nachteil dieser Geräte ist allerdings, dass sie nur geladen werden sollten, wenn sie leer sind. Der technische Kundendienst der Firma Einhell rät dringend davon ab, Energie-Stationen über Solarzellen, Windgeneratoren oder sonstige Möglichkeiten zu laden, wenn sie nicht ganz leer sind.

Batterien

Noch ein Wort zu Batterien. Sieht man sich die entsprechenden Seiten der Ausrüstungskataloge an, kommt man an dem Eindruck nicht vorbei, dass auf einem Boot Autobatterien nichts verloren haben. Das mag für Langfahrtsegler durchaus zutreffen, doch für die bescheideneren Ansprüche der Küstenschipperei tut es eine preiswerte geschlossene Autobatterie allemal. Das, was alles über Zyklenfestigkeit und Lebensdauer von Verbraucher- und Starterbatterien geschrieben wird, ist zweifellos richtig.

Die Frage ist nur, wie relevant diese Erkenntnisse für mich sind. Wenn ich eine ehrliche Energiebilanz erstelle und meine Anforderungen an eine Batterie klarlege, erscheinen all diese Weisheiten ziemlich theoretisch. Die Konsequenz ist: Wenn Sie gerne eine Batterie an Bord haben und sie vielleicht mit Solarzellen und/oder einem Windgenerator laden wollen, gehen Sie nicht zum Yachtausrüster, sondern dorthin, wo es billig Autobatterien gibt.

Es besteht gute Aussicht, dass das Thema Stromversorgung demnächst einen weiteren Aspekt bekommen wird mit der Entwicklung von sogenannten „kalten“ Brennstoffzellen, von denen es bereits vielversprechende Prototypen gibt.

Wenn Sie Ihre Elektroinstallation gänzlich neu planen, könnte es eine Überlegung wert sein, eine vielfältige Stromversorgung konsequent durchzuführen. Jedes Jahr kommt zum Geburtstag, Hochzeitstag und zu Weihnachten die Frage: „Was wünscht du dir denn?“ Bei einer dieser Fragen habe ich mir einen Akku samt Ladegerät für mein Echolot gewünscht. Der kostet nicht die Welt,

Romantische Orientierung

Ein Palstek-Leser-Tipp von Klaus Veelker

Segler, die an den Wochentagen arbeiten, kommen am Freitag oft sehr spät zum Schiff, sprich im Dunkeln. Nachdem das Schott geöffnet ist, muss mithilfe der Taschenlampe der Hauptschalter umgelegt werden, um dann am Schaltpanel mit dem richtigen Schalter die Innenbeleuchtung einzuschalten.

Auf meiner Vanguard habe ich am Niedergang einen Schalter für 230-Volt-Anlagen eingebaut (auf dem Foto der weiße, eckige Schalter). Der ist schön groß. Den findet jeder im Dunkeln.

Ferner sind im Fußraumbereich (auf dem Foto unterhalb des Lautsprechers zu sehen) drei Seitenbegrenzungsleuchten aus dem Anhängerersatzteilzubehör montiert. Die hat jeder schon mal an einem Lkw- und Pkw-Anhänger gesehen. Seitlich montiert leuchten sie gelb-orange. Die Leuchten sind über den Schalter und eine Sicherung direkt an die Batterie angeschlossen, und nicht über den Hauptschalter – eine Bilgepumpe wird ja auch direkt an die Batterie angeschlossen. Diese Installation hat zwei Vorteile: 1. Wenn ich das Schiff betrete, habe ich sofort blendfreies Licht zur Orientierung. 2. Bei einem Gläschen Wein in netter Gesellschaft bringt es eine romantische Atmosphäre.

ist klein, direkt hinter dem Gerät an die Kajütdecke geschraubt und im Hafen leicht über Landstrom aufzuladen, da er keinen Memory-Effekt hat.
Sicherlich werden Sie auf Ihrem Boot eine oder mehrere Taschenlampen mitführen wollen. Wählen Sie doch ein Modell, dessen Batterien geeignet sind, auch andere Geräte zu betreiben. Ich empfehle dringend, nur Batterien einer Art an Bord zu verwenden, und da vorzugsweise Zellen vom Typ AA, wie sie häufig in Radios und Abspielgeräten für Kassetten und CDs usw. zu finden sind. Nehmen Sie einen genügend großen Vorrat mit auf Ihren Törn. Brauchen Sie sie, macht sich Ihre Voraussicht bezahlt, brauchen Sie sie nicht, freuen sich Ihre Kinder.
Eine weitere Möglichkeit sind wieder aufladbare Akkus dieser Größe, die die Umwelt weniger belasten. Batterien würde ich aber immer in genügender Anzahl dabeihaben.
Sollte mein Echolot-Akku wider Erwarten während der Fahrt leer werden, steht meine Energie-Station zur Verfügung. Beim Ausfall beider Geräte kann ich immer noch auf die Batterien zurückgreifen. Diese Überlegungen treffen natürlich nicht nur auf das Echolot zu, sondern auf die meisten elektrischen Kleingeräte an Bord.
Auf einige elektrische Ausrüstungsgegenstände möchte ich im Folgenden etwas näher eingehen.

Das Echolot

Betrachten wir als Erstes das Echolot. Echolote funktionieren alle nach dem selben physikalischen Prinzip: Ein Geber am Schiffsboden sendet Wellen aus, die vom Grund oder einem Gegenstand im Wasser reflektiert und vom Empfänger aufgenommen werden. Aus der Zeit zwischen der Aussendung und dem Empfang des Signals berechnet das Gerät die Tiefe.
Die Unterschiede zwischen den Geräten liegen darin, wie die derart gewonnenen Werte weiterverarbeitet und dargestellt werden. Alle modernen ver-

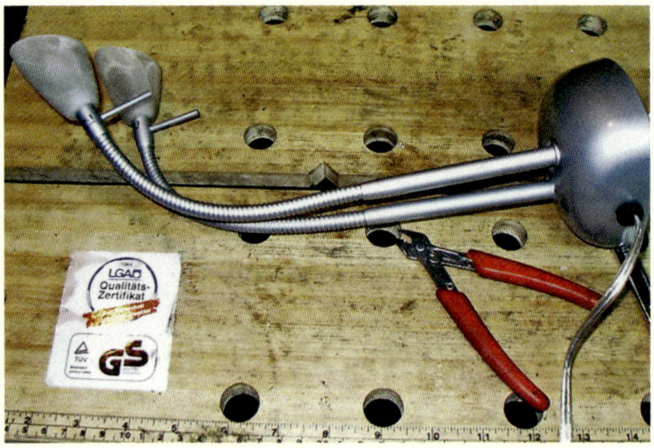 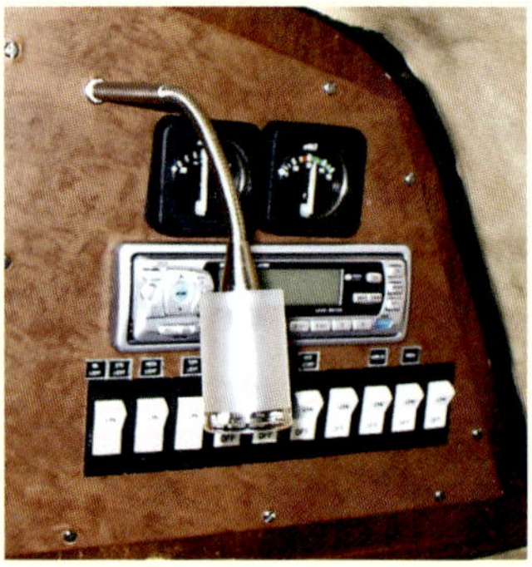

Erleuchtung zur Beleuchtung

Ein Palstek-Leser-Tipp von G. Hermann

Wir haben zur Komplettierung unserer Beleuchtung diverse Ausrüsterkataloge gewälzt, um einige zusätzliche Lampen für die Ausleuchtung unseres Navigationsplatzes und der Kochnische zu bekommen. Angedacht war ein Lampentyp mit flexiblem Schwanenhals. Allerdings sind die hierfür geforderten Preise irgendwie abgehoben. Somit begann die Suche nach einer preiswerten Alternative. Bei Tchibo, Aldi und Co. wurden wir auch schnell fündig. Zur Verwendung kommen nun auf unserem Schiff umgebaute Niedervolt-Schreibtischlampen.

Was nun die Kosten angeht, hat meine Lampe (dreifach) mich bei Tchibo lächerliche 12,99 Euro gekostet. Dazu kamen dann noch drei Euro für kleinere Leuchtmittel, 10 Watt sind an Bord mehr als genug. Somit habe ich für knapp 16 Euro drei Halogen-Cockpitlampen mit flexiblem Schwanenhals bekommen. Ähnliche Lampen sind im Zubehörhandel kaum unter 50 Euro erhältlich. Wie es ausschaut, kann man an den Bildern sehen.

Ein Umbau ist ganz einfach: Der Fuß der Lampe wird demontiert und die einzelnen Lampenträger ab- und im Boot angeschraubt. Die Anbindung an die Bordelektrik kann über die Schalttafel oder über separate Schalter erfolgen.

So flott im Schwung habe ich anschließend den Umbau einer Tischlampe vorgenommen, um mit zwei weiteren Lampen mein Boot zu erhellen. Dieses Mal war es eine Tischlampe aus dem Angebot von „Feinkost Albrecht“ (11,99 Euro), die auseinandergenommen wurde. Zur Demontage entfernt man die Grundplatte und den Transformator. Die Kabel werden zu den Anschlussleitungen geführt, um die Anbindung an die Bordelektrik oder die Montage am Schott vornehmen zu können.

netzbaren digitalen Geräte berechnen in sehr kurzen Zeitabständen einen Durchschnittswert, der als Tiefe angezeigt wird. Das ist die einzige Information, die das Gerät dem Skipper bieten kann: interpolierte Tiefe.

Demgegenüber bietet der Markt aber zumindest noch zwei alternative Geräte an, die in der Regel für weniger Geld mehr an Information liefern. Sie sind allerdings nicht vernetzbar, dafür mit unterschiedlichen Stromquellen zu speisen. Das erste ist das seit Jahrzehnten bewährte Echolot mit umlaufender Leuchtdiode. Dieses Gerät ist außerordentlich robust und zuverlässig. Da es auf denselben Werten basiert wie alle moderneren Geräte auch, ist es ebenso genau. Was anders ist, ist die Darstellung der Tiefe, womit ein großer Vorteil verbunden ist: Aus der Größe und der Beschaffenheit des Leuchtpunktes lassen sich Schlüsse auf die Bodenbeschaffenheit ziehen, was fürs Ankern oder auch fürs Angeln eine wichtige Information sein kann. Stellt sich die leuchtende Diode als klar umrissener, kleiner Fleck dar, kann man von festem Grund ausgehen. Zieht sich der Fleck aber in die Länge und hat er unscharfe Ränder, handelt es sich wahrscheinlich um weichen Grund oder um starken Bewuchs. Natürlich erfordert die Interpretation Erfahrung, doch lässt sich die Tatsache nicht leugnen, dass diese Geräte mehr bieten als nur die Tiefe.

Sollten Sie vor der Anschaffung eines Echolots stehen, könnten Sie auch einen Fishfinder in Betracht ziehen. Neben einigen technischen Raffinessen wie Zoom-Funktion oder Fische ein- und ausblenden zeigt das Gerät das Bodenprofil an, und das ist wirklich eine feine Sache.

Positionslampen

Die zweiten Ausrüstungsteile, denen ich einige Zeilen widmen möchte, sind die Positionslampen. Gehen wir wieder von einem relativ kleinen Boot aus, so genügt ein Blick in die diversen Führerschein-Lehrbücher oder die Broschüre „Sicherheit auf See“ des Bundesverkehrsministeriums, um zu sehen, was an notwendiger Beleuchtung vorhanden sein muss.

Blitzableiter

Ein Palstek-Leser-Tipp von Rolf Erne

Wohl die wenigsten Boote älteren Datums verfügen über einen umfassenden, tauglichen Blitzschutz, welcher alles vom Mast auf oder unter Deck führende stehende Gut zusammen mit den übrigen Metallteilen wie Tanks und Motor auf eine gemeinsame Masse führt (Potenzialausgleich) und einen allfälligen Einschlag in tauglicher Weise durch eine außen liegende Metallplatte ins Wasser abführt. Unser Mast ist mit dem Kiel über eine Platte und zwei Kielbolzen direkt mit dem untergebolzten Gusskiel verbunden, was einen direkten Einschlag ins Wasser ableiten sollte. Die Wanten jedoch enden mit den Rüsteisen in einem unter dem Schandeck laminierten GFK-Kastenprofil. Das oft empfohlene Provisorium, über Deck Überbrückungskabel an die Wanten zu klemmen und den freien Rest ins Wasser zu hängen, ist angesichts der zu erwartenden hohen Ströme wenig tauglich – der Übergangswiderstand an den Zackenklemmen ist zu groß. Wir haben für die Wanten mit den verfügbaren Mitteln vor Ort einen festen Ableiter gebaut. Ober- und Mittelwant werden mit einer auf Maß gefertigten, massiven Bronzeklemme durch eine Zentralschraube verbunden. Daran fest montiert befindet sich ein je zwei Meter langes Kabel mit demselben Durchmesser wie die Wanten (8 Millimeter), welches bei Bedarf einfach im Wasser nachgeschleppt wird und sonst an die Seereling hochgebunden werden kann. Um zu vermeiden, dass das Kabel von unten her „Wasser zieht“, habe ich das abisolierte Ende auf einer Länge von etwa sechs Zentimetern in eine Messinghülse eingelötet und den Übergang zwischen Hülse und Kabelmantel mit selbstvulkanisierendem Band abgedichtet. Am unteren Ende bleiben die Kabellitzen durch das Lot wasserdicht verschlossen und für einen Stromdurchgang doch leitend. Noch besser als die verwendeten Kupfer-Kabelschuhe würden sich spezielle blitzstromtragfähige Klemmen eignen, diese waren hier in Panama aber nicht erhältlich.

Natürlich gelten trotz Blitzableiter für uns die üblichen Vorkehrungen weiterhin: Blitznähe und Fronten unterwegs falls möglich meiden (Radar), vor Anker alles vermeiden, was an Bord Potenzialunterschiede schaffen könnte (Umankern, Motor starten, ins Beiboot steigen), bei nahen Einschlägen kein Aufenthalt in der Nähe von stromführenden Teilen, Umlegen des Hauptschalters, Abhängen des Funkgeräts, und nicht zuletzt die einfachste Vorsichtsmaßnahme: Alle einfach auszubauenden elektronischen Geräte wandern in den Backofen oder in den geschlossenen Dampfkochtopf (Faradayscher Käfig). Der Rest bleibt abwarten und hoffen …

Angenommen, Sie segeln nur und haben keinen Motor zur Unterstützung an Bord, genügt ein weißes Rundumlicht. Sollten Sie aber einen Motor benutzen, mutiert Ihr stolzes Segelboot vor dem Gesetz augenblicklich zum Motorboot und benötigt demgemäß vorne eine rot-grüne und hinten eine weiße Beleuchtung.
Wollen Sie ankern, brauchen Sie zusätzlich ein Ankerlicht. Für Boote der hier zur Debatte stehenden Größenordnung sagt die Vorschrift, dass das Rundumlicht mindestens einen Meter über den Seitenlichtern angebracht sein muss. Eine häufig geübte Praxis besteht darin, das Rundumlicht auf den Masttopp zu setzen, möglicherweise auch als Kombination mit einer Drei-Farben-Laterne, wodurch Bug- und Hecklicht überflüssig werden. Sollten Sie einen Mast haben oder günstig bekommen, wo das alles schon drauf ist, dann lassen Sie es so. Wenn nicht, dann machen Sie es anders.
Was mich an Lampen im Masttopp stört, ist, dass man so schlecht hinkommt, wenn etwas kaputt ist, und außerdem sind sie dort wirklich nicht notwendig. Brennt eine Birne am

Bug oder Heck durch, ist es eine Kleinigkeit, sie zu ersetzen. Gibt die Birne im Masttopp ihren Geist auf, müssen Sie entweder raufkraxeln oder den Mast legen oder unter einem geeigneten Kran festmachen, was alles zumindest mit Aufwand verbunden ist.

Ich unterstelle, dass Sie es nicht darauf anlegen, bei Nacht oder sonstigen unsichtigen Verhältnissen ohne Motor in einen Hafen einzulaufen. Wenn dem so ist, brauchen Sie auch kein fest installiertes Rundumlicht. Bedenken Sie auch hier die umgekehrte Aussage von Murphys Gesetz: Was nicht da ist, kann auch nicht kaputtgehen.

Bleibt das Ankerlicht. Es gibt vorschriftsmäßige Rundumlichter zum Vorheißen. Man ankert nicht jeden Tag, und daher halte ich diese Lösung für sehr brauchbar. Ich habe am Bug eine Steckdose montiert, an der ich bei Bedarf das Ankerlicht anschließen kann. Die Lampe selbst heiße ich mit einem Karabinerhaken am Vorstag auf etwa vier Meter Höhe auf und sichere das Kabel zweimal mit einem Bändsel.

Wird die Lampe nicht gebraucht, ruht sie wohlverwahrt in einer Schublade. Der Strombedarf Ihrer Ankerlaterne wird die Bordbatterie minimal belasten, wenn Sie sich für die bereits auf dem Markt befindliche und zugelassene LED-Technologie entscheiden.

Positionslaternen sind teuer, doch habe ich ausnahmsweise nicht vor, Sie zum Selbstbau anzustiften. Hilfe kommt jedoch vonseiten der Europäischen Union (EU). Seit Anfang 1993 gilt der Europäische Binnenmarkt mit der Freiheit des Warenverkehrs. Das dort niedergelegte Warenursprungsprinzip besagt, dass mit einigen Ausnahmen jede Ware, die in einem EU-Land nach den dort geltenden Bestimmungen hergestellt ist, in allen anderen EU-Ländern auch frei verkehrsfähig ist.

In unserem Fall heißt das, dass Sie sich Ihre Positionslaternen zum Beispiel in Italien kaufen können, wo sie deutlich billiger sind. Achten Sie jedoch darauf, dass die Laternen mit einem Prüfzertifikat geliefert werden, das der Zulassung des Bundesamtes für Seeschifffahrt und Hydrografie entspricht, und das die Wasserschutzpolizei zufriedenstellt.

Dabei müssen Sie nicht einmal ins Ausland reisen; maritime Versandhäuser gibt es in vielen Ländern, bei denen Sie auch online einkaufen können. Für die Positionslaternen gilt Gleiches wie bei der Ankerlaterne: LEDs senken den Stromverbrauch drastisch.

Wenn Sie davon überzeugt sein sollten, dass Ihre Beleuchtung auf den Masttopp gehört, und Sie haben einen hohlen Holzmast, erwägen Sie doch, ob es unbedingt notwendig ist, das Kabel im Mast zu führen. Das, was ich weiter vorne schon für die Fallen gesagt habe, gilt auch hier: Bei Problemen hat man nur Ärger damit. Es macht keine Schwierigkeiten, an der Vorderseite eine kleine Nut auszunehmen, in der das Kabel mit oder ohne stützendes Rohr verlegt wird und jederzeit greifbar ist.

Ersatz-Segellatten

Ein Palstek-Leser-Tipp von Marco Bredlow

Uns sind mal bei einem recht windigen Törn mit dem Folkeboot rund Rügen einige Segellatten abhanden gekommen. Da keine Reservelatten an Bord waren, musste unterwegs kurzfristig Ersatz besorgt werden, sonst steht das Segel bekanntermaßen „lausig". Hervorragende Dienste haben in diesem Fall Latten aus Obstkistenholz vom nächsten Hafendorfkrämer, die mit dem Taschenmesser in Form gebracht wurden, geleistet. Die haben den Rest des Törns gut überstanden – im Gegensatz zum Rest des Segels ...

Rotlichtbeleuchtung

Ein Palstek-Leser-Tipp von Martin Odenwald

Als flexibel einsetzbare Rotlichtbeleuchtung für Kabine und Cockpit verwenden wir LED-Fahrradrücklichter. Sie sind bei Bedarf überall leicht anzubringen, sind wasserdicht und kosten nur ein paar Euro. Mit einem Satz Batterien leuchten sie viele Nächte lang.

Jütvorrichtung

Ein Palstek-Leser-Tipp von Heinz Brüning

Meine Jütvorrichtung ist einfach und hat sich in der Praxis gut bewährt. Ich habe mir aus massivem Metall eine Schelle angefertigt, die genau dem Mastprofil entspricht. Auf diese Schelle wurde ein Führungsrohr geschweißt, das zur Aufnahme des Spinnakerbaumes dient. Für eine Auskleidung mit dünnem Gummi ist Platz zu lassen, um die Reibung von Metall zu Metall zu vermeiden. Die Schelle mit dem Führungsrohr wird mit zwei Schrauben auf dem Mast über dem Koker angebracht. Zum Arbeiten mit dem Mast wird der Spinnakerbaum in das Führungsrohr gesteckt, das Fock- oder/und das Spinnakerfall an den Spinnakerbaum angeschlagen und durchgesetzt. Die Großschot führt zum Bugbeschlag. Das Führungsrohr auf der Schelle verhindert das seitliche Abkippen des Spinnakerbaumes.

Innenbeleuchtung

Ein weiteres stromfressendes Thema ist die Innenbeleuchtung. Wenn wir annehmen, dass das Boot üblicherweise die Nacht in einem Hafen verbringt, der zumindest rudimentäre Ausstattung bietet, dann steht in aller Regel Landstrom zur Verfügung, der die Kajüte erleuchtet.
Ankern Sie jedoch oder gibt es keinen Landstrom, ist es zweifellos bequem, ein oder mehrere 12-Volt-Lämpchen anzuknipsen und damit die Batterie leerzunuckeln. Diese Option scheint mir nicht so verlockend, und deshalb habe ich keine Innenbeleuchtung, die mit 12 Volt betrieben wird.
Ich benütze eine Campinggas-Lampe, die mir auch bei anderen Gelegenheiten gute Dienste tut. Der Glühstrumpf dieser Lampe ist allerdings etwas empfindlich. Legen oder stellen Sie sie nie auf eine harte Unterlage, wenn Sie segeln. Hängen Sie sie auf, wo sie aus dem Weg ist, und spannen Sie sie mit einem Gummistropp nach unten weg.
Vorteile dieser Lampen sind, dass man die Helligkeit regulieren kann, dass man sie dort hinhängen kann, wo man sie braucht und dass man die Gaskartuschen dann im Sonderangebot kaufen kann, wenn sie billig sind. Auch hier gilt, halten Sie die Augen offen, wenn Sie im Urlaub im Ausland sind. In Ungarn habe ich Gaskartuschen für weniger als die Hälfte des hier üblichen Preises gekauft.
Ein letzter Gedanke in diesem Zusammenhang: Nehmen Sie auf jeden Fall eine Petroleumlampe mit, die es für wenig Geld in jedem Baumarkt gibt. Dieses Gerät ist so primitiv und robust, dass es unter wahrscheinlich allen Bedingungen funktioniert. Solch eine Lampe und ein Liter Petroleum sind nicht schwer und nehmen wenig Platz weg, aber sie geben das beruhigende Gefühl, eine Beleuchtungsmöglichkeit an Bord zu haben, die immer einsatzbereit ist. Auch wenn dieses Licht nicht vorschriftsmäßig sein mag, ein nicht vorschriftsmäßiges Licht ist allemal besser als gar kein Licht.

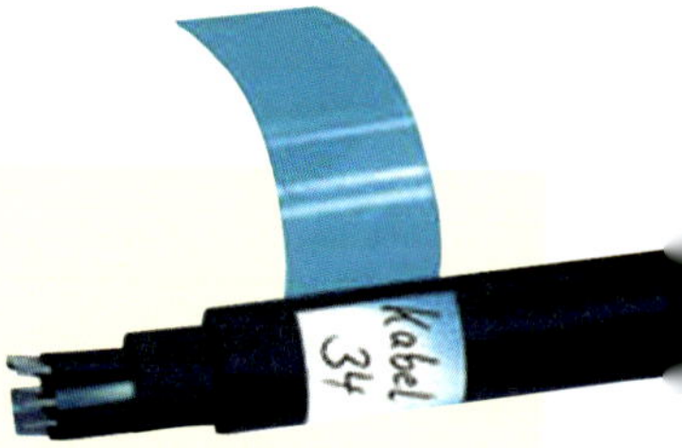

Kabelmarkierer

Ein Palstek-Leser-Tipp von Thomas Händly

Da im Moment das Thema Bordelektrik ja nicht nur im Palstek, sondern auch in der Vorbereitung auf die Saison bei vielen ein Thema sein wird, kann ich eine kleine Hilfe zum Thema Kabelbeschriftungen geben. Ich benutze schon seit über zehn Jahren Kabelmarkierer der Firma Tyco (www.idento.de) vom Typ TKM. Selbst wenn man diese nur mit Bleistift beschriftet hat, sind sie in der Regel auch nach zehn Jahren noch lesbar. Dies ist bei der Fehlersuche und bei Änderungen eine große Hilfe.

Kondome schützen

Zwei Palstek-Leser-Tipps von Ralf Anderer

Zu den Themen „Schutz vor Feuchtigkeit“ und „Wasserdichtes Verpacken“ habe ich zwei wirklich bewährte Hinweise: Für Handys gibt es inzwischen im einschlägigen Bedarfshandel wasserdichte Taschen, die mit großem Aufwand (und entsprechenden Kosten!) so ausgebaut sind, dass die Bedienung des Mobiltelefons problemlos möglich ist. Das gleiche Ziel kann man mit geringerem finanziellen Einsatz mithilfe von Kondomen erreichen. Einfach übers Handy ziehen und zuknoten. Falls man es nicht einstecken will: noch ein bisschen Luft rein, und die ganze Sache ist sogar schwimmfähig. Und solange man nicht nachladen muss, hält es.
Klar, es sieht ein wenig komisch aus (auch wenn man nicht auf „Sonderbauformen“ zurückgreift, aber die Funktion steht ganz klar im Vordergrund!).
Für Ausrüstung und Bekleidung, die nicht nass beziehungsweise feucht werden soll: Mit einem einfachen Haushaltsfolienschweißgerät (eventuell in der Luxusausführung mit Vakuumpumpe) einfach die entsprechenden Gegenstände einschweißen. Das ist hundertprozentig dicht und schützt auch vor Schwitzwasser beziehungsweise hoher Luftfeuchtigkeit. Bewährt hierbei ist das Zusammenfassen von „Verpackungseinheiten“, so zum Beispiel einen Satz Unterwäsche zum Wechseln in eine Tüte. ... Komfortsteigerung muss also nicht teuer sein!

Radio

Unterhaltung an Bord hebt die Stimmung, und deshalb ist ein Radio - von Fernsehern schweige ich - eine angenehme Sache. Auch ist ein Rundfunkgerät durchaus nützlich, um den Wetterbericht zu hören.

Widerstehen Sie jedoch der Versuchung, Ihr altes Autoradio fest in Ihrer Kajüte einzubauen. Wahrscheinlich schaffen Sie sich dadurch jede Menge Ärger. Das Ding braucht eine Antenne, und wenn Sie diese im Masttopp oder auf dem Heckkorb installieren, benötigen sie ein entsprechend langes Antennenkabel, was dem Empfang nicht förderlich ist.

Weiterhin müssen Sie für eine ordentliche Erdung sorgen, was im konkreten Fall auch mit Schwierigkeiten verbunden sein kann. Schließlich braucht das Gerät Strom, womit wir wieder beim Thema sind. Autoradios lassen sich schlecht alternativ mit Strom versorgen, und das tut Ihrer Batterie möglicherweise nicht gut.

Die Konsequenz aus alledem ist, legen Sie sich einen guten Weltempfänger zu, der mit AA-Batterien betrieben wird und den Sie ohne weitere Probleme benützen können.

Elektronische Seekarte

Um dieses Kapitel abzuschließen, möchte ich einige Bemerkungen zu elektronischen Seekarten und Computern an Bord machen.

Verfolgt man die Themen, die in den deutschen Segelzeitschriften behandelt werden, kommt man an der Erkenntnis nicht vorbei, dass elektronische Seekarten unaufhaltsam auf dem Vormarsch sind und jeden Skipper hoffnungslos veraltet aussehen lassen, der sich noch mit Seekarten aus Papier abmüht. Ich bilde mir ein, dass ich kein Ewiggestriger bin, ich nutze viel und gerne die modernen Mittel der Kommunikation und der Datenverarbeitung, doch hege ich größte Bedenken gegenüber dem Einsatz von Computern an Bord einer kleinen Segelyacht im küstennahen Einsatz. Ohne Zweifel üben Computer mit ihren scheinbar unerschöpflichen Ressourcen eine große Anziehungskraft aus, und viele Leute und wahrscheinlich auch viele Skipper haben ganz einfach Spaß daran, die Möglichkeit zu nutzen, die moderne Hard- und Software bietet. Unbestreitbar ist es fantastisch, sofort per Mausklick alle möglichen Informationen geliefert zu bekommen, die der Skipper für relevant hält, um sein Schiff bestmöglich zu segeln.

Öldosierung

Ein Palstek-Leser-Tipp von Wolfgang Vetter

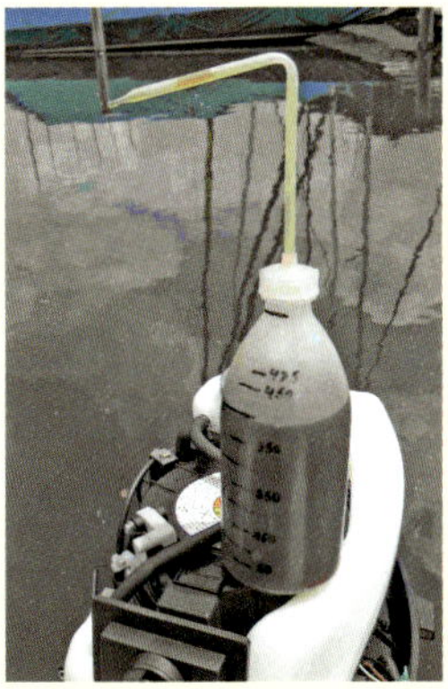

Der Umwelt sei Dank werden immer mehr Außenborder als Viertakt-Motoren eingesetzt. Insbesondere im Bereich der Flautenschieber oder Beibootantriebe werden Motoren mit geringer Leistung eingesetzt. Diese Motoren enthalten naturgemäß auch nur geringe Mengen an Motorenöl, wobei aber die notwendigen Ölwechsel und die richtige Ölmenge umso genauer eingehalten werden müssen. Um Wasserverschmutzungen beim Ölwechsel oder bei der Nachfüllung von geringen Motorölmengen zu vermeiden, verwende ich eine Tankflasche für Modellautos mit Verbrennungsmotor. Diese Flaschen gibt es für wenig Geld in den Fachgeschäften für Modellbau. Um mir die Arbeit weiter zu erleichtern, habe ich die Flasche ausgelitert und die verschiedenen Füllstufen gekennzeichnet. Für meinen Motor mit 6 PS reicht eine Flasche mit 500 Kubikzentimetern für eine komplette Ölfüllung. Für gelegentliche Nachfüllungen (kaum einmal pro Saison) genügen dann wenige Kubikzentimeter. Befüllt wird direkt durch das dünne Tankrohr in den Ölstutzen, sodass man jederzeit genau weiß, wie viel Öl man schon eingefüllt hat.

Natürlich kann man diese Flasche auch für das Anmischen des Öl/Benzingemisches für Zweitakt-Außenborder benutzen. Es empfiehlt sich dann jedoch, die Skalierung sehr genau und mit weiteren Unterteilungen auf die Flasche zu pinseln.

Es gibt jedoch eine ganze Reihe von Argumenten, die den Einsatz einer EDV-Anlage auf meinem Boot im Moment nicht vordringlich erscheinen lassen. Dieses Buch befasst sich damit, wie man möglichst preiswert Fahrtensegeln betreiben kann, und der Einsatz eines Computers an Bord trägt dazu nicht bei. Ein Rechner an Bord eines kleinen Schiffes kann aus praktischen Gründen nur ein Laptop oder ein Notebook sein, für einen Tower mit zusätzlichem Bildschirm dürfte kaum Platz sein. Leistungsfähige Laptops sind selbst gebraucht nicht für 'nen Appel und 'n Ei zu bekommen, und neue kosten auch bei Aldi mindestens 800 bis 900 Euro. Dazu kommen noch die Aufwendungen für die Software, für die ebenfalls einige hundert Euro fällig sind. Die Preise variieren sehr stark, je nach dem, für welches System man sich entscheidet und welche Ansprüche an das Programm gestellt werden. Zu berücksichtigen ist dabei weiterhin, dass auch die elektronischen Seekarten nur bestimmte Bereiche abdecken und für weitere eben neue, teure Software angeschafft werden muss.
Der wesentliche Grund dafür, warum ich diesen Abschnitt über elektronische Seekarten im Kapitel über Strom an Bord behandle, hängt naturgemäß mit der Stromversorgung des Rechners zusammen. Laptops haben zwar einen Akku, doch lässt dessen Kapazität immer noch sehr zu wünschen übrig. Die derzeit fortschrittlichsten Laptop-Modelle werben mit einer Akku-Laufzeit von bis zu drei Stunden, wobei sich schlecht sagen lässt, was diese Aussage in der Praxis wert ist. Reicht die Akku-Kapazität nicht aus, muss auf andere Stromquellen zurückgegriffen werden. Das heißt, der schon weiter vorne erwähnte Gedanke gewinnt an Bedeutung, dass Navigieren nur dann möglich ist, wenn ausreichend Energie erzeugt oder mitgeführt wird. Ist der Rechner ans Bordnetz angeschlossen, bedeutet das in den meisten Fällen auch, dass es mit der Mobilität des Geräts nicht mehr so weit her ist. Eine herkömmliche Seekarte kann problemlos mal eben mit ins Cockpit genommen werden, bei einem Rechner, der am Batteriekabel hängt, könnte das mit Schwierigkeiten verbunden sein.
Um das Potenzial der Software optimal nutzen zu können, ist es sinnvoll, dass nicht nur die GPS-Koordinaten verarbeitet werden, sondern dass auch weitere

an Bord gewonnene Daten ins System integriert werden, und wenn es nur Windstärke, Windrichtung und Wassertiefe ist. Das bedeutet jedoch, dass der Computer an einem zweiten Kabel hängt und dass es an Bord ein Gerät geben muss, das alle ermittelten Daten zentral verwaltet. Bei diesem Gedanken beschleichen mich immer ungute Gefühle, denn Rechner sind anfällig. Sie sind anfällig gegen Feuchtigkeit und gegen mechanische Unfreundlichkeit. Es ist

Handtuch für die Salingnock

Ein Palstek-Leser-Tipp von Christian Dickmann

Bei meinem letzten Törn stand ich vor der Problematik, mit Bordmitteln eine Salingnock-Ummantelung zu basteln, welche auch meinen ästhetischen Ansprüchen gerecht werden sollte. Umgesetzt habe ich die Aufgabenstellung, indem ich ein normal großes Handtuch der Länge nach in sechs Streifen zerteilte. Aus jeweils drei Streifen mit einer Breite von etwa 4 bis 5 Zentimetern und einer Länge von etwa 80 Zentimetern flocht ich einen Zopf. Damit sich die Enden des Zopfes nicht auflösen können, habe ich jeweils zwei kleine Kabelbinder durch die drei Stoffbahnen gesteckt und festgezogen. Durch diese beiden „Kabelbinderaugen" habe ich wiederum einen dritten, wesentlich längeren Binder gezogen. Mit einem Seitenschneider ausgerüstet, bin ich mit den beiden Zöpfen zur Saling hochgeklettert und habe dort klampenschlagähnlich den Zopf um die Nock gewickelt. Die beiden langen Kabelbinder dienten der Befestigung von Anfang und Ende des Zopfes an der Nock. Der Schutz hat sich sehr bewährt, leider habe ich ihn erst montiert, nachdem die nagelneue Genua bereits durch die Nock beschädigt worden war.

also bei etwas mehr Wellengang nützlich, den Laptop an einen sicheren Ort zu legen, von dem aus er sich nicht selbständig machen kann, denn wahrscheinlich täte es ihm auf die Dauer nicht gut, öfters auf den Kajütboden zu knallen. Das allerdings setzt seine Einsatzmöglichkeiten herab. Manche Rechner haben auch die Macke, gelegentlich abzustürzen, nicht im eben beschriebenen Sinne, sondern systembedingt, und es ist unschwer nachzuvollziehen, dass der Rechner dann nicht mehr so nützlich ist.

Schließlich sollten Sie recht ordentliche Englisch-Kenntnisse besitzen. Im Gegensatz zu den Vorschriften der EU, sind die meisten Anbieter offensichtlich der Auffassung, dass sie sich die Kosten für eine deutsche Version sparen können und setzen dementsprechend voraus, dass der Kunde in der Lage ist, sich durch das englische Menü zu wühlen. Wenn Sie nicht in der Lage sind, auch in angespannter Situation die Software souverän zu bedienen, lassen Sie dringend die Finger davon!

Sollten Sie also gut Englisch sprechen, ein Schiff haben oder ins Auge fassen, bei dem ständig ausreichend elektrische Energie vorhanden ist, bei dem genügend Platz verfügbar ist für einen Rechner plus einen ordentlichen Bildschirm, der über Mäusekino hinausgeht, bei dem die Position des Steuermanns immer optimal zum Bildschirm liegt und bei dem das notwendige Kleingeld vorhanden ist für die anfallenden Softwarepakete und eine zweite Ausführung des Geräts für Notfälle, dann steht dem Gebrauch elektronischer Seekarten eigentlich nichts im Wege.

In jedem Artikel der anfangs erwähnten Berichte in den Segelzeitschriften findet sich der Hinweis, dass es zur Sicherheit unabdingbar sei, zusätzlich zu den elektronischen auch Papierseekarten mitzuführen, denn es könnte ja sein, dass etwas nicht so läuft, wie es laufen sollte. Ich habe inzwischen eine ganze Reihe von Skippern getroffen, die elektronisch navigieren. Obiger Hinweis ist bei kaum einem angekommen.

KLEBEN

Wenn Sie an Bord etwas kleben wollen, nehmen Sie Epoxidharz. Unter der Voraussetzung, dass Sie sorgfältig damit umgehen und die Angaben des Herstellers beachten, kann eigentlich nichts schiefgehen. Lassen Sie sich des günstigen Preises wegen nicht dazu verleiten, Polyesterharz zu verwenden. Der wesentliche Grund liegt darin, dass Epoxidharz dauerhaft wasserfest ist, was bei Polyesterharz nicht der Fall ist. Verwenden Sie deshalb zur Verbindung wasserbelasteter Teile stets Epoxidharz. Für Verklebungen im Innenbereich, bei denen die strukturelle Festigkeit kein Thema ist, können Sie guten Gewissens auf einen Polyurethan-Kleber zurückgreifen, der deutlich preiswerter ist. Lassen Sie sich auch nicht in die Irre führen von der Aufschrift „wasserfest“ auf einigen sehr bekannten Produkten wie zum Beispiel Ponal, um diese an Bord einzusetzen.

Laut Auskunft der Kundendienstabteilung der Firma Henkel heißt das bestenfalls, dass die Verklebung durch kurzzeitige Sprüheinwirkung nicht gefährdet wird. Für Verbindungen, die unter Umständen tagelang einer feuchten Umgebung ausgesetzt sind, sind solche Kleber ungeeignet.

Was Epoxidharze mit den unterschiedlichen Zuschlagstoffen neben ihrer Wasserfestigkeit für den Selbstbauer so interessant macht, ist, dass sie spaltfüllend sind, ohne dass ein Festigkeitsverlust eintritt. Es mag ja durchaus sein, dass Ihre Schnitte auf den 100stel-Millimeter exakt sind, keine Ausfransungen haben und dass jede Gehrung ohne sichtbaren Schlitz exakt passt. Ich gebe zu, dass das bei mir selten so ist, und trotzdem sieht mein Boot halbwegs manierlich aus, und das ist auch und gerade deswegen so, weil ich Epoxidharz verwende.

Welches Harz Sie von welcher Firma nehmen wollen, ist ziemlich egal, nur bleiben Sie einem Produkt treu. Da die Firmen ihre Komponenten genau aufeinander abstimmen, ist es sicherlich nicht förderlich, die Komponente A der einen Firma mit der Komponente B einer anderen zu mischen. Richten Sie sich nach dem günstigsten Angebot.

Sollten Sie eine Urlaubsreise ins Ausland unternehmen, schauen Sie sich auch dort um. Harze können dort erheblich billiger sein. Meiner Erfahrung nach ist es auch ziemlich unerheblich, ob Sie das Harz mit einem langsamen oder schnellen Härter mischen. Mit beiden Härtern sind schon größere Schiffe gebaut worden, als Sie es wahrscheinlich vorhaben. Einige Regeln im Umgang mit Harz sollten Sie unbedingt Ihrer Gesundheit und dem Ergebnis zuliebe beachten. Erstens, tragen Sie Handschuhe. Harze sind nicht gut für die Haut, und zweitens arbeiten Sie nur in gut belüfteten Räumen oder im Freien.

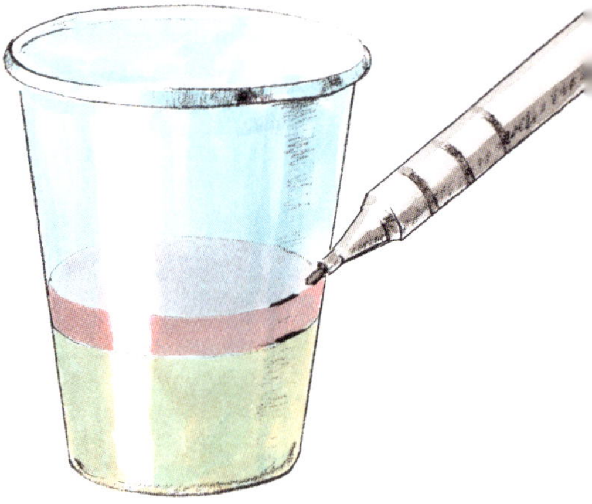

Die Handschuhe bekommen Sie natürlich dort, wo Sie auch das Harz kaufen können. Der Nachteil ist nur, dass Sie dort möglicherweise teuer sind. Aber gehen Sie doch mal wieder auf einen Flohmarkt. Wahrscheinlich werden Sie dort fündig und können eine 100er-Packung mit Latex-Handschuhen für deutlich weniger Geld kaufen. Nachdem Sie nicht über Stunden hinweg mit Harz arbeiten werden, sind diese eng anliegenden Handschuhe für unsere Zwecke gut geeignet. Mit das Wichtigste bei der Arbeit mit Kunstharz ist die Einhaltung des richtigen Mischungsverhältnisses von Harz und Härter. Machen Sie hier keine Experimente, indem Sie auf industrieübliche Toleranzen hoffen, sondern halten Sie sich strikt an die Herstellerangaben. Um das richtige Mischungsverhältnis zu erreichen, bieten die Firmen Hubpumpen an, die auf die Plastikflaschen geschraubt werden.

Das ist eine tolle Sache, kostet aber Geld.

Knast für Lösemittel

Ein Palstek-Leser-Tipp von Marco Bredlow

Für den Verschluss von Kartuschen-Austrittsöffnungen gab es schon reichlich Tipps im PALSTEK – vom Schraubenpfropfen bis zum ausrangierten Zahnpastatubendeckel. Ich persönlich umwickele das Ganze noch mit Paketklebeband, um den Lösemitteln den Weg nach draußen so schwer wie möglich zu machen. Übersehen wird hier meistens, dass das Eintrocknen auch von der Kolbenseite her erfolgt. Sind die Kolben erst einmal bewegt worden, ist deren Dichtfunktion ziemlich eingeschränkt. Erkennbar ist dies daran, dass die Innenwand der Kartusche meistens in Streifenform mit dem Kartuscheninhalt verschmiert ist. Ich löse das Problem, indem ich auch das kolbenseitige Ende der angebrochenen Kartusche mit Klebeband oder einem Gummipfropfen verschließe. Auf diese Weise bleiben selbst Polyurethan-Dichtmassen über Wochen, manchmal auch Monate, weiterhin verwendbar.

Lösemittelhaltige Gebinde wie Dosen (zum Beispiel Holzkitt) oder Tuben (Klebstoff) verpacke ich, wenn immer möglich, in Konservengläsern, die in der Küche immer wieder als Abfall anfallen. In diesem weitgehend gasdichten Mantel erhöht sich die Haltbarkeit zum Beispiel von Kontaktklebern um ein Vielfaches. Wenn mir das verwendete oder ein kompatibles Lösemittel bekannt ist, gebe ich davon zusätzlich einen Teelöffel voll in das Glas – zum Beispiel Nitro-Verdünnung in das Glas mit der Holzspachteldose. Dadurch wird die Atmosphäre in dem Glasgebinde sofort mit dem Lösemittel gesättigt, sodass kaum noch eine Verdampfung aus dem Gebinde auftritt. Unter Umständen beschreitet das Lösemittel sogar den umgekehrten Weg, also aus dem Glas in das Gebinde, sodass dessen Haltbarkeit fast unbegrenzt verlängert wird. Man sollte nicht vergessen, das Glas mit dem Inhalt zu kennzeichnen – sonst wird es mit der Zeit schwierig, den Inhalt der entlackten Tuben und Dosen zu identifizieren!

Das Gleiche gilt im Grunde auch für Klebeband. Auch hier wird die Haltbarkeit durch das Verdampfen des in dem Kleber vorhandenen Lösemittels beeinträchtigt. Daher werden Klebebänder grundsätzlich einzeln in eng anliegenden Plastiktüten („Brotbeuteln"), eingewickelt in Klarsichtfolie, oder auch in Konservengläsern aufbewahrt.

Zusätzlich bewahre ich alles, was Lösemittel enthält – egal, ob angebrochen oder nicht – in einer zusätzlichen luftdichten Verpackung auf. Am besten geeignet sind luftdichte Kisten aus Metall, wie sie zum Beispiel von Zarges angeboten werden. Preiswerter sind ausgediente Stahlblech-Munitionskisten vom Militär, die in jedem Militarialaden oder -versand erhältlich sind. Man muss nur darauf achten, dass diese Kisten über eine

Gummidichtung im Deckel verfügen. Für wen das zu teuer oder aufwändig ist: Besser als nichts ist immer noch der berühmte blaue Müllsack oder eine alte, große Farbdose mit Deckel als zusätzliche Lösemittelfalle. Wer das für übertrieben hält, kann ja mal ein paar Farbdosen oder Klebebandrollen für ein bis zwei Wochen in solch einen Sack oder Eimer verpacken und dann seine Nase dort hineinhalten – aber Vorsicht, keinen allzu kräftigen Zug nehmen!
Diese Kisten funktionieren natürlich auch andersherum: zum Aussperren von Gerüchen aller Art. Wenn man aus Platzgründen - oder weil die Backskiste nicht absperrbar ist – diverse „Stinker" wie zum Beispiel Leuchtpetroleum, Putzmittel oder Klebstoffe unter Deck aufbewahrt, kommt schnell ein unangenehmer Mief zustande. Genau dieser lässt sich mit den genannten Kisten problemlos vermeiden, wenn man sie darin „eindost".

Es geht auch anders und kostenlos: Sammeln Sie Joghurtbecher und messen Sie mit Wasser eine bestimmte Menge ab. Dort machen Sie außen mit einem Filzstift eine Markierung. Dann bestimmen Sie die notwendige Menge an Härter, gießen diese Wassermenge drauf und machen eine weitere Markierung. Joghurtbecher sind so transparent, dass man sehr gut sehen kann, wenn genügend Harz und Härter im Becher sind. Bereiten Sie mehrere Becher vor, damit Ihnen keiner fehlt und Sie Ihre Arbeit nicht unterbrechen müssen.
Füllen Sie die Becher auch nicht zu voll, damit Sie beim Umrühren nicht kleckern. Ich habe mir angewöhnt, die Becher zum Umrühren in einen flachen Karton zu stellen, sodass eventuelle Flecken keinen Schaden anrichten können. Harzflecken auf Omas Tischdecke können ernsthafte Unstimmigkeiten hervorrufen.

Kartuschenverschluss

Ein Palstek-Leser-Tipp von Klaus Hafner

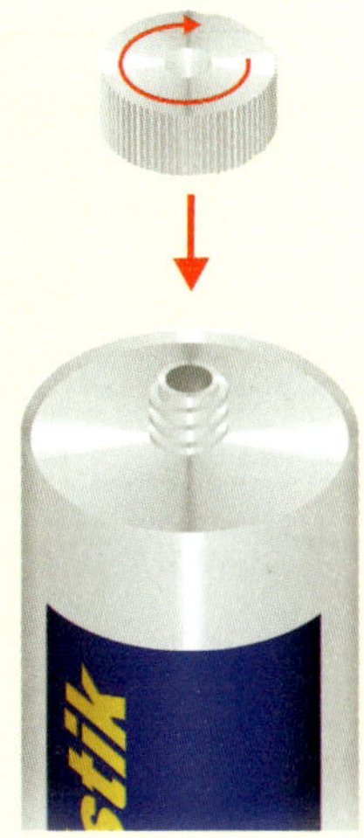

Silikon- und andere Kartuschen sollten besser mit einem Schraubverschluss, wie man ihn teilweise bei Senftuben findet, geliefert werden. (Sika wurde bereits von mir angesprochen.) Dann könnte man die Kartusche mit dem integrierten Dorn am Schraubverschluss ohne Verschmutzung von weiterem Werkzeug vollkommen öffnen (sofern er durch eine Aluminiumfolie verschlossen ist), bevor man die Spritzdüse aufsetzt. Außerdem könnte man angebrochene Kartuschen länger lagern. Ich verwende einen passenden Verschluss von Henkel Ponal Duo. Das Material in der Spritztülle ist in jedem Fall verloren, da die Spitze von vorne her austrocknet und man sie nach hinten herausziehend reinigen muss (very messy). Ich nehme die Spritztülle nach Gebrauch sofort ab und verschließe die Kartusche mit etwas überstehendem Kartuschenmaterial durch den Schraubverschluss. Lasse ich die Spritzdüse vollkommen austrocknen, kann ich sie leicht durch Herausziehen des Pfropfens freibekommen.

Mischen

Ein Palstek-Leser-Tipp von Jörg Hobler

Zu dem Thema „Wie werden Zwei-Komponentenharze, Dicht- und Klebstoffe im richtigen Verhältnis zueinander abgemessen" wurde wahrscheinlich schon einiges geschrieben. Dennoch ein Tipp, der sich in der Praxis sehr bewährt hat: Ich benutze zum Abmessen der einzelnen Komponenten kleine Schnapsbecher aus durchsichtigem Kunststoff. Diese sind auch für kleinere Mengen, von zum Beispiel Epoxidharz, fantastisch geeignet, selbst wenn man zwei Teile Harz und einen Teil Härter abmessen muss.

Diese Schnapsbecher sind leicht, einfach zu verstauen und im Großhandel oder beim Getränkehändler für ganz wenig Geld zu bekommen. Nach ihrer Benutzung können sie problemlos dem Verwertungssystem zugeführt werden.

Die halbe Füllhöhe ist dann besonders wichtig, wenn Sie mit Zuschlagstoffen arbeiten, denn die müssen untergerührt werden und brauchen Platz. Kleine Mengen anzurühren hat auch noch den Vorteil, dass Sie wahrscheinlich nichts wegwerfen müssen. Reicht die vorbereitete Menge nicht aus, rühren Sie einen neuen Becher an. Haben Sie zu viel angerührt, können Sie die Menge vielleicht nicht in der zur Verfügung stehenden Topfzeit verarbeiten, und das Harz wird im Becher heiß und hart.

Zum Umrühren brauchen Sie Holzstäbchen. Auch diese können Sie - Sie werden es ahnen – beim Harzvertreiber erstehen, was wiederum Geld kostet. Wenn Sie mit Holz arbeiten, bietet es sich immer wieder an, aus Abfallstücken Stäbchen von 10 bis 20 Zentimetern Länge zu schneiden. In meiner Werkstatt habe ich eine alte Kaffeedose mit der Aufschrift „Stäbchen", in der ich sie aufbewahre. So steht mir immer ein Vorrat zur Verfügung.

Vielleicht arbeiten Sie aber nicht so viel mit Holz und gehen dafür häufiger zu McDonald's oder ähnlichen Nahrungsaufnahmeeinrichtungen. Außer Hamburgern, die aber in diesem Zusammenhang irrelevant sind, gibt es dort Kaffee und zum Umrühren Holzstäbchen, die sich ganz hervorragend zum Umrühren von Harz eignen.

Zum Kleben muss man das Harz andicken. Auch dazu bietet die diensteifrige Industrie alle möglichen Produkte an, auf die Sie jedoch gerne verzichten können. Es kommt dabei darauf an, das Harz durch Zugabe von allerlei Pulver zu einem mehr oder minder zähen Brei zu verdicken, damit das Zeug wirklich dort bleibt, wo man es hinschmiert.

Arbeiten Sie gelegentlich mit einem Schwingschleifer oder gar einem Bandschleifer mit einem Auffangsack für den Staub, haben Sie das Problem schon gelöst. Mit diesem Staub haben Sie ein hervorragendes Mittel zum Andicken von Harz. Es lässt sich gut dosieren, steht je nach geschliffenem Holz in unterschiedlichen Farben zur Verfügung und ist mehlartig fein, sodass Sie sehr glatte Leimnähte zustande bringen können, die wenig Nachschleifen erfordern. Produzieren Sie selbst keinen Staub, können Sie sicherlich ein Eimerchen davon in der nächsten Tischlerei bekommen. Fragen Sie nur.

Kartuschenverschluss mit Silikon

Ein Palstek-Leser-Tipp von Ralf Will

Um das Aushärten von Dichtmassen in geöffneten Kartuschen zu verhindern, nehme ich ein circa fünf Zentimeter langes Stück Silikonschlauch aus dem Modellbauzubehör (in vielen Durchmessern als Kraftstoff- oder Auspuffschlauch erhältlich), verschließe es entweder an einer Seite mit einem Stopfen (zum Beispiel einer Schraube) oder knicke es am Ende um. Den Verschluss fixiere ich mit einigen Schlägen Garn und schiebe das offene Ende des Schlauches über die Kartuschenspitze. Durch die Elastizität des Silikonschlauchs wird der Kartuscheninhalt luftdicht verschlossen. Dieser Verschluss ist mehrfach verwendbar, bleibt außen sauber und kann nach dem Abnehmen abgelegt werden, ohne den Untergrund zu verschmutzen. Wegen der leichten Handhabung lässt sich der Verschluss schnell anbringen und wieder entfernen, sodass ich ihn auch bei kurzen Arbeitspausen verwende. Dadurch ist gewährleistet, dass ich danach weiterarbeiten kann, ohne dass sich auf dem Inhalt in der Kanülenspitze bereits eine Haut gebildet hat.

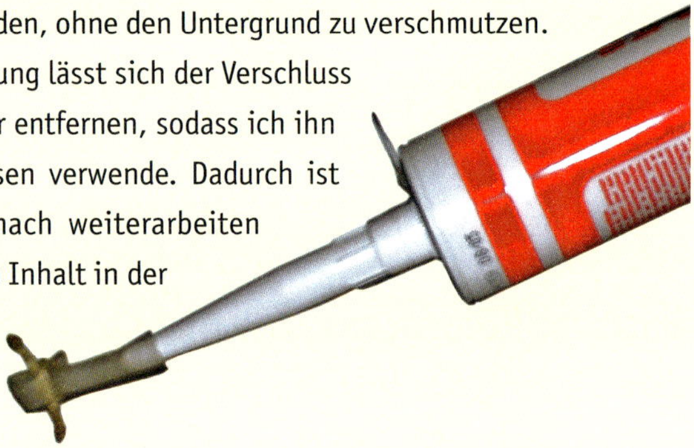

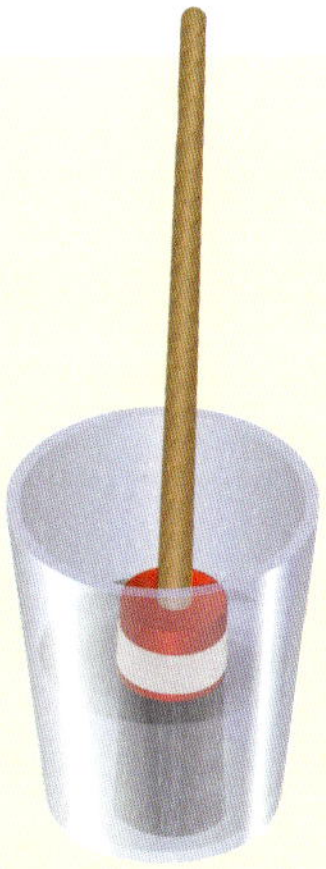

Eingelegte Pinsel

Ein Palstek-Leser-Tipp von Christian Burghardt

Ich stelle gebrauchte Pinsel in ein Glas mit Wasser, dem ich ein paar Tropfen Öl beigegeben habe. Dadurch kann das Wasser nur sehr langsam verdunsten, und die Pinsel bleiben länger „frisch“.

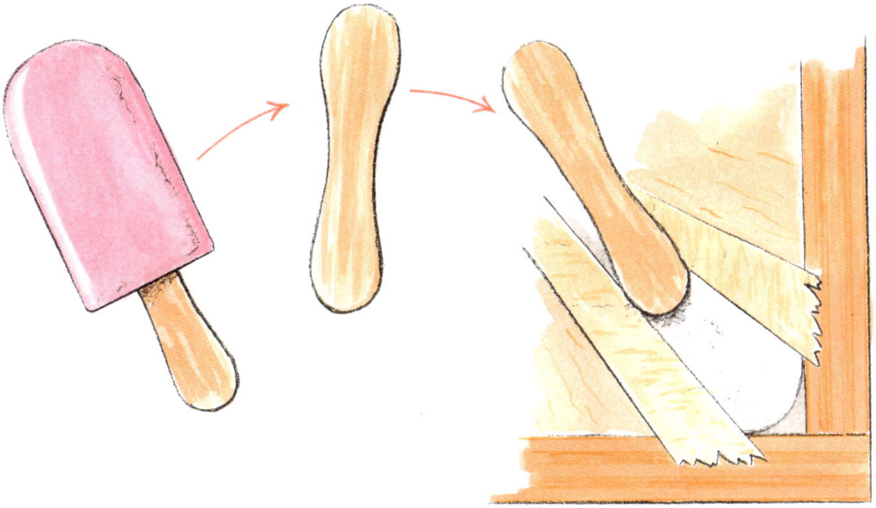

Bevor Sie zwei Holzteile miteinander verleimen, sollten Sie sie vorbehandeln. Eine Möglichkeit besteht darin, die Flächen mit der Harzmischung ohne Zuschlagstoffe einzustreichen, damit das flüssige Material tief ins Holz eindringt und eine optimale Basis für den eigentlichen Kleber bietet. Ein anderes Mittel ist G4, das ich gerne beim Namen nenne, weil ich von dessen Qualität überzeugt bin. Alle Stirnflächen von Holz und alle T-Verbindungen sollten Sie mit Hohlkehlen versehen, die nicht nur das Holz versiegeln, sondern auch für zusätzliche Steifigkeit sorgen. Für Hohlkehlen brauchen Sie gerundete Hölzer, die Sie natürlich auch, na ja Sie wissen schon ....

Haben Sie Kinder, die gerne Eis essen, oder schlecken Sie selbst gelegentlich ein Eis am Stiel? Sehen Sie, genau da steckt das drin, was Sie brauchen. Gerundete Eisstäbchen sind für Hohlkehlen recht gut geeignet. Gehen Sie mal am Strand entlang oder im Park, wo Eis verkauft wird, und Sie brauchen sich nur noch zu bücken. Diese Mühe müssen Sie allerdings auf sich nehmen. In einer halben Stunde haben sie genügend Eisstiele, um alle möglichen Hohlkehlen an Ihrem Schiff zu spachteln.

Der Nachteil ist nur, dass der Radius immer gleich groß ist. Doch auch hier ist kostenlose Abhilfe nahe. Werfen Sie alte Kreditkarten oder Ausweise für Supermarktketten oder Versicherungen nicht weg. Immer mehr Firmen gehen

Essig gegen Epoxidharz

Ein Palstek-Leser-Tipp von Achim Wiehenkel

Es geht um einen Ersatz für das extrem ungesunde und umweltschädigende Lösemittel Aceton bei der Verwendung als Reiniger für Epoxidharzprodukte. Dies bezieht sich ausschließlich auf die Reinigung von Haut oder Arbeitsgeräten und nicht auf die Verwendung als Verdünnung für Harze oder Lacke. Der Ersatzstoff heißt mit vollständigem Namen „Speiseessig, weiß, circa sechs Prozent Säuregehalt". Dieser funktioniert ebenso einfach wie gesund: Die Säure bricht die Moleküle im ungehärteten Harz zu 99,99 Prozent auf, statt es, wie Aceton, nur immer weiter zu verdünnen. Es entsteht eine wässrige, milchige Lösung. Selbst Pinsel und Walzen, deren Säuberung sonst Unmengen Aceton erfordert, sind äußerst lange brauchbar. Besonders gefährlich ist die Reinigung der Haut mit Aceton, da es als flüchtiger Stoff schnell zusammen mit dem hochverdünnten Harz aufgenommen wird. Einmal im Körper, löst es die Nervenbahnen an, die in einer Fettschicht eingebettet sind. Bleibende Schäden am Nervensystem durch diese Lösemittel sind als Berufskrankheit anerkannt. Essig greift das Nervensystem nicht an und verflüchtigt sich auch nicht aus offenen Behältern. Essig funktioniert nicht nur mit purem Harz, sondern auch mit Epoxidprimern. Der Preisvorteil von Essig spricht natürlich auch für die Verwendung!

dazu über, den Verbraucher mit Plastikkarten einzudecken, die man häufig gar nicht braucht, die aber zum Verarbeiten von Harz perfekt sind.

Einerseits sind sie steif genug, um sie gut handhaben zu können, andererseits lassen sie sich gut mit einer kräftigen Schere schneiden, sodass Sie sich ziemlich jeden Radius zuschneiden können, den Sie brauchen. Dazu kommt, dass das ausgetrocknete Harz von den glatten Karten leicht wieder entfernt werden kann, man kann sie also mehrfach benutzen, um gleich große Kehlen herzustellen. Ganz saubere Radien in Hohlkehlen erzeugen Sie auch mit rohen Kartoffeln, die entsprechend zugeschnitzt wurden.

Noch ein Hinweis im Zusammenhang mit Hohlkehlen. Kleben Sie beidseitig der geplanten Kehle das Holz oder die Oberfläche mit Kreppband ab. Damit erreichen Sie eine saubere und gleichmäßig breite Kehle und müssen nicht überschüssiges Harz mühsam wegschleifen, was ohnehin ungünstig ist, weil das ausgehärtete Harz meistens härter ist als das umgebende Holz und es sich deshalb kaum vermeiden lässt, dass Sie hässliche Vertiefungen erzeugen.

Achten Sie aber darauf, die Klebestreifen rechtzeitig wieder abzuziehen, nämlich solange das Harz noch etwas weich ist. Ansonsten passiert es Ihnen, dass Sie die Klebestreifen nicht vollständig entfernen können, was sehr unschön aussieht.

Patente Epoxidharzdosierung

Ein Palstek-Leser-Tipp von Peter Walter

Ich habe immer das Problem, das rechte Mischverhältnis zwischen Harz und Härter zu finden. Auch der Tipp mit den Filmdosen aus dem PALSTEK erwies sich als ziemlich klebrig und ungenau. Eine äußerst preiswerte Variante habe ich vor Kurzem in die Tat umgesetzt: Seit einigen Jahren gibt es die Flüssigseifen im Haushalt nur noch in Spenderflaschen, also mit dem praktischen Pumpverschluss. Die Konsistenz der Flüssigseife kommt der von Harz und Härter sehr nahe. Zwei dieser Flaschen werden mit Harz und Härter gefüllt, und schon ist man mittels der Pumpen in der Lage, auch kleinste Mengen im richtigen Verhältnis ohne große Umstände anzumischen. Die Spenderflaschen sind praktisch kostenlos, die Pumpen lassen sich in der Regel mittels Drehen sogar verschließen.

Pinselreinigung

Ein Palstek-Leser-Tipp von Jürgen Sandkuhl

Pinsel für immer dieselbe Farbe bewahrt man in kleinen Gläsern mit etwas Verdünnung auf. Der Stiel wird im Deckelloch mit einer Wäscheklammer gehalten, damit die Borsten unten nicht aufstoßen. Die Verdünnung verfliegt nicht, wenn man um den Pinselstiel etwas dauerelastische Knetmasse legt.

Wenn man aber einen Pinsel richtig reinigen möchte, kann man diesen erst in Verdünnung auswaschen und dann mit einem teuren Pinselreiniger, der die Restfarbe wasserlöslich macht, sauber auswaschen. Anstatt des Pinselreinigers kann man aber auch ein viel billigeres Handwaschmittel für den Werkstatteinsatz ohne Sand und ohne Sägespan-Beimischung verwenden. Diese Mittel machen, wie der Pinselreiniger, Fette und Farben wasserlöslich. Den Pinsel nach der Vorreinigung dort eintauchen, etwas durchwalken, und dann unter dem Wasserstrahl auswaschen; er wird genauso sauber, nur ist es eben sehr viel billiger.

Achten Sie bei der Arbeit mit Harz auf die Außentemperatur. Auf den Packungen lesen Sie häufig Angaben über die Topfzeit bei 20 Grad Celsius. Ist es wärmer, tritt die Topfzeit früher ein, ist es kälter, entsprechend später. Der Begriff Topfzeit bezeichnet den Zeitraum zwischen dem Anmischen der beiden Komponenten bis zur Reaktion, also bis zu dem Zeitpunkt, an dem das Harz nicht mehr aus dem „Topf" genommen und verarbeitet werden kann.

Vermeiden Sie es aber unbedingt, bei Temperaturen von unter 12 Grad Celsius zu arbeiten. Man könnte sich damit abfinden, dass die chemische Reaktion eben sehr langsam abläuft, das Problem ist indessen, dass bei diesen Temperaturen überhaupt keine verlässliche Reaktion mehr stattfindet. Das heißt, Sie vergeuden teure Komponenten und haben obendrein auch noch die Mühe, das schmierige Zeug wieder zu entfernen, bevor Sie einen neuen Versuch starten können. Auch hier gilt, fangen Sie rechtzeitig an, damit Ihnen nicht die kühle Witterung einen Strich durch die zeitliche Rechnung macht.

Sind die zu verarbeitenden Teile nicht allzu groß, bietet sich noch Hilfe an: Vielleicht haben Sie in Ihrer Werkstatt- oder Garagenausstattung einen Halogenstrahler. Diese Lichtquellen produzieren nicht nur Helligkeit, sondern auch erhebliche Temperaturen. Wenn Sie einen solchen Strahler an geeigneter Stelle anbringen, wird die erforderliche Temperatur sicherlich erreicht, damit die Harzmischung ordentlich reagieren und härten kann.

Anker, Ankern und manches, was damit zusammenhängt

Ich ankere gerne, und zwar nicht nur dann, wenn der Hafen voll ist und ich selbst mit meinem kleinen Boot kein Plätzchen mehr finde, sondern aus freien Stücken. Ich liebe es wenn die Sonne untergeht, vorher noch kurz über Bord zu springen, um etwas zu schwimmen, sich den Eindrücken der Nacht hinzugeben und vielleicht etwas früher als sonst aufzustehen, um den beginnenden Tag zu erleben.

Doch nicht immer verläuft eine Nacht vor Anker so harmonisch. Plötzlich aufkommender starker Wind und entsprechender Wellengang können die Nachtruhe empfindlich stören, und deshalb ist die Suche nach einem möglichst geschützten Ankerplatz sinnvoll investierte Zeit.

Ich habe mir auch angewöhnt, grundsätzlich zwei Anker auszubringen, nicht an Bug und Heck, sondern beide am Bug, und zwar in einem Winkel von etwa 60 Grad. Sollte einer nicht halten oder ausbrechen, ist die Wahrscheinlichkeit sehr gering, dass der andere auch nicht hält. Der Aufwand ist gering, und man schläft wirklich ruhiger. Für wichtig halte ich dabei, dass es sich um zwei unterschiedliche Anker handelt, womit den meisten Ankergründen Rechnung getragen werden kann.

Ein Anker sollte unter allen Umständen sofort und durch jedermann einsatzbereit sein. Das heißt, er muss klar liegen, darf nicht durch Segel, Beiboot, Leinen oder was auch immer abgedeckt sein, und seine Sicherung mittels Splint oder Bändsel muss sich einfach lösen lassen. Mit solch einer Anordnung können Sie den meisten Gefahren vor einer Untiefe oder am Ufer begegnen, indem Sie das Schiff rasch zum Stehen bringen. Hat der Anker gefasst, können Sie in Ruhe daran gehen, Probleme zu suchen und sie zu beheben.

Vor ein paar Jahren segelten wir den Peenestrom abwärts, schafften es aber nicht, um die Ecke nach Wolgast zu kommen: Der Wind blies genau von vorne, zum Kreuzen ist das Fahrwasser zu eng und mein Motor war gegen die Wellen zu schwach. Also liefen wir halb gerefft mit rauschender Fahrt nach Norden Richtung Krummin.

Kurz vor der Einfahrt in den mir unbekannten Hafen bargen wir die Segel und starteten den Außenborder, dessen Schraube nach einigen Metern eine Plastiktüte fraß. Der Motor starb ab, und wir trieben ab. Hätten wir nicht sofort den Anker werfen können, wären wir aufgelaufen.

Welche Art von Anker Sie fahren, hängt von einer ganzen Reihe von Faktoren ab: Ihrer bisherigen Erfahrung mit dem einen oder anderen Typen, Ihrem bevorzugten Revier mit den dort vorherrschenden Gründen, den Platzverhältnissen an Bord und vielen anderen.

Ich fahre als Hauptanker einen verzinkten Plattenanker von sieben Kilogramm und als zweiten einen selbst geschweißten Pflugscharanker aus Edelstahl von etwa fünf Kilogramm. Diese Kombination hat mich noch nie im Stich gelassen.

Faltanker im Rohr

Ein Palstek-Leser-Tipp von Detlef Mudrack

Faltanker haben die schlechte Angewohnheit, sich dann an Bord zu öffnen, wenn es unpassend ist. Besonders beim Tragen über Deck neigen sie dazu, sich versehentlich zu öffnen und das Stauen zu behindern. Also fuhr ich zu einem Baustofffachhandel und besorgte mir ein Kunststoffabflussrohr, in das der Anker im zusammengeklappten Zustand hineinpasste. Dazu einen Deckel, um eine Seite des Rohres zu schließen. Auf der offenen Seite bohrte ich zwei Löcher, die sich gegenüberliegen. Befindet sich der Anker im Rohr, ziehe ich eine Leine durch die Löcher und den Ankerring, der damit sicher im Rohr gehalten wird. Das Rohr mit dem Anker kann dann an einer geeigneten Stelle an Deck gelascht werden.

Schotwinsch als Ankerwinde

Ein Palstek-Leser-Tipp von Ulrich Thünken

Bis zum vorigen Jahr war meine elektrische Ankerwinde auf dem Vordeck montiert. Sie funktionierte gut, hatte aber den Nachteil, dass das Anker-auf-Manöver nicht vom Ruder aus gefahren werden konnte. Der Schalter war als Fußschalter ausgeführt, und der Einlauf der Kette in den Ankerkasten neigte dazu, jeweils nach einigen Metern Kette zu verstopfen, sodass mit der Hand nachgeholfen werden musste.
Nach einem Ausfall der Winde stellte sich heraus, dass diese so sehr von Korrosion angegriffen war, dass sich eine Reparatur nicht mehr gelohnt hätte. Anstatt dann mehrere tausend Euro für eine neue Winde auszugeben, fing ich erst einmal an, ein wenig zu experimentieren. Die Ankerbedienung sollte auch vom Ruder aus möglich und zum Einhandsegeln geeignet sein. Dazu ersetzte ich zunächst die vorhandenen 50 Meter Kette durch eine elastische Ankertrosse von 60 Metern Länge mit einem Neun-Meter-Kettenvorlauf.
In Höhe der Wanten montierte ich einen Klappblock zur Führung der Trosse ins Cockpit. Dort führte ich die Trosse auf die selbstholende Genuawinsch und befestigte das Ende an einem starken Auge im Cockpit. Das Aufholen des Ankers erfolgt nun ohne Betreten des Vorschiffs, da der Anker über die Winsch geholt wird. Die mit der Winsch erzeugte Kraft reicht mehr als aus, um den Anker auszubrechen.
Noch einfacher wird es, wenn ich unter Motor dem Anker langsam entgegenfahre – dann lässt sich die Trosse sogar ohne Einsatz der Winsch einholen. Der Kettenvorlauf kann zwar nur bis zum Klappblock gezogen werden, dann ist der Anker aber auf jeden Fall ausgebrochen, sodass er anschließend in Fahrt unter Motor oder Segel in aller Ruhe eingeholt und gestaut werden kann. Der Kettenvorlauf wird dann in der vorhandenen Öffnung im Ankerkasten gestaut, an Deck bleibt nur die Trosse.
Diese Anordnung hat sich bisher auch einhand voll bewährt. Die sehr elastische Trosse mit dem Kettenvorlauf hielt bei Wind, Strom und Wellen das Boot mindestens ebenso gut wie die alte Anlage.
Die Anschaffung einer teuren Ankerwinde habe ich mir erspart, und die geplante Umstellung auf eine Elektrogenuawinsch habe ich aufgegeben, als ich festgestellt habe, wie leicht das Aufholen unter Motorhilfe vor sich geht. Ein weiterer Vorteil dieses Systems besteht darin, dass ich durch den Wegfall von 40 Meter Kette und der schweren Ankerwinde im Bugbereich etwa 100 Kilogramm Gewicht spare – was sich beim Segeln in der Welle sehr positiv bemerkbar macht.

Auf kleinen Booten ist es aus Gründen der Gewichtsverteilung ungünstig und unnütz, einen riesigen Anker plus eine dicke Kette ganz vorne zu fahren. Wenn Sie nur einen Anker fahren möchten, orientieren Sie sich zur Bestimmung des Gewichts an den Empfehlungen der Kreuzer Abteilung im Deutschen Segler Verband (DSV), des Kreuzer Yacht Club Deutschland und ähnlicher Organisationen, deren Empfehlungen denen des Germanischen Lloyd weitgehend entsprechen.

Den Anker fahren Sie mit einer Leine und acht bis zehn Meter langem Kettenvorlauf, der eine Gliederstärke von sechs Millimetern haben sollte. Folgen Sie meiner Zwei-Anker-Konfiguration, empfehle ich für den zweiten Anker eine passende Leine mit einem Reitgewicht, das Sie problemlos selbst herstellen können, wie ich später zeigen werde.

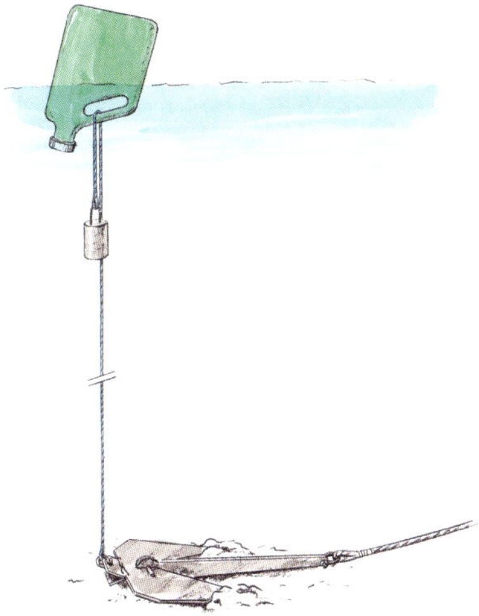

Außerordentlich nützlich ist eine Trippleine. Sie zeigt die Lage eines Ankers an. Dazu benötigen Sie einen auffälligen Schwimmkörper, wie etwa einen kleinen Fender oder einen Wein- oder Spülmittelkanister aus Plastik, den Sie rot ansprühen können. Durch die Öse oder den Handgriff führen Sie eine Leine, die etwas länger ist als die angenommene Wassertiefe, vielleicht das Eineinhalbfache. An ein Ende knoten Sie ein Gewicht und an das andere den Anker.

Vielleicht liegt ja auch noch irgendwo ein kleiner Block bei Ihnen herum, durch den Sie die Leine führen können; sie läuft dann leichter. Auf diese Weise steht der Fender immer genau über dem Anker und andere Segler können darauf Rücksicht nehmen.

Wählen Sie die Trippleine nicht zu schwach, denn es könnte ja sein, dass sich Ihr Anker unglücklicherweise hinter einem Felsen, Baumstamm oder sonstigem Hindernis verhakt hat und Sie ihn in Zugrichtung der Ankerleine nicht bergen können. Häufig bekommt man ihn aber frei, wenn man versucht, ihn mit der Trippleine in die entgegengesetzte Richtung zu ziehen.

Klappbare Badeleiter

Ein Palstek-Leser-Tipp von Werner Axmacher

Da ich des Öfteren mit meinem Boot alleine unterwegs bin, möchte ich gerne die Badeleiter vom Wasser aus herunterklappen können, um im Notfall zurück an Bord zu kommen.
Andererseits soll sie nicht von alleine abklappen. Dieses Problem habe ich mit einem Haken gelöst, der nach unten offen ist. Die Badeleiter wird nun mit einem Gummistropp dort eingehängt, die Funktionsweise erklärt sich von selbst.

Haken abwärts: die sichere Verbindung zum einfachen Lösen

Bleitauvorläufer für Anker

Ein Palstek-Leser-Tipp von Chrischan Jürgens

Als vor zwei Jahren meine 40 Jahre alte Ankerwinde im Frühjahr ihren Geist aufgab und ein Ersatz nicht sofort zu beschaffen war, habe ich mir mit viel Skepsis einen Bull-Dog-Aluminium-Anker gekauft. Eine Kette direkt am Anker macht bei Manöver ohne Winde viel rückgratbelastende Mühe, viel Geklöter und Schrammen auf Deck. Seit zwanzig Jahren fahre ich daher einen Fünf-Meter-Tauvorläufer zwischen Anker und Kette. Für den Aluminium-Anker habe ich nun ein circa ein Meter langes Bleirohr in Zehn-Zentimeter-Stücke geschnitten, auf den Tauvorläufer aufgezogen und festgebändselt. Das Gesamtgewicht entspricht dem von fünf Metern Acht-Millimeter-Kette. Bei Bedarf – insbesondere über Nacht – kommen hinter dem Vorläufer noch zehn Meter Kette. Der Bull Dog hält aufgrund seiner riesigen scharfen Flunken ausgezeichnet in Sand und Schlick. Im Seegras hat er seine Schwächen. Jetzt kann ich ohne besondere Belastung meiner Bandscheibe und des Vordecks nach einem gesunden Schlaf auf meinem Zehn-Meter-Schiff Ankermanöver auch von Hand und einhand durchführen.

Auf einem kleinen Boot ist es mitunter ein arges Problem, den Anker so unterzubringen, wie ich es oben beschrieben habe, denn kleine Kreuzer haben meistens keinen Ankerkasten und keine Kettenlast. Eine sehr günstige Lösung besteht darin, sich einen Bugbeschlag zuzulegen mit einer Rolle aus Kunststoff und einer Sicherung, in der der Anker klar zum Fallen liegt.
Wenn Sie neben Ihrem vorhandenen Bugbeschlag auf einer Seite noch etwas Platz haben, können Sie eine derartige Vorrichtung leicht selbst bauen. Was Sie brauchen, ist ein U-Profil aus Edelstahl von vielleicht vier mal sechs mal vier Zentimetern, 40 Zentimetern Länge und drei Millimetern Wandstärke, je nachdem, welche Ausmaße Ihr Anker hat. Am vorderen Ende schweißen Sie außen zwei Ohren nach oben an, bohren Löcher von acht Millimeter durch und setzen eine Eieruhr-förmige Kunststoffrolle dazwischen.
Wichtig ist, dass Sie einen VA-Bügel über der Rolle anbringen, damit die Leine nicht rausspringen kann, wenn sich das Boot vor Anker stark bewegt. Die U-Schiene schrauben Sie dann auf das Deck, nachdem Sie unter Deck großflächige Verstärkungen angebracht haben. Sie sollte so weit überstehen, dass der Anker im geborgenen Zustand keinen Schaden an der Bordwand anrichten kann.
Sollte Ihnen gerade kein passendes U-Profil über den Weg laufen, tun es auch zwei Stücke Winkeleisen, wobei ich in diesem Fall die beiden senkrechten Flächen zueinander stellen würde, um den Schraubenabstand groß zu halten.
Nun ist der Anker untergebracht, aber noch nicht die Kette beziehungsweise die Leine. Wenn Sie den Anker so unterbringen wie oben beschrieben, schweißen Sie sich einen runden, ovalen, trapezförmigen oder quadratischen Kasten aus dünnem VA-Blech, wobei zumindest der Boden eine Menge Löcher haben sollte, damit kein Wasser drin stehen bleibt. Diese Konstruktion setzt dann aber voraus, dass zwischen Deck und Leinenkasten ein kleiner Zwischenraum bleibt, durch den das Wasser ablaufen kann.
Bei einer Konstruktion ohne Schweißen bauen Sie die Seitenwände aus Holz, was sicherlich auch sehr schiffig aussieht. Das Ganze ist auch nicht sehr hoch, mehr als fünf Zentimeter werden die Seitenteile kaum haben. Möglicherweise wollen Sie keinen Zwischenraum unter Ihrem Kasten, dann schrauben oder

Festmachen an Bojen

Ein Palstek-Leser-Tipp von Dr. C. Hoffmann

Ganz egal, ob und welchen Leineneinfädler Sie benutzen, ob Sie mit dem Bootshaken versuchen, die Boje zu fangen oder ob Sie an Deck liegen, um die Leine durch das Auge auf der Boje zu stecken – Sie müssen an die Boje, und die muss möglichst stillhalten. Meistens kein Problem, aber bei mehr Wind oder gar bei Wind und Strom nicht unbedingt einfach. Wenn es so gar nicht klappen will, mache ich Folgendes: Ich befestige eine Leine an einer der vorderen Festmacherklampen, führe sie außenbords um den Bug und belege das andere Ende an der anderen Klampe. So erhalte ich eine zwei bis drei Meter lange Bucht (bei ganz widrigen Bedingungen auch länger), die ich beim Näherkommen vom Bug aus einfach über die ganze Boje werfe und diese damit schön still unter den Bug oder auch längsseits hole. Auch ohne Leineneinfädler lässt sich nun die Festmacherleine problemlos an der Boje befestigen.

leimen Sie nur die Seitenwände aufs Deck, wobei ich an der tiefsten Seite genügend viele und genügend große Löcher für den Wasserablauf anbringen würde.

Wenn der eingangs beschriebene Ankerbeschlag bei Ihrem Schiff keine günstige Lösung darstellt, formen Sie doch den Leinenkasten entsprechend Ihrem Anker. Leine und Kette liegen sauber aufgeschossen in dem Kasten und der Anker liegt oben drauf. In diesem Fall müssen Sie aber auch zumindest eine gesicherte Rolle anbringen, durch die die Ankerleine läuft.

Unter Umständen tut es auch eine offene Leinenführung mit seitlich versetzten Schenkeln, wie ich sie im Kapitel „Nützliche Dinge aus Edelstahl" beschreibe, allerdings ist die Reibung größer.

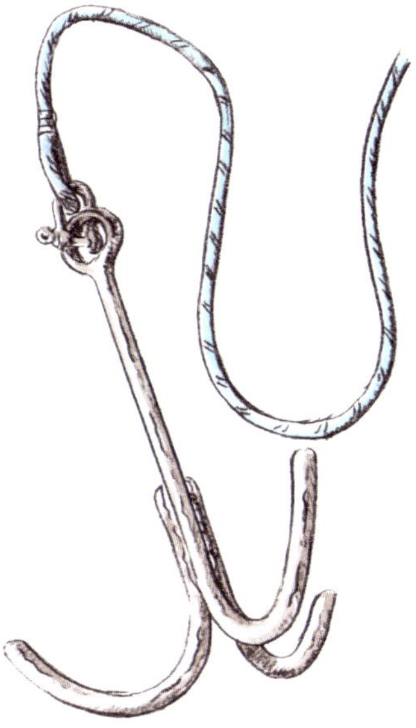

Ist auf Ihrem Schiff ein geschlossener Bugkorb vorhanden und Ihr Anker liegt auf der Leine, müssen Sie ihn über den Bugkorb heben, damit er klar zum Werfen liegt. Schützen Sie diese Stelle mit einem Stück aufgeschlitztem Kunststoffschlauch, das Sie festkleben oder mit Kabelbindern am Verrutschen hindern.

Was glauben Sie, wie viele Anker jedes Jahr verloren gehen, weil Leine oder Kette am Boot nicht festgemacht sind!? Vermeiden Sie diesen Ärger und belegen Sie die Leine ständig an einem wirklich festen Punkt an Bord. Bei mir ist es ein stabiler Kreuzpoller, der zwischen Leinenkasten und Leinenführung mit dem Deck verbolzt ist und auf dessen Grundplatte ich einen ebenso stabilen Ring geschweißt habe. An diesen ist die Ankerleine permanent angeschäkelt und wird auf dem Kreuzpoller belegt.

Auf vielen Booten sieht man Klappanker in den unterschiedlichsten Größen. Häufig werden sie in der Nähe des Hecks aufbewahrt und fristen unter jeder Menge Backskisteninhalt ein trauriges Dasein. Aber auch sie sollten eigentlich jederzeit einsetzbar sein.

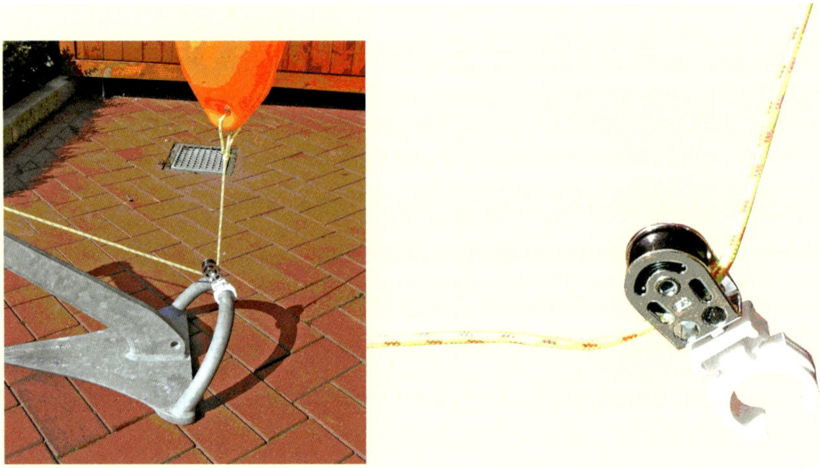

Ankerboje mit Auslösung

Ein Palstek-Leser-Tipp von Ansgar Düker

Jeder Ankerlieger sollte, um anderen Seglern die Position des Ankers zu zeigen, eine Ankerboje verwenden. Damit sich die Leine der Ankerboje an die entsprechende Wassertiefe anpasst, gibt es verschiedene Methoden und Vorrichtungen. Alle haben jedoch den Nachteil, dass mit dem Aufholen des Ankers gleichzeitig zusätzliche Leinen, Gurte und Gerätschaften mit eingeholt werden müssen und sich diese Dinge mit dem Ankergeschirr vertörnen oder in den laufenden Schiffspropeller kommen können. Wer einhand und bei auflandigem Wind ankert, benötigt hierzu eine effektive Methode.

An meinen Bügelanker habe ich daher einen Block mit einer elastischen Klemme aus Kunststoff aufgeklippt, die aus dem Baumarkt stammt und für die Installation von Rohren eingesetzt wird. Beim Ausbringen des Ankers wird zeitgleich die Ankerboje mit ihrer dünnen, nicht schwimmfähigen Leine ausgebracht. Dies funktioniert sehr einfach. Nachdem der Anker gefasst hat und das Boot vor Anker liegt, kann ich mithilfe der Leine die Wassertiefe ausgleichen, sodass die Boje schön über dem Anker schwimmt.

Bevor ich dann den Anker wieder einhole, ziehe ich die Ankerboje bis zum Block unter Wasser und löse mit einem kräftigen Zug die elastische Klemme vom Anker. Die Ankerboje, der Block und die Leine lassen sich nun separat einholen, ohne den Anker und dessen Geschirr zu lösen. Bei „Anker auf" muss ich mich dann nur noch um den Anker kümmern und mit keinen zusätzlichen Leinen hantieren.

Eine Möglichkeit, diesen Zweck zu erreichen, besteht darin, den Anker am Heckkorb zu stauen. Besorgen Sie sich dafür bei einem Bauunternehmer ein Stück 100er HT-Rohr oder KG-Rohr mit dem dazu passenden Endstück. Kürzen Sie es so, dass das dicke Ende des Ankers noch oben herausschaut. Bohren Sie in den eingesetzten Boden einige Löcher und schneiden oder bohren Sie seitlich jeweils zwei Schlitze übereinander nahe dem Rand. Durch diese führen Sie zwei Edelstahlschlauchklemmen, die dann an einer senkrechten Strebe des Heckkorbs befestigt werden. Den Boden sichern Sie mit zwei Schrauben.
Damit der Faltdraggen nicht geklaut wird, wenn das Boot einladend längsseits am Kai liegt, können Sie ihn samt der Leine unter Deck verstauen. Schießen Sie deshalb die Leine in passenden Buchten auf und halten Sie die Buchten mit einem Gummistropp oder Zeising mit Slipstek zusammen, mit der sie auch am Heckkorb oben festgemacht ist. So ist der Anker stets einsatzbereit. Vergessen Sie aber auch hier nicht, die Ankerleine zu belegen; ein großer Karabinerhaken aus nicht rostendem Stahl könnte hier hilfreich sein.
Schließlich möchte ich noch ein Wort zur rechtlichen Seite des Ankerns nachschieben. Ankern Sie bei Tag, setzen Sie Ihren Ankerball, ankern Sie bei Nacht, vergessen Sie Ihr Ankerlicht nicht. Versäumen Sie es, gefährden Sie sich selbst unter Umständen, wie ich es vor einigen Jahren an der kroatischen Küste erlebt habe. Die Crew ankerte am Abend und fuhr mit dem Beiboot zum Essen, ohne dass das Ankerlicht eingeschaltet wurde. Die Nacht war stockfinster, und plötzlich gab es einen hässlichen Krach, als ein einheimisches Fischerboot die unbeleuchtete Yacht rammte. Der Schaden war erheblich.
Vorschriftsmäßiges Verhalten schont auch Ihren Geldbeutel. Immer wieder hört man, dass die Wasserschutzpolizei fehlende Ankerlichter beziehungsweise Ankerbälle beanstandet, was in der Regel mit einer kostenpflichtigen Verwarnung verbunden ist.

Heizaufsatz für Kocher

Ein Palstek-Leser-Tipp von Jochen Melzian

Für einen Heizaufsatz reicht ein schlichter Blumentopf aus Ton, den man einfach falsch herum auf die Flamme stellt. Die Oberfläche des Blumentopfes strahlt die Hitze wunderbar ab. Er hat sogar serienmäßig einen Kamin – das Loch im Boden, durch das normalerweise überschüssiges Blumenwasser abläuft. Dieser Heizaufsatz ist überall und kostengünstig zu besorgen.

Lecker Toast

Ein Palstek-Leser-Tipp von Renate Schmidt

Auf unserem 7,5-Meter-Motorsegler haben wir mit allen bisher im Zubehörhandel gekauften Toastern keine befriedigenden Ergebnisse erzielt. Selbst durch die Benutzung von teuren Aufsätzen aus nicht rostendem Stahl für die Gasflamme krümelte die Kochmulde voll. Mit der Folge, dass es durch das Verbrennen der Krümel zu argen Geruchsbelästigungen kam. Nun habe ich ein ganz simples Verfahren herausgefunden: das Toasten in einer beschichteten Pfanne. Und das geht so: kurz mit großer Flamme den Pfannenboden erhitzen und dann auf kleine Flamme „zurückfahren“. Zwei Scheiben Toast in die Pfanne legen und – wenn der gewünschte Bräunungsgrad erreicht ist – wenden. Wenn die andere Seite auch braun genug ist, wird serviert. Es genügt, die Pfanne nach dem Toasten mit einem Stück Küchenpapier trocken auszuwischen. Bitte einfach einmal ausprobieren und mit dem eigenen Ofen an Bord die richtige Zeit herausfinden.

Kochen an Bord

Auch im Urlaub hat man nicht immer Lust oder Gelegenheit, im Lokal essen zu gehen, und deshalb ist der Gedanke an eine Kochgelegenheit an Bord nicht abwegig. In den meisten Fällen dürfte sich aufgrund des beengten Raumes eine fest installierte Pantry nicht verwirklichen lassen, es sei denn, man opfert ganz bewusst Raum dafür.

Wenn Sie daran denken, einen Kocher fest oder ausziehbar einzubauen, sollten Sie unbedingt dafür sorgen, dass über der Kochstelle eine zu öffnende Luke angebracht wird, durch die Feuchtigkeit und Geruch abziehen können. In einem Schiff unserer Größenordnung haben wir auch keine Stehhöhe, und so spielt sich die Kocherei im Sitzen ab. Bei einem eingebauten Kocher kann die damit verbundene verdrehte Sitzhaltung auf Dauer recht unbequem sein.

Betrachten wir die Sache mal aus einem anderen Blickwinkel: Wann wird auf einem kleinen Boot gekocht? Höchstwahrscheinlich nicht, wenn draußen das Meer braust und der Sturm heult und das Schiff rollt und schlingert. Meistens wird der Kocher aktiviert, wenn man mehr oder weniger beschaulich in einem Hafen oder vor Anker liegt und die Bedingungen ruhiger sind.

Das hat zur Folge, dass der Kocher nicht fest eingebaut sein muss, sondern dorthin gestellt werden kann, wo es im konkreten Fall gerade am günstigsten ist. Diese Überlegungen bedingen andererseits, dass Sie nicht mit Gas kochen, zumindest nicht mit einer Gasanlage, die einer Gasprüfung und -abnahme bedarf. Nach deutschen Vorschriften dürfen Sie auch nicht einen fest eingebauten Gasbrenner verwenden, wenn die Gasflasche drangeschraubt oder in der Kajüte gestaut ist.

Allerdings ist es möglich, einen Gaskocher mit Flasche zu verwenden, der nicht fest eingebaut ist. Die Campinggas-Kocher können hier eine brauchbare Lösung sein. Achten Sie unbedingt darauf, dass Sie einen Feuerlöscher an Bord haben, der erstens stets greifbar und zweitens auch in funktionsfähigem

Kochen im Seegang

Ein Palstek-Leser-Tipp von Ulrich Baier

Das Kochen auf Kleinkreuzern, Jollenkreuzern oder Wanderjollen stellt immer wieder ein Problem dar. Für fest eingebaute Kocher ist meist zu wenig Platz, die Schiffe schwanken selbst im Hafenschwell so stark, dass Kochen zur Glückssache wird. Seit einigen Jahren haben wir das Problem durch einen Kocher gelöst, der eigentlich als Biwakkocher für Bergsteiger entwickelt wurde. Der Markill Stormy lässt sich mit verschiedenen Gas- und Brennersystemen betreiben. Wir benutzen Campinggas-Kartuschen, da diese europaweit unproblematisch zu besorgen sind. Zur Montage wird der Kocher ohne Brenneraufsatz von unten durch den Windschutz gesteckt und wieder mit dem Brenner verschraubt. Am Windschutz lassen sich mit Karabinern drei Ketten anbringen, an deren Ende ein Haken befestigt ist. Der Topf wird nun in den Windschutz gesetzt und bei Bedarf mit einem Deckel verschlossen. Der Deckel kann mittels eines roten Spannrings fest und wasserdicht auf dem Topf befestigt werden, sodass auch bei stärkerem Schwell oder Wellengang nichts ausläuft. Den Haken am Ende der Ketten hängen wir meist mit einem Bändsel im Großbaum auf und können so in Ruhe kochen, Wasser erhitzen und so weiter. Zum Kochen an Land lässt sich der Stormy mit einem im Handel erhältlichen Plastikkreuz als normaler Campingkocher benutzen.

Russfreier Spiritus

Ein Palstek-Leser-Tipp von Günter Kuck

Als Besitzer eines *Origo*-Spirituskochers habe ich mich stets über starke Rußbildung beim Betrieb mit handelsüblichem Spiritus geärgert. Seit der Entdeckung eines preisgünstigen (1,59 Euro pro Liter), nicht rußenden Spiritus in einem Berliner Supermarkt sind berußte Töpfe Vergangenheit. Dieser rußfreie Spiritus wird von der Firma *AHK Alkohol Handeskontor GmbH*, Telefon 0 29 41 - 669 90, unter der Bezeichnung *AHK Premium-Qualität* vertrieben.

Zustand. Meiner ist direkt neben dem Niedergang gehaltert, wo er sowohl von innen als auch von außen mit einem Griff erreichbar ist.
Werfen wir noch einen Blick auf andere Brennmaterialien für Kocher als Gas. Liegen wir im Hafen und steht Landstrom zur Verfügung, liegt der Gedanke nahe, eine elektrische Kochplatte zu verwenden. Diese Möglichkeit lege ich Ihnen sehr ans Herz, weil mit einer elektrischen Doppelkochplatte das Kochen viel interessanter und auch schneller vor sich gehen kann. Eine Elektro-Kochplatte liegt vielleicht bei Ihnen noch im Keller oder auf dem Speicher herum und wartet geradezu darauf, an Bord eingesetzt zu werden. Die Platten der Kocher sind allerdings sehr empfänglich für Rost. Packen Sie den Kocher gut ein, wenn sie ihn nicht brauchen, um die Rostbildung einzudämmen.
Sieht man sich die einschlägigen Seiten der Kataloge an, finden sich weitere Kochertypen, die mit Petroleum, Spiritus und Benzin betrieben werden. Ich habe einen Heidenrespekt vor allen Petroleumgeräten, seien es Lampen, Kocher oder Heizer, die mit Druck arbeiten, und ich habe mich noch nie mit ihnen anfreunden können. Zwar hat Petroleum einen sehr ordentlichen Heizwert, doch habe ich noch kein Schiff mit Petroleumkocher betreten, auf dem nicht ein Düftlein einen Hinweis auf das Brennmaterial gegeben hätte.
Außerdem liest man immer wieder von Problemen mit der Qualität von billigen Brennern und der gelegentlich schwierigen Handhabung dieser Geräte. Häufig scheint es sich auch kaum vermeiden zu lassen, einen Tropfen zu verschütten. Selbst wenn sofort aufgewischt wird, hängt der Geruch noch eine Zeit lang im Raum.
Aus all diesen Gründen habe ich mich noch nie für einen Petroleumkocher entscheiden können, sondern koche seit Jahren mit bestem Erfolg mit Spiritus. Ich weiß zwar, dass Spiritus den geringsten Heizwert gegenüber Gas und Petroleum hat und dass es deswegen am längsten dauert, einen Liter Wasser zu erhitzen, doch halte ich dieses Argument für nicht so ausschlaggebend. Beim Kochen macht es mir meistens nicht so viel aus, ob es eine Minute länger dauert oder nicht. Dafür hat Spiritus einige ganz erhebliche Vorteile. Spiritus gibt es in jedem Baumarkt, in jedem Supermarkt und in jedem Drogeriemarkt.

Töpfe sauber backen

Ein Palstek-Leser-Tipp von Käthe Feddersen

Angebrannte Töpfe sind ein Ärgernis, zumal das Entfernen des Bodensatzes auch noch viel Arbeit bereitet. Einfacher geht es mit einer Tüte Backpulver. Diese einfach in den Topf streuen, zwei Finger dick Wasser einfüllen und nichts tun. Am nächsten Morgen mit zarter Hand und einem Schwamm oder Tuch die Brandzeugen wegwischen und den saubersten Topf seines Lebens in den Händen halten.

Wenn die Stufe als Arbeitsfläche dient, wird der Tassenhalter einfach abgeklappt

Klappbarer Tassenhalter

Ein Palstek-Leser-Tipp von Sampo Widmann

Meine Westerly Conway 36 hat eine wirklich winzige Pantry. Um mehr Arbeitsfläche für die Pantry zu haben, dient die oberste Stufe des Niedergangs als zusätzliche Arbeitsfläche. Damit im Seegang die Kaffeetassen oder Suppenbecher nicht rutschen, habe ich mir diese wegklappbare Halterung gebaut.

Sollten Sie in einer Stadt wohnen, in der es eine Niederlassung der Bundesmonopolverwaltung gibt, können Sie dort ein größeres Gebinde kaufen, was den Preis deutlich senkt.

Unbestritten, Spiritus ist der teuerste Brennstoff zum Kochen. Da wir aber nur geringe Mengen verbrauchen, müssen wir hier ausnahmsweise nicht mit jedem Cent rechnen. Aus dem großen Blechkanister kann man leicht kleinere Plastikflaschen befüllen, die an Bord leichter zu handhaben sind. Weiterhin verfliegt der Geruch von Spiritus rasch. Selbst wenn Sie etwas verschütten, wird niemand die Nase rümpfen.

Und schließlich spielt der Preis des Kochers eine wesentliche Rolle. Neue Spirituskocher sind schon deutlich preiswerter als Petroleum- oder feste Gaskocher, und wenn Sie meiner Anregung folgen und gelegentlich mal auf den Flohmarkt gehen, werden Sie überrascht sein über das Angebot an Spirituskochern.

Vor Jahren kaufte ich meinen einflammigen Spirituskocher für vier Mark, und er tut mir heute noch treue Dienste. Letztes Jahr habe ich einen sehr robusten zweiflammigen Kocher aus DDR-Produktion in einwandfreiem Zustand für drei Euro bekommen, der mir nun die Zubereitung höchster Gaumengenüsse erleichtern wird. Es ist auch nicht schwer, die Funktionsfähigkeit an Ort und Stelle zu überprüfen. Wenn Sie sich für solch einen Kocher interessieren, nehmen Sie ein kleines Fläschchen Spiritus mit und probieren Sie ihn einfach aus.

Wichtig ist, dass Sie die Schale unter dem Brenner ordentlich volllaufen lassen und schließen Sie dann den Hahn. Wenn diese Menge verbrannt ist, können Sie davon ausgehen, dass der Brenner genügend vorgeheizt ist, um den Spiritus zu vergasen. Wenn dann die kleinen blauen Flämmchen aus allen Löchern des Brenners gleichmäßig austreten, ist er in Ordnung. Wenn das der Fall ist, fangen Sie an zu handeln. Es lohnt sich.

Zum Kochen brauchen Sie einen Topf. Ich empfehle Ihnen den kleinsten Dampfkochtopf zu nehmen, den Sie finden können; 2,5 Liter reichen vollkommen aus. Ein Dampftopf verkürzt die Garzeiten mit geschlossenem Deckel und lässt sich genauso gut offen verwenden. Außerdem ist diese Größe gerade

Ohne Kleckern nachfüllen

Ein Palstek-Leser-Tipp von Jürgen Sandkuhl

Beim Nachfüllen meines Petroleumkochers ist mir der Tank sehr oft übergelaufen. Bis ich den abgebildeten Trichter gebaut habe. Ich habe über die Tülle eines handelsüblichen Haushaltstrichters ein kurzes Schlauchstück geschoben, um den Befüllstutzen am Kocher abzudichten. Füllt man nun Petroleum in den Kochertank, kann der Flüssigkeitsspiegel im Tank nicht höher steigen als bis zur Trichtertülle. Allerdings muss die verdrängte Luft durch den Trichter entweichen, was zu Spritzern führen kann. Ein kleiner Schlauch durch die Tülle geführt und am Trichterrand befestigt, lässt die Luft spritzerfrei entweichen.

Russfreier Spiritus

Ein Palstek-Leser-Tipp von Heinz Burkhard

Ein rußfreies Brennen des Origo-Spirituskochers kann man auch erreichen, wenn man einen Liter Spiritus mit 0,2 Liter Wasser mischt. Beides ist praktisch überall verfügbar. Die Zeit bis zum Kochen dauert nur geringfügig länger.

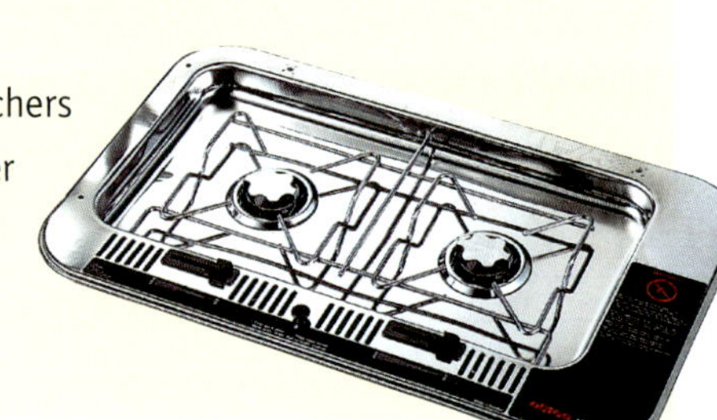

recht für einen kleinen Kocher und hat eine genügend hohe Wand, um das Verschütten von Suppe oder Eintopf zu vermeiden, wenn das Schiff doch während des Kochens krängt.

Daneben habe ich noch eine Pfanne und einen Flötenkessel an Bord. Die Pfanne ist so groß, dass eine Flunder locker drin Platz hat, und den Flötenkessel benutze ich gerne, um Wasser für Tee oder Kaffee heiß zu machen. Für heißes Wasser im Hafen habe ich allerdings auch noch einen elektrischen Wasserkocher, den ich mal bei einem Preisausschreiben gewonnen habe und der seither meinen Bordhaushalt bereichert – wenn 230-Volt-Landstrom zur Verfügung steht.

Kochen im Hafen ist ein sehr kommunikativer Zeitvertreib, besonders dann, wenn man in der Plicht kocht. Meistens kommen Leute vorbei, und es ergibt sich ein nettes Gespräch, auch mit einem Glas Wein wie damals im städtischen Yachthafen von Venedig, als wir einen Liegeplatz zugewiesen bekamen, an dem alle Leute vorbeikommen mussten, die zu ihren Booten wollten. Das setzt natürlich voraus, dass man den Kocher mit nach draußen nehmen kann, wo ohnehin mehr Platz vorhanden ist.

Schließlich sei noch darauf hingewiesen, dass es sich gelegentlich anbietet, die Nahrungszubereitung an Land zu verlegen. Frischer Fisch über einem offenen Feuer am abendlich leeren Strand zu brutzeln hat auch seinen Reiz, besonders, wenn es warm ist, die Sterne funkeln und eine Flasche Wein wartet. Guten Appetit!

Leider ist es mit dem Kochen und Essen aber nicht getan. Hinterher muss abgespült werden. Wenn es die Witterung zulässt, erledigen wir das auch draußen mit einer Plastikschlüssel.

Manchmal geht mir beim Kochen etwas daneben: Ich verschütte Suppe, tropfe Öl oder Essig neben die Salatschüssel oder kleckere auf sonstige Art herum. In solchen Fällen benutze ich immer Klopapier. Das hat folgende Gründe: Klopapier in jungfräulichem Zustand ist ja nichts Anrüchiges, sondern das preiswerteste saugfähige Papier, das es gibt. Es ist überall erhältlich und lässt sich gut unterbringen.

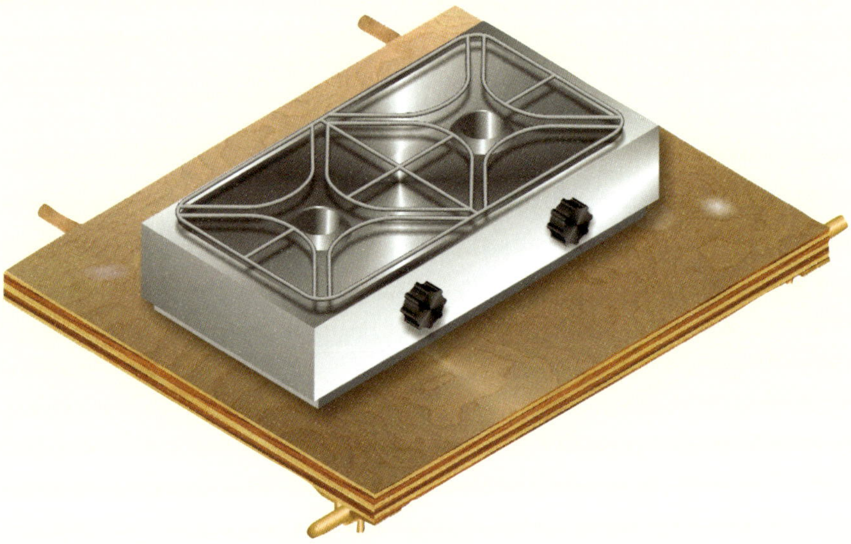

Herausnehmbarer Kocher

Ein Palstek-Leser-Tipp von Edgar Wallenborn

Auf vielen Segelyachten herrscht in der Pantry drangvolle Enge. Oft ist der Kocher deshalb in schwer erreichbaren Ecken eingebaut. Auf meinem Schiff behinderte er zudem den bequemen Zugang zu der seitlich dahinter liegenden Kühlbox. Ich habe daher meinen zweiflammigen Spirituskocher auf eine der Nische angepassten Unterlage aus 15-Millimeter-Siebdruckplatte (kann auch Bootsbausperrholz, Kunststoff oder Aluminiumblech sein) montiert, die bei Bedarf aus der Nische herausgenommen werden kann. So sind der umliegende Bereich und der Kocher selbst problemlos an allen Stellen zugänglich. Die Platte habe ich an der hinteren Schnittkante mit zwei 8-Millimeter-Hartholzzapfen (Dübeln) versehen, die in passende Bohrungen in der hinteren Nischenwand eingreifen, sobald die Platte aufliegt und nach hinten geschoben wird. Vorn ist die Platte an beiden Seiten mit jeweils einem Grendelriegel gesichert, der in eine entsprechende Bohrung in der linken und rechten Nischenwand einrastet. Um die Platte leichter festsetzen zu können, haben alle Bohrungen ein geringes Übermaß. Eine derartige Montage kann sowohl mit fest eingebauten als auch halbkardanisch aufgehängten Kochern erfolgen.

Natürlich können Sie sich in der Sanitärabteilung von OBI oder Bauhaus einen fertigen Halter besorgen, allerdings stört der höchstwahrscheinlich die funktionale Ästhetik der Kajüteinrichtung. Wenn Sie sich auch für Klopapier entscheiden, erinnern Sie sich, dass ich weiter vorne aufgezeigt habe, wie man aus Holz einen ansehnlichen Klopapierhalter anfertigen kann.

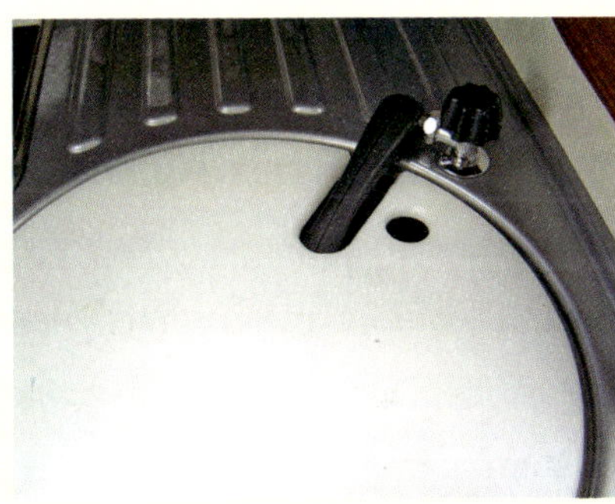

Versteckter Wasserhahn

Ein Palstek-Leser-Tipp von Uwe Seger

Das Problem ist sicherlich nicht selten, aber immer wieder ärgerlich: Der Wasserhahn wurde versehentlich aufgedreht, und nach Einschalten des Hauptschalters sprudelt das Wasser über die Spüle, dann über die Einrichtung, und schließlich ist der Schiffsboden glatt wie eine Eisbahn.

Oder: Beim Abstellen von Einkaufskörben auf der Küchenzeile ist der Wasserhahn immer im Weg.

Ich habe eine einfache Lösung: ein Ausschnitt im Ablagebrett der Spüle, in welches man den Wasserhahn versenken kann.

Hygiene an Bord

Ich sage es ganz offen, es geht hier nicht um das Zähneputzen und Händewaschen vor dem Essen; nein, es geht darum, aufs Klo zu gehen. In unserem Kulturkreis ist alles reichlich tabuisiert, was mit Körperausscheidungen zu tun hat, und das macht die Sache kompliziert. Noch komplizierter wird es, wenn Mitseglerinnen an Bord sind. Eine unzureichende Toilettenausstattung hat in zahllosen Fällen dazu geführt, dass das Segeln eher eine Männerdomäne bleibt und Damen sich nicht so recht dafür begeistern können. Wenn Sie also darauf Wert legen, dass Ihre Partnerin gerne mit Ihnen segelt – und das nicht nur stundenweise –, muss der hygienischen Infrastruktur Ihres Bootes höchste Priorität eingeräumt werden.

Ein Weiteres: Reden Sie mit Ihren Mitseglern und Mitseglerinnen offen über dieses Problem, bevor sie losfahren. Es hat keinen Sinn, das Feigenblatt der Schamhaftigkeit darüber auszubreiten, bis es von der Notwendigkeit weggeblasen wird, dass jemand wirklich dringend aufs Klo muss. Das gibt in aller Regel kaum wieder gut zu machenden Ärger.

Männer haben es zumindest beim kleinen Geschäft eindeutig leichter. Man(n) pinkelt einfach über Bord. Meine Herren, auch wenn Sie es für lächerlich halten sollten, leinen Sie sich an! Man steht am Heckkorb nicht so entspannt wie im Pissoir bei Karstadt, und deshalb kommt es leider immer wieder vor, dass Männer das Gleichgewicht verlieren und abstürzen. Besonders nach heftigem Alkoholgenuss ist diese Gefahr nicht von der Hand zu weisen und schafft der Deutschen Gesellschaft zur Rettung Schiffbrüchiger (DGzRS) immer wieder Arbeit... Damen sind so gesehen weniger gefährdet, doch müssen sie eben immer die Bordtoilette aufsuchen.

Wie bei einigen anderen Dingen an Bord, stellt auch hier die Enge des Raumes das größte Problem dar. Nur unter bewusstem Verzicht auf Raum für andere Dinge lässt sich auf einem Sechs-Meter-Schiff ein separater Toilettenraum realisieren; der hat aller Wahrscheinlichkeit nach keine Stehhöhe, und man

Toilettentipps

Zwei Palstek-Leser-Tipps von Konrad Geiger

Dichtung: Wie repariert man unterwegs eine defekte Dichtung für das Rückschlagventil der Bordtoilette? Ich habe dieses Problem unterwegs mit einem Stück Lkw-Schlauch gelöst. Einfach das alte Ventil aufgelegt, abgezeichnet, ausgeschnitten, Rückschlaggewicht neu aufgenietet und eingebaut. Funktioniert besser als vorher. Kosten null Euro. Ich empfehle jedem Segler, ein Stück Schlauch für solche oder ähnliche Reparaturen mitzuführen.

Pumpenpflege Bordtoilette: Um die Pumpe der Bordtoilette immer gut zu schmieren, gebe ich nach jedem fünften bis sechsten Spülgang einige Spritzer Silikonspray beim Abpumpen zu. Funktioniert einwandfrei, und es setzt sich auch weniger natürlicher Rückstand im Becken und an den neuralgischen Stellen ab.

kann sich kaum dadrin umdrehen. Wenn Sie sich damit abfinden wollen, weil es der Partnerschaft förderlich ist, sollten Sie keinen Augenblick zögern, es so zu machen.

Häufig ist es jedoch nicht möglich, einen Toilettenraum einzubauen, sodass man gezwungen ist, auf selbigen Luxus zu verzichten und nach kompromissfähigen Lösungen Ausschau zu halten. Natürlich wird man versuchen, im Hafen die Toilette aufzusuchen, doch manchmal kommt der Druck eben draußen, wenn das Marina-Klo schon einige Meilen achteraus gefallen ist. Liegt man vor Anker, wird das Problem augenfällig.

Welche Bedingungen muss die Toilettenbenutzung also erfüllen? Unter dem oben erwähnten Gesichtspunkt der Wahrung der Intimsphäre muss die Angelegenheit in der Kajüte erfolgen; die nachfolgende Lüftung dürfte kein Problem darstellen. Also wird man das Schiebeluk und das Steckschott schließen oder das Vorschiff mit einem Vorhang abteilen, je nachdem, wie die Verhältnisse aussehen.

Dass der Topf benutzt wird, ist dann offenkundig, nur muss man es ja nicht vor aller Augen machen. Solange das

Pfandflaschen

Ein Palstek-Leser-Tipp von Otto Waczek

Niemand würde für längere Fahrten Pfandflaschen an Bord nehmen – geschweige, diese dann zerschneiden. Nun zur Ergänzung: Wir praktizieren ein ähnliches System. Die erste Flasche wird „geköpft". Bei den weiteren Flaschen schneiden wir sowohl den Boden als auch den Kopf ab. Die verbleibende Hülse wird längs geschlitzt und in die erste Flasche geschoben. Normalerweise gehen fünf Flaschen in die erste hinein – unser Rekord lag bei acht Flaschen, was aber schon recht mühsam war.

Als Abfallbehälter für Taschentücher, Schokoladenpapier und Ähnliches verwende ich Flaschen, bei denen ich den Kopf nur zur Hälfte abschneide. Drückt man die Flasche seitlich, geht der Kopf wie ein Maul auf. Nach dem Loslassen schließt sie sich wieder. Probieren Sie es einmal – es funktioniert!

Essig gegen Gerüche

Ein Palstek-Leser-Tipp von Jörg Liedtke

Für unsere Bordtoilette verwenden wir grundsätzlich nur Haushaltsessig, um der Entstehung von unangenehmen Gerüchen vorzubeugen. In der Regel reicht eine halbe Tasse Essig, die wir in den frisch geleerten Tank gießen, damit die Luft im Schiff nach Schiff und nicht nach Toilette riecht. Essig ist biologisch abbaubar und stellt so, im Gegensatz zu vielen für diese Zwecke eingesetzten „chemischen Keulen", keine Umweltbelastung dar.

Schiff segelt, macht der Toilettenbesuch wahrscheinlich wenig Probleme, weil sich alle Segler im Cockpit aufhalten.

Liegt das Schiff aber vor Anker und draußen ist Schietwetter, ist höchste Toleranz angebracht, wenn jemand aufs Klo muss. Dann hilft nichts, alle anderen gehen nach draußen. Rücksichtnahme bei solcher Gelegenheit zahlt sich aus.

Kommen wir zum technischen Teil der Angelegenheit. Für welches Toilettensystem soll man sich entscheiden?

Es gibt mehrere Alternativen. Die primitivste, aber wahrscheinlich nicht die schlechteste, ist eine stabile Pütz mit einem passenden Holzrand oben drauf, damit man sich keine tiefen Furchen in den Hintern drückt. Den Inhalt kann man rasch über Bord entleeren und den Eimer wieder säubern. Man muss ja nicht unbedingt Trinkwasser damit holen gehen.

Ein Pütz-Klo hat mehrere Vorteile: Es bietet eine einfache Handhabung, die Reparaturanfälligkeit ist außerordentlich gering, das Gerät lässt sich leicht pflegen und verstauen, es lässt sich leicht ersetzen und es zieht keine Folgekosten nach sich.

Das nächste Modell ist das bei Campern weit verbreitete Chemieklo, zum Beispiel Porta Potti. Im Gegensatz zur Pütz braucht diese Toilette einen festen Platz, und da könnte es schon Schwierigkeiten geben, weil Chemieklos relativ voluminös sind. 40 Zentimeter sind eine übliche Höhe, und die Grundfläche misst auch gerne 30 mal 40 Zentimeter. Ein solches Möbel in eine Sitzbank einzubauen, ohne dass es oben herausragt, dürfte kaum möglich sein. Bleibt die Möglichkeit, das Klo ins Vorschiff zu verlegen, wo die Sitz- oder Liegefläche etwas höher angeordnet ist und wo man unter Umständen bei seitlicher Anordnung einen Sichtschutz anbringen kann.

Zweifellos macht ein Chemieklo schon einen wesentlich zivilisierteren Eindruck als ein Eimer, einfach deswegen, weil es dem häuslichen Klo ähnlicher ist. Des Weiteren lassen sich damit die gesetzlichen Auflagen einiger Länder problemlos erfüllen, die einen Fäkalientank oder andere geschlossene Toilettensysteme erfordern.

Undichte Toilettenpumpen

Ein Palstek-Leser-Tipp von Franz Voigt

Der Beitrag in der Ausgabe 5/02 „Antifouling aus dem Kuhstall" brachte mir die leidigen Probleme mit den Pumptoiletten auf Booten wieder ins Gedächtnis.
Jahrelang hatte ich mich beim Segeln über die kurzen Standzeiten der Dichtungen geärgert, die in den Pumptoiletten eingesetzt werden. Diese sind überwiegend aus ungeeignetem Material gefertigt, in anderen technischen Bereichen, unter anderem in Hydrauliksystemen, gibt es genügend Beispiele für geeignete Materialien.
Nach meinen Erfahrungen sind es fast ausschließlich der O-Ring der Kolbenscheibe und die Dichtung um die Schubstange, die Defekte verursachen. Um längeres Suchen nach geeigneten, passenden Dichtungen zu umgehen, habe ich den einfachsten Weg gewählt und die Nut in der Kolbenscheibe mit Vaseline beziehungsweise Melkfett gefüllt, dann den O-Ring aufgesetzt und diesen auch gefettet. Gleiches Verfahren mit der Dichtung der Kolbenstange.
Die mit dieser Methode gemachten Erfahrungen sprechen für sich. Letzte Saison ohne Fett waren die Dichtungen nach circa sechs Wochen zum Wechseln reif. Diese Saison noch kein Ausfall. Die Toilette wird tagtäglich von zwei bis vier Personen vielfach benutzt, also nicht nur während einer sonntäglichen Kaffeefahrt.
Noch ein wesentlicher Aspekt zu diesem Problem. Mir ist bewusst, dass es sich hier um Verschleißteile handelt, die eben ab und zu ausgewechselt werden müssen, auch bei sorgfältiger Pflege. Aber um zwei kleine Cent-Artikel zu ersetzen, ist man gezwungen, ein komplettes Reparaturset zu kaufen, da es diese Teile nie einzeln gibt. Die restlichen Teile wandern dann in den Mülleimer.

Leider haben Chemieklos aber auch einige Nachteile. Als solchen empfinde ich, dass ich mit meinem Fäkalienbehälter einen Ort aufsuchen muss, wo ich ihn entleeren kann. Das mag in Deutschland, Dänemark und Schweden relativ unproblematisch sein, in Mittelmeerländern, und dort besonders an weniger frequentierten Gestaden, ist eine sachgemäße Entsorgung des Inhalts nicht immer möglich.

Das hat zur Folge, dass in unbeobachteten Momenten der Inhalt samt Chemiebrühe doch einfach über Bord gekippt wird, was der verantwortungsvollen Zweckbestimmung zuwider läuft und sicherlich nicht besonders umweltfreundlich ist. Da sind die Fäkalien pur mit Sicherheit die harmlosere Lösung. Sind mehrere Leute an Bord, die das Klo auch tatsächlich benutzen, ist die Kapazität des Auffangbehälters auch irgendwann erschöpft, sodass ebenfalls wieder auf See entleert wird.

Schließlich ist zum ordnungsgemäßen Gebrauch eines Chemieklos eine Sanitärflüssigkeit nötig, und die kostet Geld, je nach Marke und Angebot ab zehn Euro aufwärts. Für das Klo selbst muss man neu mit etwa 120 Euro rechnen. Vielleicht bin ich ja mit einer besonders empfindlichen Nase ausgestattet, aber ich kann mich des Eindrucks kaum erwehren, dass ein Chemieklo immer etwas riecht, wenn es in gebrauchsfertigem Zustand ist. Kurz gesagt, meine Wahl ist es nicht.

Noch wesentlich teurer wird es, wenn Sie den Kauf eines Pumpklos ins Auge fassen sollten; da sind Sie leicht mit einigen hundert oder noch mehr Euro dabei. Was weiter oben schon hinsichtlich des Platzbedarfs von Chemieklos gesagt wurde, gilt sinngemäß auch hier. Dazu kommt, dass Sie zwei Löcher ins Boot bohren müssen: eines, um Spülwasser anzusaugen und ein weiteres, um die Ausscheidungsprodukte nach draußen zu befördern.

Allein der Gedanke, zwei nicht zu kleine Löcher unterhalb der Wasserlinie zu haben, würde mich davon abhalten, ein Pumpklo einzubauen. Das ist noch nicht alles. Der oben schon erwähnte Zwang zu Fäkalientanks in einigen Ländern erfordert, dass solch ein Tank zusätzlich ins Boot eingebaut werden muss, was teuer ist und Platz kostet.

Geruchskiller für die Kühlbox

Ein Palstek-Leser-Tipp von Dr. Wolf Schenk

Unangenehme Gerüche an Bord, zum Beispiel muffiger Geruch im Kleiderschrank, in feuchten Gummistiefeln oder im schlecht gelüfteten Kühlschrank lassen sich mit speziellen Metallplatten aus Edelstahl binden.

Eigentlich sind die von der Firma Zielonka Wohnen & Leben (www.zielonka-shop.de) angebotenen, circa vier Zentimeter großen Metallplättchen für den Einsatz in Schuhen gedacht, wo sie den an diesen Stellen gelegentlich auftretenden Geruch binden sollen. Von Zeit zu Zeit werden sie durch Waschen wieder gereinigt, um wiederverwendet werden zu können. In unserem Kühlschrank haben sie sich sehr bewährt.

Alte Fender

Ein Palstek-Leser-Tipp von Harald Adolph

Einen alten Fender sollte man nicht so schnell entsorgen, denn er kann auch im Alter noch über die Winterzeit seinen Dienst tun. Allerdings in abgeänderter Form. Mit einem guten Teppichmesser aufgeschnitten oder halbiert, erfüllt er seinen Dienst zum Beispiel als Ankerwinden-Schutz. Kleinere Fender werden von mir über die Schotwinschen gestülpt. Anbinden ist auch kein Problem, da ja alle ein Tauauge besitzen. In aufgeschnittenen Fendern können sogar lange Taue am Mast geschützt überwintern.

Oben ein Einlass, an der Seite ein Schlitz, und schon kann das Tau ins Innere des Fenders gelegt werden. Danach kann dieser am Mast befestigt werden. Bei großen Fendern lassen sich so mehrere Taue auf einmal schützen. Im Frühjahr kommt das Tau dann ohne Algen und Moos aus dem Fender.

Nicht zuletzt neigen Pumpklos dazu, unsachgemäße Behandlung mit sofortiger Leistungsverweigerung zu bestrafen. Ins häusliche Klo wird manches geworfen und klaglos runtergespült, was nicht in menschlichen Eingeweiden seinen Ursprung hat. Der Grund ist der relativ große Durchmesser der Abflusswege. Das sieht bei einem Pumpklo mit seinem 38-Millimeter-Abflussschlauch schon ganz anders aus. Pumpklos sind außerordentlich empfindlich gegenüber sachfremder Befüllung, und ist so ein Ding tatsächlich mal verstopft, muss es auseinandergenommen, gereinigt und wieder zusammen gebaut werden. Dass solch eine Tätigkeit die Freiwilligen nicht in hellen Scharen anzieht, lässt sich unschwer nachvollziehen. Meistens bleibt die Drecksarbeit am Skipper hängen.

Wenn Sie nun Ihrer Partnerin nicht eine Pütz zumuten wollen und Chemie- und Pumpklos auch nicht die richtige Wahl für Sie sind, bleibt noch eine letzte Alternative, die mich seit einigen Jahren sowohl von der Handhabung als auch von den Kosten her zufriedenstellt und die auch den gesetzlichen Vorschriften Genüge leistet. Das Geschäft wird in einen Kunststoff-Beutel verrichtet, der in die Brille eingehängt wird. Anschließend gibt man ein Gerinnungsmittel dazu, was die Fäkalien in eine Art Gelee verwandelt, und verschließt den Beutel mit einem Kunststoffdeckel. Das fertige Gebinde ist ökologisch unbedenklich und kann als Hausmüll entsorgt werden.

Das ganze „Cactus"-System kann fertig gekauft werden, es sind aber auch nur die Beutel und das Geliermittel erhältlich. Ein geeigneter Sitz kann leicht selbst angefertigt und den Verhältnissen an Bord angepasst werden. Für die Zwecke der Küstensegelei halte ich diese Toilettenausrüstung für recht gut geeignet.

SONSTIGE AUSRÜSTUNGSTEILE

Im Folgenden finden Sie einige Hinweise auf Dinge, die das Leben an Bord angenehmer und auch sicherer machen können und die man preiswert bekommen kann.

Sitzkissen

Sitzkissen für den Einsatz in der Plicht gibt es in den verschiedensten Ausführungen, und meistens bestehen sie aus einem textilen Bezug mit einer mehr oder weniger dicken Füllung, die verhindern soll, dass sich die spitzen Gesäßknochen all zu sehr in die Plichtbank drücken und dauernde Verformungen hervorrufen.

Diesen Sitzkissen kann man den Vorteil nicht absprechen, dass sie in vielerlei Farben, Abmessungen und Mustern zu haben sind, sodass sicherlich das passende Kissen für jedes Boot und für jeden Geschmack zur Verfügung steht.

Diesem Vorteil stehen allerdings einige gewichtige Nachteile gegenüber, die meine Begeisterung dafür sehr stark zügeln. Erstens sind sie teuer; vier Exemplare davon schlagen schon mit einem ordentlichen Betrag zu Buche, wenn man eine halbwegs ordentliche Qualität haben will. Zweitens sind sie sehr empfänglich für Rotweinflecken, was ihren ästhetischen Wert herabsetzt. Drittens bedürfen sie sorgsamer Pflege im Zusammenhang mit Feuchtigkeit. Sind sie einmal nass geworden, müssen sie gut getrocknet werden, um unschöne Stockflecken und Wasserränder zu verhindern. Letztere lassen sich auf Dauer wahrscheinlich an Bord eines kleinen Schiffes doch nicht vermeiden.

Das bedeutet, dass man die guten Stücke immer dann unter Deck verstauen muss, wenn es anfängt, ungemütlich zu werden. Das ist unbefriedigend, doch glücklicherweise gibt es Abhilfe.

Wenn Sie das nächste Mal in einen Baumarkt mit Gartenabteilung gehen, suchen Sie nach flachen Kissen aus Röhren aus geschlossenzelligem Schaum, die für empfindliche Kniescheiben bei der Gartenarbeit gedacht sind. Es gibt sie in unterschiedlichen Größen und Farben, und alle haben gemeinsam, dass man hervorragend drauf sitzt, dass sie isolieren, dass sie preiswert sind, dass man sie anbändseln kann, wenn man eine Leine durchfädelt und dass sie garantiert keine Feuchtigkeit aufnehmen. So hat man es auch bei widrigen Witterungsbedingungen in der Plicht am Po schön trocken und warm.

Rückengurte

Viele kleinere Boote haben keine Reling, sind jedoch mit einem Bug- und einem Heckkorb ausgestattet. Darüber hinaus haben viele Boote ein Schandeck, auf dem es sich anbietet zu sitzen, wenn das Boot krängt. „Auf der hohen Kante", wie man sagt. Die Sache wird nur rasch unbequem, wenn man sich nirgends anlehnen kann. Doch auch dieses Problem kann recht einfach gelöst werden, wenn auf Ihrem Boot ein Heckkorb vorhanden ist.

Bei vielen dieser Körbe ist beiderseits oben an der Vorderseite bereits ein kleines Auge angeschweißt, um den Relingsdraht aufzunehmen. Wenn das bei Ihnen

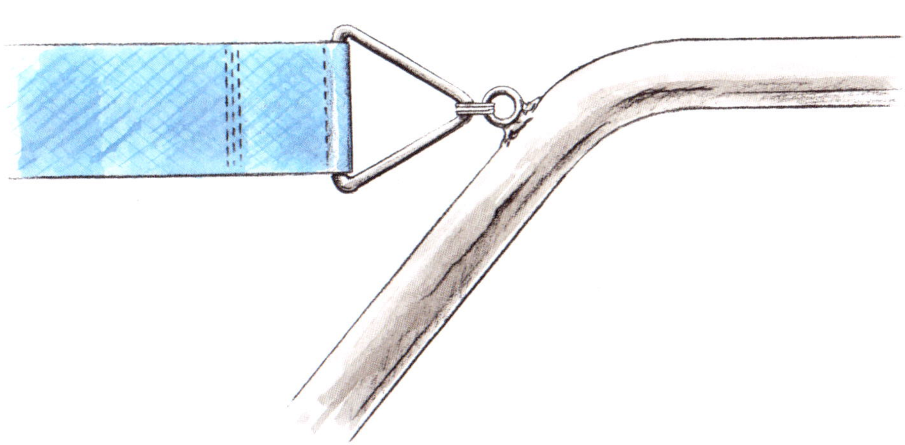

nicht der Fall sein sollte, schweißen Sie einen kleinen Ring an. Nehmen Sie ihn aber so groß, dass auch eine Fenderleine durchgezogen werden kann.
Was Sie nun brauchen, ist ein ausgedienter Auto-Sicherheitsgurt. Den zu bekommen, dürfte Sie nicht vor große Probleme stellen. Weiterhin benötigen Sie ein dünnes Stück VA-Rundstahl, aus dem Sie ein gleichschenkliges Dreieck biegen und das Sie vorne zuschweißen. Die Seite gegenüber dem Schweißpunkt ist so lang, wie der Sicherheitsgurt breit ist. Sie führen ein Ende des Gurtes durch das Dreieck, biegen ihn drei bis fünf Zentimeter um und vernähen es. Schließlich nehmen Sie einen Karabinerhaken, einen Schäkel, einen kleinen Pelikanhaken oder auch nur ein Bändsel und befestigen dieses Ende am Heckkorb. Dasselbe machen Sie am anderen Ende noch einmal, nachdem Sie die passende Länge und eine geeignete Stelle an der Kajütwand ermittelt haben. Setzen Sie sich ruhig mal an die passende Stelle und lehnen Sie sich ordentlich nach hinten; Sie werden erstaunt sein, wie lang das Gurtstück sein sollte.

Bändsel

Der folgende kurze Abschnitt stellt die Erfahrung von vielen Jahren Charter-Skipperei dar. Auf Charterschiffen gibt es in aller Regel zu wenig Bändsel, doch muss auf einem Boot immer wieder etwas mal eben angebändselt werden: die vorher erwähnten Sitzkissen, der Bootshaken, eine Angel, die Segel und viele andere Dinge. Schaffen Sie sich eine feste Stelle an Bord, an der sie die Bändsel aufbewahren, und zwar genügend davon. Tauabschnitte finden sich immer und überall; greifen Sie zu! Schneiden Sie sie nicht zu kurz ab, Einen Meter sollten sie mindestens lang sein, damit Sie auch ein Segel damit auf dem Baum festbinden können. Sehen Sie aber auch einige längere vor.
Wenn Sie die Bändsel nach ihrem Gebrauch wieder in der Hand haben, tun Sie sich einen Gefallen und legen Sie sie wieder dort hin, wo sie hin gehören und nicht irgendwo! Andernfalls ist in kürzester Zeit keines mehr greifbar, wenn es gebraucht wird.

Fenderbrett

Ein Fenderbrett werden Sie zum ersten Mal dann vermissen, wenn Sie an einer Spundwand längsseits anlegen und die üblichen Yachtfender sich in die Zwischenräume der Spundwand quetschen, statt ihrer Aufgabe nachzukommen und den Rumpf zu schützen. Um diesem Zustand mangelnder Abfenderung zu begegnen, kann man natürlich die Fender beidseitig anbändseln und sie horizontal absenken. Wahrscheinlich ist aber der Erfolg nicht dauerhaft. Wirklich dauerhafte Fenderwirkung verspricht der Einsatz eines Fenderbretts. Dazu benötigen Sie tatsächlich nur ein Brett, das so lang ist, dass Sie es gerade noch problemlos in Ihrer Backskiste verstauen und auch jederzeit wieder herausholen können. Meines ist ein einfaches, unlackiertes Fichtenbrett, 1,3 Meter lang, 25 Zentimeter breit und 3 Zentimeter stark. Es hat rechts und links Löcher, und durch sie habe ich mittels Augpleiß jeweils eine Leine befestigt. An einer Spundwand platzieren sie das Brett möglichst so, dass es zweimal aufliegt, und zwischen Brett und Bordwand hängen Sie zwei Fender.

So ein Fenderbrett ist auch noch für andere Zwecke einsetzbar: als Unterlage, um Dorsche zu zerteilen, um einen Campinggas-Kocher oder einen heißen Topf draufzustellen, wenn im Cockpit gekocht wird, und nicht zuletzt als provisorische Gangway an schwedischen Schären oder kroatischen Häfen, wenn furchtsame Bordgäste Angst davor haben, auf den Steg oder die Pier zu springen.

Anti-Rutschbelag

Ein Anti-Rutschbelag ist auf einem kleinen Boot fast noch wichtiger als auf einem großen, wo es meistens mehr Möglichkeiten gibt sich festzuhalten, wo die Schiffsbewegungen ruhiger sind und wo schließlich eine Reling fast immer verhindern kann, dass jemand außenbords fällt. All dies trifft auf kleinen Booten in der Regel nicht zu, wenn man sich auf Deck bewegt, um die notwendigen Arbeiten zu verrichten

Um Rutschfestigkeit zu erzeugen, gibt es meiner Erfahrung nach nur ein wirklich zuverlässiges Verfahren, und das bedeutet, das Deck mit einem Noppenbelag zu bekleben. Dieser Belag besteht aus einer Mischung aus Kork und Gummi und muss flächig verklebt werden.

Die meisten Ausrüster bieten Beläge wie zum Beispiel Treadmaster nur in relativ großen Abmessungen an, sodass auf einem kleinen Boot viel teurer Verschnitt übrig bleibt. Dazu kommt, dass der Kleber noch mal genauso teuer ist wie die Platte, und das lässt die Sache insgesamt kostspielig werden. Bei einem Ausrüster (Firma SVB in Bremen) jedoch gibt es Treadmaster als selbstklebende Platten in unterschiedlichen kleineren Abmessungen, die dort auf Deck angebracht werden können, wo sie am nötigsten gebraucht werden.

Im Vergleich zu einem schweren und arbeitsintensiven und teuren Teakdeck oder der oben angesprochenen Verwendung größerer Platten ist dies eine kos-

Auslöseklemme im Eigenbau

Ein Palstek-Leser-Tipp von Olaf Tiedtke

Die Funktion gilt für Ruder und Schwert: Zwischen den beiden Sperrholzplatten sitzt am unteren Ende ein Scharnier aus rostfreiem Stahl. Um die beiden Haken wickle ich ein paar Windungen (Anzahl ist abhängig von der Auslösekraft) Segelgarn. Kommt es nun zur Grundberührung, reißt das Garn und die vordere Platte kann um das Scharnier nach unten schwenken, wobei die Leine aus der Curryklemme rutscht. Diese Klemme habe ich jetzt seit fünf Jahren auf meinem Trimaran „Dragonfly 800" erfolgreich im Einsatz. Einziger Nachteil, man muss nach dem Auslösen die Klemme wieder neu mit Garn bewickeln. Beim Leinendurchmesser ist man variabel, da man eine entsprechende Curryklemme montieren kann.

tengünstige Alternative, die ausreichender Sicherheit Rechnung trägt. Sollte sich nach einigen Jahren eine Platte lösen, ist das auch kein Problem, denn mit Sikaflex 291 schaffen Sie es sofort und dauerhaft aus der Welt.

Fußleisten

Kleine Boote haben häufig keinen Seezaun und häufig auch keine Fußleiste aus Aluminium-Profil. Zumindest Letzteres lässt sich unproblematisch aus Holzleisten nachrüsten. Selbst wenn die Leisten nicht sehr hoch sind, bieten sie einem gleitenden Fuß doch genügend Widerstand, um zu verhindern, dass Mann oder Frau über Bord geht. Dazu kommt noch, dass die Nachrüstung extrem preiswert vorgenommen werden kann. Messen Sie die am meisten gefährdete Stelle an Ihrem Boot aus. Wahrscheinlich ist es das Vorschiff, wo wenig Möglichkeit besteht sich festzuhalten. Nehmen wir an, Sie müssen eine Strecke von circa 2,5 Metern überbrücken. Schneiden Sie sich dafür je fünf Holzleisten mit einem Profil von 20 mal 30 Millimetern und 40 Zentimetern Länge zurecht, die Sie mit Epoxidkleber und mit einem Abstand von 10 oder 12 Zentimetern hochkant am Rand des Decks verkleben. Durch die Abstände zwischen den Leisten wird gewährleistet, dass überkommendes Wasser rasch wieder abfließen kann. Ich verweise auch hier wieder auf die Verwendung von Hohlkehlen, um die Stabilität zu erhöhen. Sollten Sie die Leisten weiter nach achtern fortsetzen, können sie auch als Fußpunkte für Umlenkblöcke der Fock-, Genua-, Gennaker- oder Spinnakerschot dienen, selbst wenn die ersten beiden dann nicht sehr weit innen geschotet werden können.

Heizung

Kleine Boote haben gewöhnlich keine fest eingebaute Heizung, weil sie keinen Dieselmotor oder ein anderes Aggregat haben, das in ausreichender Menge heißes Wasser oder Energie produziert, um eine Heizung zu betreiben. Andererseits weht auch an kühlen Tagen ein flottes Lüftchen, das zum Segeln einlädt. Liegt man dann im Hafen oder vor Anker, ist Wärme unter Deck zweifellos sehr angenehm.

Solange man beim Abendessen und nachher in geselliger Runde zusammensitzt, ist Wärme meist kein Problem, weil der Kocher Hitze produziert und weil auch die Lampen Wärme abstrahlen. Auch tragen Teelichte und Kerzen nicht nur zur Gemütlichkeit bei, sondern sie heizen auch ein wenig, sollten aber nur unter Aufsicht ihre Gemütlichkeit verbreiten.

Liegt man aber im Bett, beginnt sich die Nasenspitze rasch abzukühlen, und besonders am Morgen trägt eine warme Kajüte erheblich zum Wohlbefinden bei, wenn es draußen ungemütlich und kalt und feucht ist. Da Bootskajüten schlecht isoliert sind, bedeutet das, dass eine Wärmequelle die ganze Nacht über brennen muss, damit es auch am Morgen noch angenehm ist.

Mückenschutz für Luken

Ein Palstek-Leser-Tipp von Volker Lütkewitte

Für die Sommer- und Mückenzeit haben wir folgenden Vorschlag, damit lästige Insekten nicht durch die zwecks Frischluftzufuhr geöffneten Decksluken in das Schiff gelangen. Er hat sich auf unserer *Bavaria 34* hervorragend bewährt, ist aber sicherlich auch für alle anderen Schiffe geeignet: Wir haben einfach ein Kinderwagennetz mit Gummizug für circa 4,50 Euro im Kinderwagen-Fachhandel gekauft und dieses von oben über die Luke gezogen. So kann man die Luke von innen öffnen und auch schließen, und selbst in Fahrt oder bei viel Wind wird es nicht fortgeweht.

Es gibt eine ganze Reihe von Geräten, die unabhängig von Strom und Diesel arbeiten und die ganze Nacht brennen können. Sie werden mit Petroleum oder Katalytbenzin betrieben. Der Nachteil dieser Geräte ist, dass sie ziemlich groß sind und dass sie sehr stark heizen. Eine Heizung, die einen Raum von 15 oder 20 Quadratmetern mit normaler Deckenhöhe erwärmen kann, ist für eine Bootskajüte schlicht überdimensioniert.

Sollte Ihre Kajüte etwas großzügiger sein, können Sie natürlich eine Gasheizung einbauen, wie sie tausendfach in Wohnwagen Verwendung findet und die dort problemlos funktioniert. Derartige Geräte lassen sich gut regulieren und sind für alle diejenigen unter Ihnen, die Gas für die Küche an Bord haben, sicherlich eine erwägenswerte Alternative. Allerdings müssen Sie einen Kamin nach außen vorsehen.

Auf ein Gerät trifft all das nicht zu, und mit ihm habe ich beste Erfahrungen gemacht. Es heißt Heat Pal und wird mit Spiritus betrieben. Dabei tränkt der Spiritus ein Kissen aus Mineralwolle, sodass keine Gefahr besteht, dass etwas ausläuft. Das Gerät ist allseitig wie ein Korb geschlossen, um Verbrennungen vorzubeugen und man kann es regulieren, um zu verhindern, dass die Kajüte überhitzt. Darüber hinaus lässt sich dieses Gerät auch zum Kochen einsetzen.

Jede Flamme benötigt Sauerstoff; wenn Sie also unter Deck eine Flamme brennen lassen, sorgen Sie für ausreichend Zufuhr an frischer Luft, damit Sie sich nicht durch Kohlenmonoxid gefährden.

Kühlung

Normalerweise ist Kühlung an Bord eines kleinen Bootes kein Problem, weil es schlicht nicht sehr viel zu kühlen gibt. Wenn wir in der Nähe der Küste unterwegs sind, besteht fast immer die Möglichkeit, frische Lebensmittel zu besorgen, die alsbald verzehrt werden. Selbst Fleisch und Fisch verderben nicht schon nach ein paar Stunden, auch wenn sie nicht im Kühlschrank liegen. Daneben ist wohl ein Grundvorrat an Konserven vorhanden, die ebenfalls keiner besonderen Kühlung bedürfen.

Was bleibt, sind Getränke. Lauwarmes Bier oder Cola und ebensolcher Weißwein sind keine besonderen Genüsse, dabei ist es gar nicht schwierig, ihnen zu angenehmer Temperatur zu verhelfen.

Verdunstungskälte heißt das Zauberwort. Schlagen Sie Ihre Bier- oder Weinflaschen, oder was immer Sie sonst kühlen wollen, in ein nasses Tuch ein und stellen Sie das Paket an einen schattigen Platz, wo es dem Wind ausgesetzt ist. Ist das Tuch trocken, gießen Sie wieder etwas Wasser drüber. Wenn man segelt, ist immer genügend Fahrtwind vorhanden, der Verdunstungskälte produzieren kann.

In jedem Haushalt gibt es Einkaufstaschen aus Baumwolle. Hängen Sie solch eine Tasche mit dem Kühlgut an den Heckkorb und gießen Sie eine Pütz Wasser drüber. Der Aufwand ist gering und das Ergebnis sehr befriedigend.

Ohne Kleckern

Ein Palstek-Leser-Tipp von Armin Falkenhorst

Des Öfteren sieht man, wenn kleine Außenborder des Beibootes betankt werden, wie der übergelaufene Sprit weggewischt werden muss oder, noch schöner, die Benzinlache auf dem Wasser mit einem Schuss Pril versenkt wird. Das geht besser und ohne die Umwelt zu verschmutzen mit einem Sicherheits-Einfüllstutzen aus dem Zubehör für Motorsägen. Diesen erhält man im Fachhandel und vielen Baumärkten für etwa zehn Euro. Der Stutzen verschließt automatisch den Kanister, sobald der Tank voll ist.

Angeln

Die folgenden Zeilen richten sich nicht in erster Linie an diejenigen unter Ihnen, die sowieso schon angeln, denn die haben alles an Ausrüstung. Wenn Sie noch nicht angeln, aber vielleicht doch mal Lust auf frischen Dorsch oder Wittling haben, dann sollten Sie weiterlesen.

Wie die beiden genannten Fischarten vermuten lassen, handelt es sich hierbei um das Angeln in der Ostsee oder anderen nördlichen Gefilden. Eine Schleppangel können Sie natürlich auch im Mittelmeer hinter sich herziehen, ob der Erfolg sehr groß sein wird, wage ich aber zu bezweifeln.

Also doch zurück in die Ostsee. Bevor sie aber Ihren Köder auswerfen, informieren Sie sich über die gesetzlichen Vorschriften im jeweiligen Land und halten Sie sich auch daran, dem Ruf aller Segler und Ihrem Geldbeutel zuliebe.

Um erfolgreich auf Dorsch zu angeln, brauchen Sie keine teure Ausrüstung, kein Rolle und auch keine Rute. Jahrhunderte lang haben die Menschen an der Küste erfolgreich mit Handhaspeln gefischt, und das können Sie auch. Schneiden Sie sich ein Brett zurecht von 20 mal 25 mal 3 Zentimetern und runden Sie die scharfen Kanten der schmaleren Seiten sorgfältig ab, damit Sie die Leine nicht knicken. Bringen Sie dann oben rechts und unten links Holzstückchen an, die senkrecht zur Wange stehen und als Griff dienen. Mit diesem Gerät können Sie wie früher eine Wäscheleine die Angelschnur auf- und abwickeln.

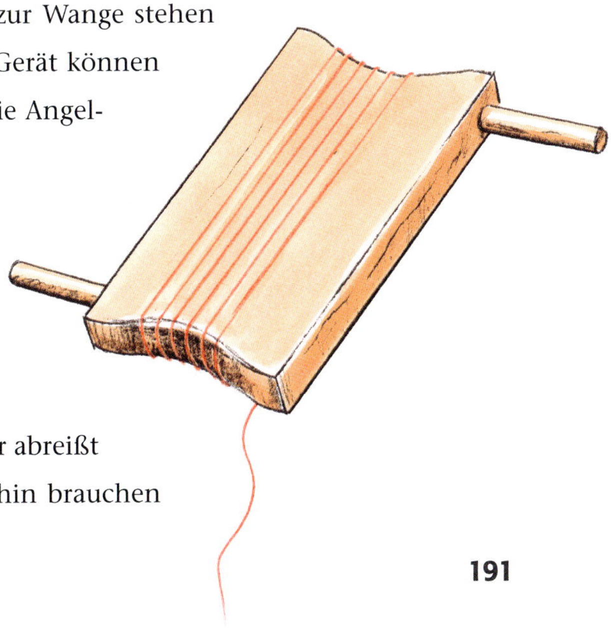

Besorgen Sie sich in einem Angelladen 100 Meter Schnur mit 0,6 Millimeter Durchmesser. Damit sind Sie jedem Dorsch gewachsen und müssen keine Angst haben, dass er die Schnur abreißt und jämmerlich verendet. Weiterhin brauchen

Sie Haken. Kaufen Sie Dreierhaken der Größe 2/0. Schließlich benötigen Sie noch Sprengringe und Wirbel. Hier bestehen Sie auf salzwasserbeständigem Material. Mehr brauchen Sie nicht zu kaufen; lassen Sie sich nichts aufschwatzen. Der Rest Ihrer Ausrüstung liegt bei Ihnen in der VA-Kiste. Pilker machen Sie selbst, denn die sind teuer und gehen gelegentlich verloren.

Fische der Familie Kabeljau leben gerne am Grund und ernähren sich von anderen Fischen, vorzugsweise dem Sandspierling. Der versteckt sich im Sand, und wenn er plötzlich flieht, hinterlässt er eine kleine Sandwolke. Diese Wolke reizt den Dorsch zuzustoßen.

Für uns heißt das Folgendes: Unser Metallköder – der Pilker – muss rasch bis zum Grund absinken, wo wir ihn durch ruckartiges Hochholen und Absenken einen Sandspierling imitieren lassen. Beißt ein Dorsch zu, kriegen Sie erst einmal einen ordentlichen Schreck. Dann können Sie ihn hochholen. Wenn der Fisch nicht sehr schwer ist, also nicht mehr als drei Kilogramm Gewicht hat, werden sie damit keine Schwierigkeit haben. Wenn Sie mit einer Haspel angeln, tragen sie Handschuhe aus dem Baumarkt, um Ihre Haut zu schonen.

VA-Reste eigenen sich hervorragend, um daraus Pilker zu basteln. Pilker sind zwischen zehn und fünfzehn Zentimeter lang, etwa zwei Zentimeter breit und so dick, dass sie zwischen 80 und 150 Gramm wiegen. Wollen Sie in großer Tiefe oder starker Strömung angeln, darf der Pilker auch 200 Gramm oder mehr wiegen. Ihr Pilker muss durchaus nicht regelmäßig geformt sein, leicht verdreht oder gebogen ist gut, damit er taumelnde Bewegungen macht. Bohren sie an beiden Enden ein Loch, bringen Sie zwei Sprengringe an und an einer Seite den Haken. Knoten Sie einen Wirbel an die Schnur und hängen Sie den Pilker dran. Fertig ist die Dorschangel.

Wenn Sie sich die einschlägigen Seiten von Angelkatalogen anschauen, werden Sie erstaunt sein über die Vielfalt dort und die Primitivität meines Vorschlages. Auch hier gilt, dass die Industrie gerne das verkauft, wofür angeblich Bedarf besteht, und besteht er nicht, wird er geschaffen. Ich kann nur versichern, dass ich mit dieser Ausrüstung schon genügend Dorsche und Wittlinge gefangen habe, und sie haben uns immer gut geschmeckt.

Ein wenig Farbe schadet ja vielleicht wirklich nicht. Statt die bunten Plättchen zu kaufen, mit denen man die Pilker hinten behängen kann, damit es wie ein Fischschwanz aussieht, nehmen sie eine leere Weichspüler- oder Ketchupflasche aus Plastik und schneiden sich die Teile aus. Das kostet nichts und erfüllt denselben Zweck.

Gute Erfahrungen habe ich noch mit folgender Konstruktion gemacht: Da Dorsche auch gelegentlich im Mittelwasser jagen, machen Sie zwei oder drei Meter oberhalb des Pilkers eine Schlaufe in die Schnur; bei 0,6 Millimeter Durchmesser ist das unerheblich. In diese Schlaufe binden Sie einen ganz leichten Pilker aus dünnem Blech an ein 20 Zentimeter langes Stück Schnur. Diese Kombination aus schwerem Pilker unten und leichtem Pilker darüber hat sich gut bewährt. Besonders aufregend wird die Sache, wenn Sie zwei Dorsche auf einmal dran haben.

Natürlich können Sie beide Pilker auch an den unterschiedlich langen Schnurstücken in den Wirbel einhängen. Das hat den Vorteil, dass in aufgeräumtem Zustand keine spitzen Haken die Finger oder die Kleidung bedrohen. Lassen Sie Pilker NIEMALS auf dem Boot herumliegen. Räumen Sie sie nach Gebrauch sofort weg und sichern Sie die Haken mit Kork. Ich habe schon schlimme Verletzungen gesehen.

Angeln heißt töten. Wenn Sie einen Fisch gefangen haben und er zappelt an Deck herum, müssen Sie entscheiden, ob sie ihn behalten wollen oder nicht. Wenn nicht, halten Sie ihn mit der nassen Hand fest und lösen Sie vorsich-

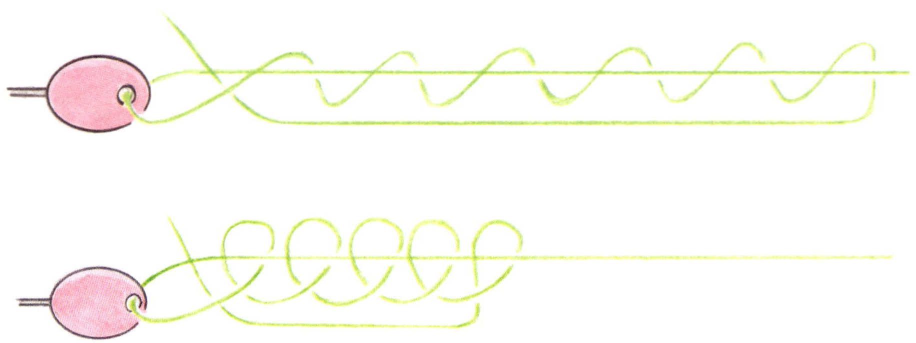

tig den Haken mit einer Zange – Fische haben im Maul wenig Nerven – und werfen Sie ihn zurück.
Ist er groß genug für die Pfanne, dann lassen sie den Haken im Maul und töten Sie den Fisch mit einem wirklich kräftigen Schlag auf den Kopf hinter den Augen. Bierflaschen mit langem Hals eignen sich hervorragend dazu, aber natürlich tut es auch die Winschkurbel. Fische zucken und zappeln noch lange herum, obwohl sie schon tot sind. Für unverantwortlich halte ich es, einen Fisch einfach in einen Kübel zu werfen und ersticken zu lassen.
Zum Ausnehmen sollten Sie eine Unterlage benutzen, um das Boot nicht vollzusauen und nicht ins Deck oder die Plichtbänke zu schneiden. Mir leistet zu diesem Zweck mein Fenderbrett gute Dienste.

Sonnenspiegel

In den Ausrüstungsempfehlungen für einen Seenotfall ist immer auch von einem Handspiegel die Rede, mit dem man Piloten durch Sonnenspiegelung auf sich aufmerksam machen kann. Geben Sie für einen Spiegel kein Geld aus. Glas ist zerbrechlich, und Glasscherben sind gefährlich. Nehmen Sie statt eines Spiegels eine ausgediente oder unbrauchbar gewordene CD mit. Sie lässt sich durch ihr Loch in der Mitte gut handhaben, ist leicht, biegsam und nahezu unzerbrechlich.

Ankerreitgewicht

Ein Reitgewicht ist sinnvoll, wenn Sie mit einer Ankerleine ankern. Lassen Sie es so weit an der Leine hinuntergleiten, bis es einige Meter vor dem Anker auf dem Grund zu liegen kommt, sodass der Zug der Leine halbwegs parallel zum Meeresboden verläuft. Dadurch wird der Gefahr vorgebeugt, dass der Anker ausbricht.

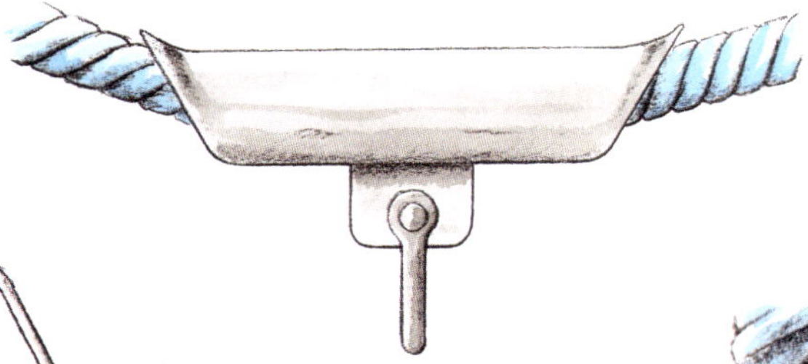

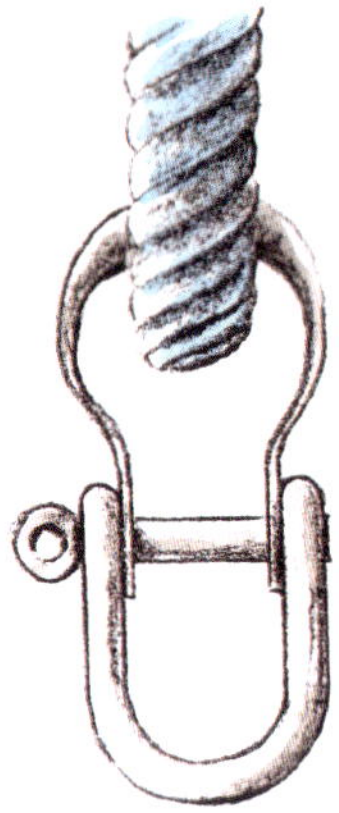

Um ein Reitgewicht herzustellen, besorgen Sie sich bei einem Reifenhändler fünf Kilogramm altes Auswuchtblei. Außerdem brauchen Sie noch ein Stück dünnen VA-Rundstahl von 20 bis 30 Zentimeter Länge, einen großen Schäkel, 20 Meter Leine von fünf Millimeter Durchmesser und eine leere Konservendose mit mindestens 800 Milliliter Inhalt.

Biegen Sie den Rundstahl zu einem V oder einem U, stellen Sie ihn zentriert in die Dose, sodass die Biegung oben herausschaut, und fixieren Sie ihn. Dann schmelzen Sie das Blei in einem alten Topf, wobei die Felgenhaken aufschwimmen und leicht entfernt werden können. Anschließend gießen Sie das flüssige Blei in die Konservendose. Wenn alles ausgekühlt ist, reißen Sie die Blechdose ab. Knoten Sie die dünne Leine an die VA-Öse und hängen Sie das Gewicht mit dem Schäkel an die Ankerleine. Fertig.

Wahrscheinlich ankern Sie nicht Hunderte von Malen in der Saison, sodass Ihre Ankerleine keinen Schaden durch den Reitgewichtsschäkel erfahren wird.

Wenn Sie aber noch Zeit zum Basteln haben, können Sie sich einen Schlitten aus VA-Blech herrichten. Das Blechteil könnte zehn oder zwölf Zentimeter lang sein und so breit, dass es in rund gebogenem Zustand sehr locker über die Ankerleine gleitet.
Kanten Sie das Blech unten beidseitig auf und bohren Sie Löcher, durch die sie den Schäkelbolzen führen. Ganz wichtig ist, dass Sie die die Vorder- und Hinterkante nach oben hämmern und gut putzen, damit von diesen Stellen keine Gefahr für die Ankerleine ausgeht.

Die Pinkelstange

Liebe Mitsegler, wie bereits weiter vorne angedeutet, kann das kleine Geschäft auf Segelbooten durchaus Gefahren bergen, wenn man am Heckkorb verkeilt steht, um sich Erleichterung zu verschaffen. Heckkörbe oder Relingsdrähte sind normalerweise nicht besonders hoch, sodass bei unruhigen Verhältnissen die Hebelkräfte plötzlich dazu führen können, dass der Pinkler über Bord fällt. Hier kann die Pinkelstange Abhilfe schaffen.
Was wir brauchen, ist eine stabile Stange von mindestens 1,5 Meter Länge, die in der Ecke des Heckkorbs senkrecht angebracht und um die der Arm gelegt wird. Lehnt man sich mit dem Oberkörper und der Schulter dagegen, beugt diese Stütze einer Verkrampfung der Bein- und Beckenmuskulatur vor und erlaubt eine entspannte Verrichtung. Dass man sich bei Seegang dabei trotzdem anleint, sollte ohnehin selbstverständlich sein.
Wenn wir dem Gedanken der Mehrfachnutzung von vorhandenem Gerät Beachtung schenken, dann bietet sich möglicherweise der Bootshaken an oder ein Paddel oder Riemen des Beiboots.
Die ausziehbaren Bootshaken aus Aluminiumrohr, die auf vielen Booten benutzt werden, sind ein sehr brauchbares Gerät für unseren Zweck. Zusammengeschoben sind sie lang und stabil genug, um einem Mann die wünschenswerte Stütze zu geben.

Die einfachste Art der Befestigung ist sicherlich, die Stange bei Bedarf einfach am Heckkorb oben und unten anzubändseln. Darüber hinaus kann man auch zwei stabile Ringe anschweißen, durch die die Stange gesteckt wird, damit sie auf dem Deck aufliegt. Entsprechend den Verhältnissen auf Ihrem Boot, lässt sich bestimmt auch bei Ihnen an Bord eine brauchbare Lösung finden. Solch eine Pinkelstange kann ein echter Beitrag zur Bequemlichkeit und Sicherheit an Bord eines kleinen Schiffes sein. Denken Sie mal drüber nach!

Traveller

Es ist kaum etwas einzuwenden gegen die Aussage namhafter Segler, dass Segeln ohne Traveller die Möglichkeiten jeder Art von Besegelung zumindest nicht voll ausschöpft. Das gilt für Hightech-Yachten ganz besonders, aber auch die hier im Vordergrund stehenden Lowtech-Boote können in ihren Segeleigenschaften von einem Traveller profitieren, noch dazu, wenn er einfach und preiswert nachzurüsten ist. Sollten Sie, liebe Leserin, lieber Leser, keinen Traveller auf Ihrem Boot haben, könnten die folgenden Zeilen vielleicht eine Anregung für Sie sein.

Der Anfang meiner Überlegungen ist die Schotführung auf verschiedenen Jollen, über deren Heck eine Leine quer angebracht ist. Sie ist so lang, dass sie in nach oben gespanntem Zustand der Pinne ausreichend Bewegungsfreiheit erlaubt und sie dient als Fußpunkt für die Schot. Wird die Schot gefiert, rutscht der Fußpunkt nach Lee, bis es nicht mehr weitergeht. Damit wird auch sofort die Crux an der Sache deutlich: Die Lage des Fußpunktes der Schot kann bei dieser Konstruktion nicht kontrolliert werden.

Eine Kontrollmöglichkeit ergibt sich jedoch sofort, wenn man dafür sorgt, dass nicht der Fußpunkt der Schot auf der Leine rutscht, sondern die Leine selbst verschoben werden kann. Dazu muss allerdings die Schot an einem festen Punkt angreifen. Konkret sieht mein Vorschlag folgendermaßen aus: Sie brauchen eine Leine von zehn oder zwölf Millimeter Stärke, die etwa

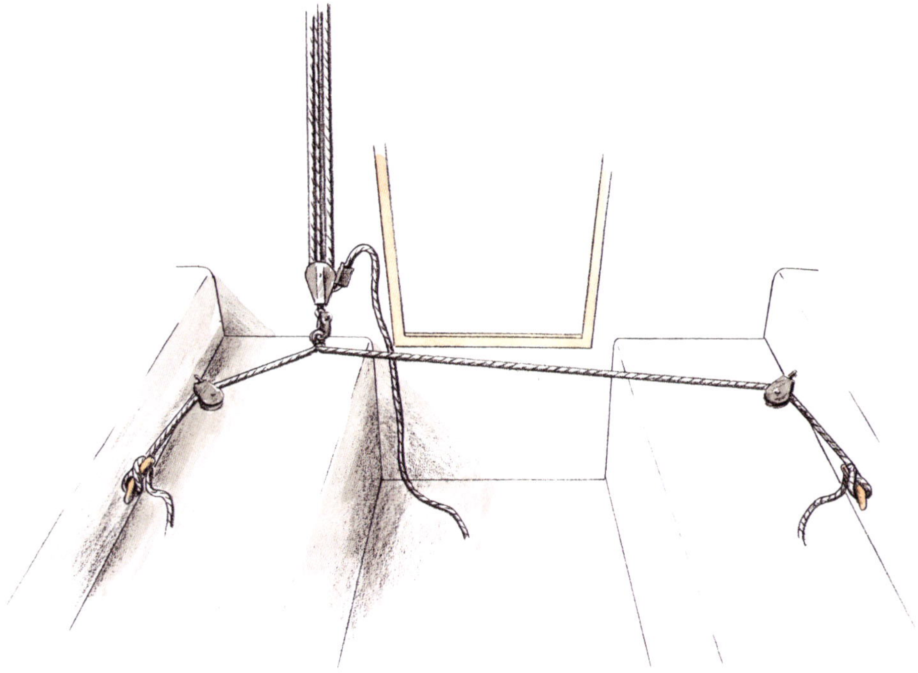

zweieinhalb- bis dreimal so lang ist wie die Bootsbreite an der vorgesehenen Stelle, zwei Umlenkrollen und zwei Curry-Klemmen oder Fallenstopper oder schlichte Klampen; ich bevorzuge Kneifklampen.

In die Mitte der Leine nähen Sie ein Auge mit oder ohne runder oder ovaler VA-Kausch oder machen ganz primitiv einen Knoten mit Schlaufe, den Sie später wahrscheinlich nur noch mit dem Küchenbeil auf einer harten Unterlage wieder aufkriegen. Dieses Auge ist der Angriffspunkt der Schot. Die beiden Umlenkrollen montieren Sie möglichst weit außen, und die Klampen schrauben Sie dort an, wo es bei Ihnen am besten passt. Die beiden Enden führen Sie nun durch die Blöcke, sichern Sie mit einem Achtknoten und belegen sie.

Auf beiden Seiten ist genügend Leine vorhanden, um den Fußpunkt ganz nach Steuerbord oder Backbord zu verschieben, und durch die Abstimmung der beiden Leinen lässt er sich in jeder Position fixieren und auch schön flach halten. Er erlaubt eine wirkungsvolle Unterstützung der Segelstellung, und im Hafen ist er ruckzuck abgebaut und aus dem Weg, wenn man das Cockpit frei haben möchte.

Badeleiter

Eine Badeleiter kann man natürlich dazu verwenden, bei einladenden Wasser- und Lufttemperaturen vom Boot ins Wasser zu gelangen und auch wieder heraus. Des Weiteren ist eine Badeleiter ein fast unabdingbares Ausrüstungsteil, wenn es darum geht, einen über Bord gefallenen Mitsegler wieder an Bord zu bekommen.

In jedem Lehrbuch kann man nachlesen, wie man sich in solch einem Fall verhalten soll, doch habe ich den Eindruck, dass ich anscheinend das falsche Boot für derartige Unternehmungen habe. Obwohl ich nicht sagen kann, dass mein Boot extrem hochbordig ist, scheiterten alle Versuche bei günstigen Bedingungen, einen versuchsweise über Bord gegangenen Mann mit normaler Konstitution mit nur einem Mann als Hilfe wieder an Bord zu bringen. Sind die Verhältnisse aber ungünstig mit Wind, Kälte, Panik und mangelnder Übung, ist das Unterfangen ziemlich aussichtslos.

Daher muss eine Vorrichtung an

Bord sein, die dem Opfer die realistische Möglichkeit bietet, mit eigener Kraft und Hilfestellung wieder an Bord zu gelangen. Eine Badeleiter ist dazu hervorragend geeignet, wenn sie etwa 60 Zentimeter tief ins Wasser reicht.
Feste Badeleitern sind der Stabilität halber vorzuziehen, doch auch einklappbare Modelle aus Aluminium-Rohr sind gut geeignet. Sie haben noch den weiteren Vorteil, dass man sie dort einhängen kann, wo sie gebraucht werden. Sollten Sie an Ihrem Boot keine Möglichkeit für eine sperrige Badeleiter haben, kann ich Ihnen noch zwei Vorschläge machen.
Basteln Sie sich selbst eine Badeleiter aus vier Trittstufen und einem Ende von zwölf Millimetern Durchmesser. Bohren Sie rechts und links Löcher in die Tritte und ziehen Sie das Ende durch. Jeweils unterhalb der festgelegten Höhe machen Sie einen ordentlichen Knoten, auf dem der Tritt aufliegt. Oben können die beiden Enden in einem stabilen Karabinerhaken zusammengefasst werden, der sich rasch irgendwo einhängen lässt. Lassen Sie auch unter dem letzten Tritt eine ansehnliche Bucht, in die sie ein Gewicht einhängen können, damit die Leiter halbwegs senkrecht hängt. Ausziehbare Brauseschläuche von Küchenarmaturen sind mit zusammenschraubbaren Bleigewichten versehen, die hier auch gute Dienste leisten können.
Die zweite Möglichkeit ist für diejenigen von Ihnen vielleicht interessant, die ein angehängtes Ruderblatt haben. Schrauben Sie doch an das Ruderblatt einige Stahlwinkel an, die als Tritte dienen. Der Geschwindigkeitsverlust durch erhöhten Wasserwiderstand dürfte sich sehr in Grenzen halten. Wenn dann oberhalb davon, am Ruderkopf beispielsweise, noch eine Möglichkeit besteht sich festzuhalten, ist das schon fast so gut wie eine Badeleiter.

Trichter

Im folgenden Abschnitt spreche ich die Skipper an, die einen Außenborder mit eingebautem Tank benutzen. Bei diesen Modellen lässt es sich kaum vermeiden, während der Fahrt nachzutanken, da die Reichweite mit einer Füllung begrenzt ist und eventuell nicht ausreicht, um den nächsten Hafen zu erreichen.

Selbst wenn man den Benzinkanister mit dem dazugehörigen Ausgießer versieht, ist die Gefahr nicht von der Hand zu weisen, dass durch unsicheren Stand oder heftige Wellenbewegung etwas Treibstoff danebengeht und das Wasser verunreinigt. Um das zu vermeiden ist der erste Schritt, einen Benzinkanister mit einem flexiblen Ausgießer zu kaufen. Man kann ihn leicht in die Tanköffnung stecken, ohne dass bereits Benzin fließt.

Sollten Sie schon einen Kanister mit einem festen, angewinkelten Ausgießer haben, können Sie mit einem Schlauchbinder ein flexibles Stück Schlauch anbringen, das denselben Zweck erfüllt.

Als weiteren Schritt empfehle ich Ihnen, sich einen zweifach abgewinkelten Trichter mit möglichst großer Öffnung zuzulegen. Der Autozubehörhandel hält solche Trichter bereit. Mit diesem Gerät entfällt die Gefahr, sich an ungünstiger Stelle weit außenbords lehnen zu müssen und Sprit zu verkleckern.

Eines müssen Sie allerdings beachten: Alles, was Sie in den Trichter kippen, läuft auch in den Tank. Kontrollieren Sie lieber einmal zu viel, als dass der Tank überläuft.

Kuchenbude

Gelegentlich kommt es vor, dass man einen weiteren Hafentag einlegen muss, weil das Wetter eine Weiterfahrt nicht zulässt. Gehen wir wieder von einem relativ kleinen Boot aus, dann kann eine Kuchenbude einen wertvollen Beitrag dazu leisten, dass der mitunter arg beengte Lebensraum unter Deck rasch und unkompliziert beträchtlich erweitert werden kann, um auch einem solchen Tag noch etwas abgewinnen zu können. Die Anfertigung einer Kuchenbude ist nicht kompliziert und auch von einem Laien durchaus zu bewältigen. Wenn Sie sie selber nähen, können sie eine Menge Geld sparen, denn die Maßanfertigung für Ihr Boot könnte Ihre Brieftasche ordentlich belasten.

Fangen wir an mit einem mehr als primitiven Vorschlag, der nichtsdestotrotz einige Vorzüge aufweisen kann. Alles, was Sie brauchen, ist Ihr Großbaum und eine Plane aus dem Baumarkt, die es in unterschiedlichen Größen gibt. Ragt Ihr Baum deutlich in die Plicht hinein, vergrößert sich die trockene Fläche bei Regenwetter schon erheblich. Um draußen zu kochen oder das nasse Ölzeug am Baum zum Trocknen aufzuhängen, genügt diese einfache Vorrichtung ohne Zweifel. Mit den eingearbeiteten Ösen lässt sich solch eine Plane vielseitig anbringen und erfordert kaum Nacharbeit. Wollen Sie mit dieser Plane das ganze Cockpit abdecken, müssen Sie wahrscheinlich eine Leine zum Achterstag oder zum senkrecht am Heckkorb angebändselten Bootshaken oder Riemen spannen. Um auch bei Regen keine tropfende Stelle in der Plicht zu haben, empfiehlt es sich, die Dirk zu lösen und den Baum von unten abzustützen. Ein Rohrkicker löst dieses Problem ganz einfach.

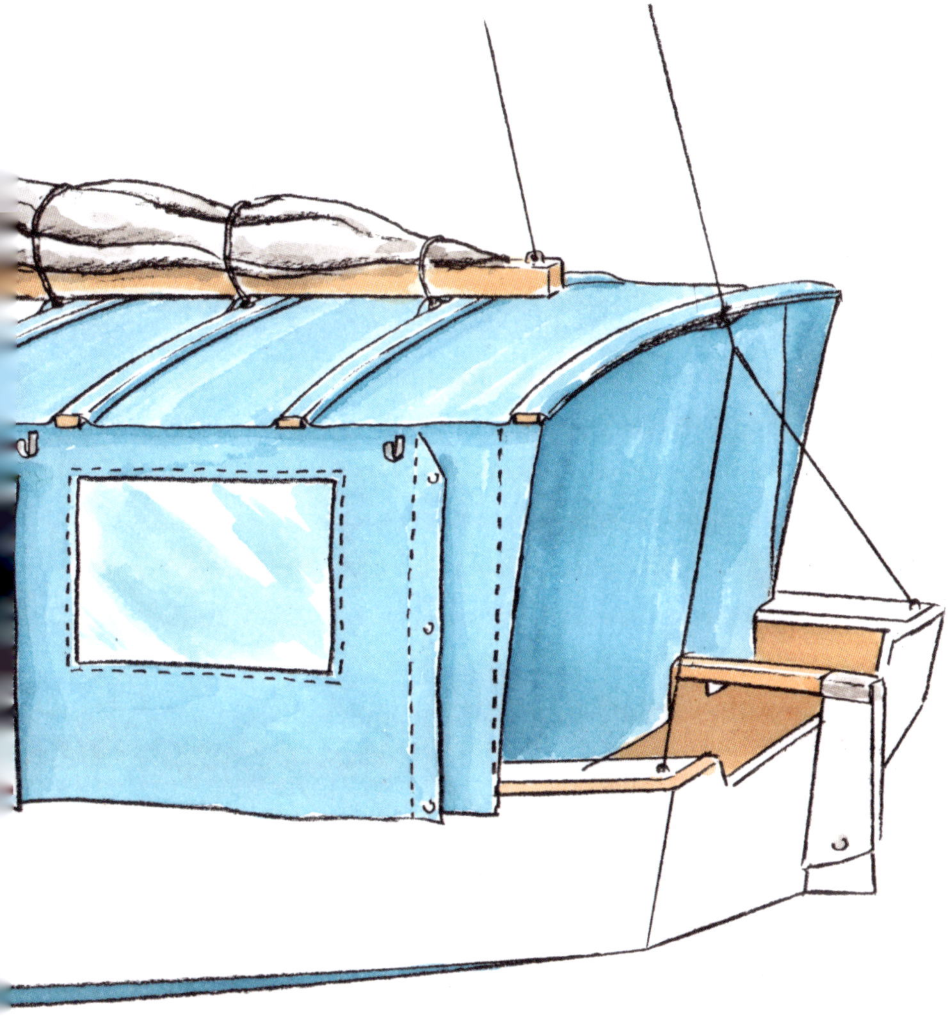

Verlassen wir den Charme einer provisorischen Campingunterkunft und wenden uns einer etwas professionelleren und dauerhafteren Lösung zu. Das größte Manko der ersten Lösung ist die mangelnde Kopffreiheit aufgrund der dreieckigen Form. Um die Kuchenbude wirklich als zusätzlichen Raum nutzen zu können, muss sie auch oben genügend Platz bieten. Das erfordert allerdings etwas mehr an Aufwand als nur eine Plane aufzuspannen. Dieses Ziel wird dadurch erreicht, dass einige Spreizlatten unter oder über dem Baum quer angeordnet werden. Diese Spreizlatten sorgen dafür, dass die Seitenwände ziemlich senkrecht hängen und das Dach nur ein ganz geringes Gefälle aufweist. Etwas Gefälle muss sein, damit das Regenwasser ablaufen kann und sich nicht in einer Vertiefung sammelt. Bevor Sie entschlossen zur Schere greifen, um den Persenningstoff zu zerschneiden, rate ich dringend, die ganze Bude zuerst aus Pappe, aus alten Bettlaken oder ähnlichem Material probeweise zuzuschneiden und provisorisch miteinander zu verbinden, um zu überprüfen, ob Sie richtig gemessen haben und ob auch sonst alles passt. Beim Maßnehmen sollten Sie nicht zu sparsam sein: Planen Sie so, dass der Niedergang komplett abgedeckt ist, sodass Sie zumindest in diesem Bereich Stehhöhe haben, und sorgen Sie dafür, dass achtern kein Wasser in die Plicht laufen kann und die Duchten nass werden. Reichen die Duchten bis zum Spiegel, sollte die Kuchenbude bis über den Heckkorb reichen. Sind die Duchten durch ein umlaufendes Süll begrenzt, genügt es, die Bude darüberzuspannen.

Was Sie auf jeden Fall einplanen sollten, ist eine durchgängige Belüftung. Eine Kuchenbude wird in der Regel dann aufgebaut, wenn es ohne Schutz draußen ungemütlich und kühl ist. Ohne Belüftung funktioniert kein Luftaustausch und die Innenseite neigt zum Verspaken.

An der Vorder- und Rückseite lassen sich ganz oben zwei Lüftungsgitter gut unterbringen. Da man nie im Voraus wissen kann, mit welcher Schiffsseite man am Kai zu liegen kommt, ist es notwendig, an beiden Seiten Ausstiege vorzusehen. Platzieren Sie die senkrechten Reißverschlüsse ziemlich nah an den Ecken, damit keine riesigen Schritte notwendig sind, wenn man vom Seitendeck unter die Kuchenbude gelangen will. Andernfalls ist die Gefahr zu groß, dass man ausrutscht und ins Wasser fällt.

Planen Sie auch Abdeckungen für die Reißverschlüsse ein, damit an diesen Stellen nichts durchsippt. Diese Laschen können mit Druckknöpfen oder Klettbandstreifen versehen werden, damit sie der Wind nicht aufdrückt. In die Türteile sollten Sie Fenster aus transparenter Folie einnähen, damit es in der Kuchenbude schön hell ist, damit man hinaussehen kann und damit die „Sehleute“ am Kai auch wissen, was die Bootsleute denn bei Regenwetter so alles treiben. Hier sind Ihrer Fantasie keine Grenzen gesetzt, und hübsche

Vorhänge – farblich passend zum Persenningstoff – können zum Schutz Ihrer Privatsphäre beitragen.

Kommen wir zur Frage, ob die Kuchenbude über oder unter dem Baum angeordnet werden soll. Wenn bei Ihnen das Segel ohne Fangleinen sauber aufgetucht ist und der Baum nur von der Dirk gehalten wird, spricht nichts dagegen, die Bude über dem Baum anzubringen. Um diese Anordnung auch tatsächlich wasserdicht zu machen, bietet sich folgende Möglichkeit an: Nähen und kleben Sie an der Stelle, an der die Dirk angreift, einen runden Flecken von 12 bis 15 Zentimetern auf das Dach und nähen Sie da drauf einen stabilen Ring oder eine Schlaufe aus Gurtband. Auf der Unterseite des Daches bringen Sie dort zwei Bändsel an oder ein Gurtband mit Verschluss, mit dem das Dach am Baum befestigt wird. Die Dirk schäkeln Sie außen in den Ring bzw. die Schlaufe ein. Bei dieser Montage müssen Sie die vordere Wand mit einem Reißverschluss teilen, sonst können Sie die Kuchenbude nicht über dem Baum anbringen. Wenn Sie hierfür einen teilbaren Reißverschluss wählen, der beidseitig zu öffnen ist, sparen Sie sich die Lüftungsöffnung.

Ist Ihr Baum jedoch mit Fangleinen ausgerüstet, ist es wahrscheinlich arbeitsaufwändig, alles abzubauen, um die Kuchenbude oben drüberzuziehen. In diesem Falle können Sie eine Montage unter dem Baum ins Auge fassen. Ein Verfahren sieht so aus: Sie nähen ein Gurtband längs auf die Mitte des Daches und lassen alle 50 oder 60 Zentimeter eine Durchschlupfmöglichkeit für ein Bändsel. Mit diesen Bändseln befestigen Sie das Dach an der Unterseite des Baumes.

Für die Spreizlatten empfiehlt es sich, schmale Taschen quer ins Dach zu nähen und die Latten hineinzuschieben. Wenn die ganze Vorrichtung stramm verspannt ist, fallen die Latten auch ohne Sicherung erfahrungsgemäß nicht heraus. Als Latten können Sie dünne Bambusstangen verwenden. Sie sind leicht, stabil und preiswert im Baumarkt mit Gartenabteilung erhältlich.

Die Kuchenbude muss nach unten abgespannt werden. Wählen Sie die Seitenteile so lang, dass sie einige Zentimeter über die Bordwand hinunterhängen. Das bedeutet, dass Sie ihre Befestigungsstropps oder Leitergummis aus dem

Campingladen etwas höher angreifen lassen müssen, um ordentlich Zug auf die Konstruktion zu bringen. Am einfachsten ist die Sache, wenn Sie auf Ihrem Boot eine Fußreling aus Aluminiumprofil mit Löchern haben, in die sich die Stropps gut einhängen lassen. Aber auch ohne eine solche Leiste gibt es genügend Möglichkeiten, die Kuchenbude zu verspannen.

Noch drei Kleinigkeiten:

Lassen Sie das Dach vorne und hinten zehn Zentimeter überstehen, damit die vorhin erwähnten Lüftungslöcher gegen Regen geschützt sind.

Nähen Sie außen oben an die Türen zwei kleine Knebel oder Haken an und an der Innenseite zwei dünne Bändsel. So können Sie die Türen hochrollen und fixieren.

Damit die Überhänge nicht an der Bordwand flattern, können Sie sie umnähen und passend abgelängte Stücke eines Gartenschlauchs im Saum unterbringen. Die Stücke sind nicht sehr schwer, verhindern aber durch ihre Länge, dass der Wind mit dem Stoff spielen kann.

Wohin mit ...?

In diesem Kapitel geht es nicht darum zu beschreiben, wo die Leinen und Fender am besten untergebracht werden können; das ist auf den meisten Booten kein Problem und braucht deshalb hier auch nicht erörtert zu werden. Hier geht es um mehr oder minder kleine Teile, die ihren festen Platz haben sollten, damit man sie rasch zur Hand nehmen kann, wenn man sie braucht. Auf dem kleinem Raum eines Schiffes ist Ordnung wichtig und manchmal überlebenswichtig.

Wohin mit der Winschkurbel?

Für die Winschkurbeln gibt es Köcher aus weißem Plastik zu kaufen, doch diese Ausgabe können Sie sich sparen. Es geht auch anders. Auf jeder Baustelle liegen Abschnitte von 50er HT-Rohren herum, die für die Abwasserleitungen im Haus verwendet werden. Fragen Sie doch den Bauleiter, ob Sie nicht ein Stück davon entsorgen dürfen.

Die Länge ist nicht so entscheidend; ob das Stück 20 oder 30 Zentimeter lang ist, ist gänzlich unerheblich. Schrägen Sie die Anschnitte leicht ab, bohren Sie oben und unten ein Loch und schrauben Sie das Rohr so in der Plicht oder einer Backskiste fest, dass es nicht stört, die Kurbel aber sofort greifbar ist. Natürlich will ich Sie nicht zu ungesetzlichem Handeln anleiten, aber vielleicht erinnern Sie sich daran, dass Sie bei der letzten Autofahrt über Land oder Autobahn den einen oder anderen weiß-schwarzen Straßengegrenzungspfahl beschädigt im Graben haben liegen sehen. Diese Dinger eignen sich ganz hervorragend dazu, als Winschkurbel-Behälter eine neue und sinnvolle Zweckbestimmung zu erfahren. Wenn Sie wieder einen sehen, rufen Sie die Straßenmeisterei an und fragen Sie, ob sie ihn mitnehmen dürfen, damit Sie sich nicht des Diebstahls schuldig machen.

Wohin mit den Seekarten?

Bei der Beantwortung dieser Frage müssen wir drei Gruppen unterscheiden: die Seekarten-Falter, die Seekarten-Roller und die Seekarten-Flachleger.
Auf den meisten kleinen Booten dürfte es schwierig sein, Seekarten in voller Größe aufzubewahren. Sie sind einfach zu groß, doch unabhängig von der jeweiligen Vorliebe für die Art der Aufbewahrung gibt es auf jedem Boot ungenutzten Raum, wo man Seekarten stauen kann.
Bleiben wir zunächst bei den Seekarten-Faltern, zu denen ich mich auch zähle. Wenn Sie ein Holzboot segeln, hat Ihre Kajüte wahrscheinlich Decksbalken, und der Raum dazwischen eignet sich hervorragend, um gefaltete Seekarten unterzubringen. Schrauben, kleben oder nageln Sie einige dünne Leisten von unten gegen die Balken, sodass sich eine genügend große Fläche für die Karten ergibt. Auf diese Weise sind sie ordentlich verstaut, sicher vor Kaffee- und Rotweinflecken und doch jederzeit greifbar. Natürlich funktioniert das Verfahren auch, wenn bei Ihrem Boot die Spanten sichtbar sind.
Haben Sie weder nutzbare Spanten noch Decksbalken, befestigen Sie an geeigneter Stelle zwei Leisten von drei Zentimeter Stärke, sodass eine gefaltete Seekarte locker dazwischenpasst und schrauben Sie die Leisten da drauf. An einer Schottwand oder einer passenden Stelle der Kajütdecke besteht sicherlich auch bei Ihnen an Bord die Möglichkeit, solch einen flachen Stauraum anzubringen.
Andere Stellen sind die Unterseiten der Plichtbänke, die von innen zugänglich sind. Bei manchen kleinen Kreuzern reichen die Salonkojen unter die Plicht, damit sie lang genug sind. Wahrscheinlich ist genügend Raum für Ihre Knie vorhanden, auch wenn Sie dort ein Kartenfach anbringen.
Kommen wir zu den Seekarten-Rollern. Gerollte Seekarten haben zwar den Vorteil, dass es keine Knickstellen gibt, an denen sich erfahrungsgemäß der Druck bei heftigem Gebrauch abwetzt, sie sind aber doch unhandlich; sowohl beim Gebrauch als auch bei der Stauerei.

Sicherer Halt für Baby und Bier

Ein Palstek-Leser-Tipp von Andreas Huber-Grafe

Anbei ein Bild, wie wir unseren „Chefskipper" auf unserem Boot unter Kontrolle haben: Es handelt sich um einen Fahrradsitz für die Montage an der Lenkeraufnahme/Lager der Firma Römer – Modell „Sulky", wie sie im Handel für etwa 30 bis 40 Euro zu bekommen sind und für Kinder bis etwa 15 Kilogramm geeignet sind. Wir haben einfach die Halterung für die Fahrradmontage abgeschraubt und den Sitz mittels zwei M8-Schlossschrauben durch das Brückendeck unserer Neptun gebolzt. (Eine stabile Unterlegplatte aus Teak oder Edelstahl ist natürlich notwendig.) Es sind keinerlei Umbauarbeiten an dem Sitz nötig - lediglich zwei Löcher im Brückendeck, welche später mit Gelcoat sehr einfach zu schließen sind. Diese Konstruktion hat sich auf unserem Adriatörn und auf unserem Heimatrevier bestens bewährt, gerade bei An- und Ablegemanövern, wo wir beide gefordert sind, haben wir unser Nachwuchstalent im Blick und unter Kontrolle, da ein Beckengurt und bei Bedarf zusätzliche Beinschlaufen für „Halt" sorgen. Dem Kleinen gefällt's in dem Sitz ebenfalls ziemlich gut, hat er doch alles im Überblick und einen stabilen Griff zum Festhalten. Für Schatten an heißen Sommertagen sorgt ein kleiner Schirm aus dem Kinderwagenzubehör mit Klemmhalterung – diesen bekommt man ebenfalls für wenige Euro im Babyladen.

Und zu guter Letzt noch eine Alternative für teure Getränkedosen- und Flaschenhalter aus dem Marinezubehörhandel: Ebenfalls im Babyladen sind für weniger als fünf Euro Flaschenhalter für Kinderwagen erhältlich, diese sind komplett aus Kunststoff, die einzige Schraube zur Befestigung tauscht man gegen eine Edelstahlschraube aus der „Schäkelkiste", und schon hat man einen wirklich perfekten Halter für das Cockpit. Die Befestigung ist universell verwendbar und passt auf sämtliche Relingrohre und Seezaunstützen. Papas Becks hat dort einen absolut sicheren Halt gefunden und ist immer griffbereit ...

Ich kann hier nur wiedergeben, was ich auf manchen Booten gesehen habe. Bei fast allen stecken die gerollten Karten in einer Art fester Hülle. Bei einigen waren es Pappröhren, wie sie zum Postversand verwendet werden. Um sie gegen Feuchtigkeit zu schützen, hat ein Skipper diese mit Sprühlack behandelt. Auch die schon des Öfteren erwähnten Kanalrohre von 100 Millimeter Durchmesser habe ich gesehen, um Seekarten unterzubringen.
Ihrer Fantasie sind hier keine Grenzen gesetzt, und es bietet sich ganz gewiss auch die Möglichkeit, solch ein Rohr an unauffälliger Stelle zu befestigen. Sie müssen nur darauf achten, dass vor dem Rohr noch genügend Platz vorhanden ist, dass Sie die Karte problemlos herausziehen und auch wieder hineinstecken können.
Die dritte Gruppe, die Seekarten-Flachleger, dürfte wohl am kleinsten sein, weil nur wenige Boote die Möglichkeit bieten, ganze Seekarten ausgebreitet hin zu legen. Am wahrscheinlichsten dürfte es unter den Matratzen des Vorschiffs möglich sein, allerdings kommt man da schlecht dran. Bei ganzen Kartensätzen, die in Plastikhüllen verkauft werden, bietet sich diese Lagerung an, wenn man vorher diejenigen Karten entnimmt, die man voraussichtlich am Tag braucht.

Wohin mit dem Beiboot?

Haben mich bei einigen anderen Abschnitten schon ungute Gefühle beschlichen, weil ich unkonventionelle Dinge befürworte, ist es hier ganz ausgeprägt. Zur Erinnerung: Das zur Debatte stehende Boot ist relativ klein, sodass die Unterbringung eines veritablen Beiboots erhebliche Schwierigkeiten mit sich bringen wird. Ein festes Beiboot oder auch eines, das man zusammenfalten kann, scheidet demnach aus. Es ist schlicht kein Platz dafür vorhanden. Also bleibt nur ein Schlauchboot übrig.
Wofür brauchen wir ein Beiboot auf einer kleinen Yacht? Der wahrscheinlichste Fall ist der, dass man vom Ankerplatz an Land will. Unter Umständen will

Praktische Duschvorhangringe

Ein Palstek-Leser-Tipp von Edgar Wallenborn

Wer kennt nicht das Problem, bei regnerischem Wetter und während der Fahrt die nassen Handtücher von der morgendlichen Dusche und die Küchentücher auf kleinem Raum unter Deck einigermaßen trocken zu bekommen? Außerdem müssen auch Kleider und Ölzeug ab und zu im Salon aufgehängt werden. Wir haben im Schiffsinneren zwar jede Menge Haken angebracht und lange Handläufe an beiden Seiten des Salons, doch daran sind keine Aufhänger vorhanden. Obendrein sind die Sachen dann so dicht aufeinander gepackt, dass alles klamm bleibt. Als gute Lösung hat sich erwiesen, in den Zwischenräumen der Handläufe Duschvorhangringe aus Kunstoff anzubringen, in die jeweils ein gezahntes Metallklämmerchen mit Aufhängeöse eingehängt ist. Hier lassen sich die nassen Sachen nach Belieben luftig verteilt anpicken und können rasch trocknen. Die Ringe sind leicht abzunehmen und zu verstauen, wenn sie nicht benötigt werden – sie permanent zu fahren, ist jedoch auch möglich. Auch auf Charterschiffen, auf denen chronischer Hakenmangel herrscht, haben sie schon gute Dienste geleistet. Die Klämmerchen sind Groschenartikel aus der Haushaltswarenabteilung, und wenn sie mal rosten sollten, ohne Aufwand zu ersetzen.

man auch einen Anker ausbringen. Weitere Verwendungszwecke wird es kaum geben. Wenn man sich das vor Augen führt, ist ein Hypalon-beschichtetes Edelprodukt welcher Firma auch immer ein erheblicher und teurer Luxus. Da ein Schlauchboot in der für uns interessanten Größenordnung sicherlich nicht als Rettungsmittel eingesetzt werden kann, tut es ein stabiles Badeboot auch. Meines trägt zwei Personen, und ich habe es mit einer Acht-Millimeter-Sperrholzplatte als zusätzlichen Boden ausgerüstet. Dadurch knickt es nicht ein, wenn man einsteigt.

Selbst ein so kleines Schlauchboot ist an Bord in aufgeblasenem Zustand ziemlich unhandlich. Es liegt demnach im Normalfall aufgerollt vor dem Mast, weil es da am wenigsten im Wege ist. Das Bodenbrett liegt im Vorschiff unter der Matratze. Brauchen wir es, dauert es zwar zehn Minuten, bis es einsatzbereit ist, dafür haben wir aber sonst keine Last damit.

Wohin mit der Kleidung?

Betreibt man Fahrtensegeln in Gegenden, in denen nicht permanent die Sonne scheint, sondern auch mal ein kühler Tag mit Regen und Wind für Abwechslung sorgt, spielt die passende Kleidung eine wichtige Rolle.

Auch hier gilt analog zu den vorhergehenden Abschnitten, dass normalerweise nicht mit üppigem Stauraum zu rechnen ist. Selbst wenn alle Schapps ausgenutzt sind, ist wahrscheinlich noch genügend Kleidung und Ausrüstung übrig, die in Seesack oder Reisetasche bleiben muss. Das empfinde ich als großen Nachteil, vor allem deshalb, weil alles so unübersichtlich ist und ich eigentlich keine Lust habe, lange kramen zu müssen, bis ich einen trockenen Pullover oder ein frisches Paar Socken finde. Mit Fantasie und Findigkeit lässt sich aber auch diesem Missstand beikommen.

Detaillierte Selbstbau-Anleitungen zu geben ist schwierig, weil die Verhältnisse von Boot zu Boot einfach zu unterschiedlich sind. Stattdessen möchte ich Sie auf einige Alternativen hinweisen.

Schutz für die Kamera

Ein Palstek-Leser-Tipp von Gerhard Uibel

Wer wünscht sich nicht, den Lieben daheim mal ein Video von der letzten überstandenen Sturmfahrt zeigen zu können? Obwohl die Videokamera meist auch an Bord ist, möchte man das teure Gerät keinesfalls Spritzwasser und Regen aussetzen. Einen behelfsmäßigen, aber wirksamen Schutz stellt man wie folgt her: Zunächst wird die Kamera mit einem UV- oder Skylight-Filter ausgestattet, damit beim Abwischen von Spritzern oder Verschmutzungen keine Kratzer am Glas der Linse selbst entstehen können. Dann stülpt man einen stabilen Plastikbeutel, zum Beispiel einen Gefrierbeutel, so über das Gerät, dass man von unten hineingreifen und die Kamera halten und bedienen kann. Am Objektiv wird nun der Plastikbeutel mit einem Kabelbinder ringsum fixiert. Mit einem scharfen Messer wird der Beutel dann vorsichtig um das Objektiv herum ausgeschnitten, sodass keine Folie vor der Linse bleibt.

Es ist von Vorteil, die Bildschärfe manuell auf eine mittlere Entfernung einzustellen, da der Infrarotsensor durch Wassertropfen auf der Schutzhülle irritiert werden kann. Als sehr hilfreich hat sich auch ein Stativ mit Saugfuß erwiesen, welches an allen glatten Flächen befestigt werden kann – dann bleiben beide Hände frei für wichtigere Dinge. Obendrein ist die Bildführung ruhiger, weil die Kamera nur die Bewegungen des Schiffes mitmacht und nicht zusätzlich noch die des Menschen.

Gehen Sie doch mal in einen Campingmarkt. Dort finden Sie sogenannte Tablarhänger, die man als mobile „Schränke“ zum Aufhängen bezeichnen kann. Es gibt sie in unterschiedlichen Abmessungen und Farben, und ihr Folienmaterial lässt sich leicht sauber halten. Mit ein wenig Geschick lässt sich solch ein Hänger leicht den Platzverhältnissen an Bord anpassen. Die ganz Geschickten unter Ihnen werden es sicherlich auch schaffen, einen Hänger auf der Segeltuch-erprobten Nähmaschine selbst herzustellen.

Eine weitere Möglichkeit sind Netze, die Sie vorzugsweise im Vorschiff anbringen können. Einerseits gibt es die Art von Netzen mit umlaufendem Gummizug, wie man sie häufig an der Rückseite von Omnibussitzen findet. Ein Busunternehmer in Ihrer Nähe gibt Ihnen sicherlich gerne Auskunft, wo er seine Ersatznetze bezieht. Mit vier Nagelschellen für Elektrokabel lassen sich diese Netze leicht anbringen.

Ein anderer Weg ist, dass Sie sich in einem Angelladen ein oder zwei Netzstücke besorgen, die etwa 50 Zentimeter breit sind und etwas kürzer als Ihr Vorschiff lang ist. Befestigen Sie das Netz an beiden Schmalseiten an einem Stückchen Holz, zum Beispiel an einem hölzernen Kleiderbügel. Diese Art Hängematte spannen Sie locker ins Vorschiff. Die Kleidung liegt dort luftig und fällt erfahrungsgemäß auch bei Seegang nicht heraus.

Schließlich können Sie auch noch die Abteilung Autozubehör aufsuchen. Dort finden Sie flache Taschen, die dazu da sind, dass man sie im Kofferraum an der Rückseite der Rücksitze anbringt, um allerlei Kleinteile zu verstauen. Sie haben Ösen an den Ecken und können problemlos dort befestigt werden, wo man sie braucht. Sie eignen sich hervorragend, um den Waschbeutel, Unterwäsche, Socken und anderen Kram ordentlich und wieder auffindbar aufzubewahren.

Spanntechnik für Betttücher

Ein Palstek-Leser-Tipp von Reinhard Bohlig

Die Seglerinnen sehe ich schon lächeln – typisch Mann. Aber die Segler werden mich verstehen – endlich ein Betttuch, das man nicht mehr glatt ziehen muss.

Das Spannbetttuch hat zwischenzeitlich in den meisten Haushalten Einzug gehalten. Auf dem Schiff ist ein normales Spannbetttuch jedoch nicht einsetzbar, da die Kojen nicht rechteckig sind, sondern sich zu einer Seite verjüngen. Ich habe deshalb ein Betttuch so abändern lassen, dass es der Form der Koje entspricht, allerdings zehn Zentimeter schmaler ist. Im Abstand von 40 Zentimetern habe ich an den Rändern des Betttuchs Planenösen aus Kunststoff angebracht (können mitgewaschen werden) und korrespondierend an den Wänden der Koje Metallbügel. Mit einem Gummistropp wird das Betttuch an beiden Seiten an den Bügeln befestigt – es wird durch den Gummistropp immer glatt gezogen.

Wohin mit dem Nebelhorn?

Das Nebelhorn sollte tunlichst nahe dem Niedergang seinen festen Platz haben. Am einfachsten ist wahrscheinlich eine Klemmvorrichtung, die das Horn sicher hält, aus der man es aber sofort entnehmen kann. Dabei spielt es keine Rolle, ob Sie einem Pressluftgerät den Vorzug geben oder einer Messing-Tröte. Ich bevorzuge letzteres Modell, weil keine Folgekosten damit verbunden sind. Das gute Stück steht in einer Halterung senkrecht mit der weiten Öffnung auf einem nach oben gewölbten Holzklotz, und das Mundstück sitzt in einer Plastik- oder Gummiklemme.
Ein Gerät mit Pressluftflasche können Sie ähnlich stauen, wenn Sie die Flasche mit einem Gummistropp oder Klettband sichern.

Ungenutzte Ecken

Auf jedem Boot gibt es ungenutzte Ecken, die sich dazu eignen, in Stauraum verwandelt zu werden. Setzen Sie sich doch mal in Ihre Kajüte und schauen Sie sich um. Sicherlich werden Sie auch die eine oder andere Stelle entdecken, die sich noch nutzen lässt. Auf zwei Stellen möchte ich Sie besonders hinweisen: Die eine Stelle ist die Vorschiffsseite des Hauptschotts. Bei vielen Booten ragt dieses Schott etwas in den Raum hinein, was eine nutzbare Ecke ergibt.
Ein waagerechtes Brettchen lässt sich leicht an die Rumpfform anpassen, und die Vorderseite verschließt ein senkrechtes Brettchen bis zur Kajütdecke. Letzteres können Sie mit einer Öffnung versehen, sodass ein Schwalbennest entsteht, oder Sie bauen ein Türchen mit Schnappverschluss ein, damit nichts herausfallen kann. Vielleicht sind Sie aber auch mit einer offenen Ablage zufrieden, für die Sie nur eine Leiste von fünf oder sechs Zentimetern Höhe an der Vorderseite anzubringen brauchen. Auf diese Weise schaffen Sie nicht nur etwas Stauraum, Sie steifen das Boot an dieser Stelle auch noch aus.

Die andere Stelle ist der meist ungenutzte Raum unter den Treppenstufen des Niedergangs. Für eine flache Schublade könnte dort ausreichend Platz vorhanden sein, um Kleinkram rasch auffindbar und sowohl von innen als auch von außen jederzeit greifbar unterzubringen. Vergessen Sie auch nicht, die Schublade mit einem Vorreiber zu sichern, damit sie sich im Seegang nicht samt Inhalt selbstständig macht.

Eine andere Möglichkeit ist ein nach unten spitz zulaufendes Behältnis, das mit der spitzen Seite nach unten zwischen die Stufen schwenkbar eingebaut wird. Es lässt sich nach vorne kippen und in Ruhestellung ebenfalls durch einen Vorreiber feststellen. Kleinere Seenot-Rettungsmittel wie ein Nico-Signalgeber lassen sich hervorragend dort unterbringen.

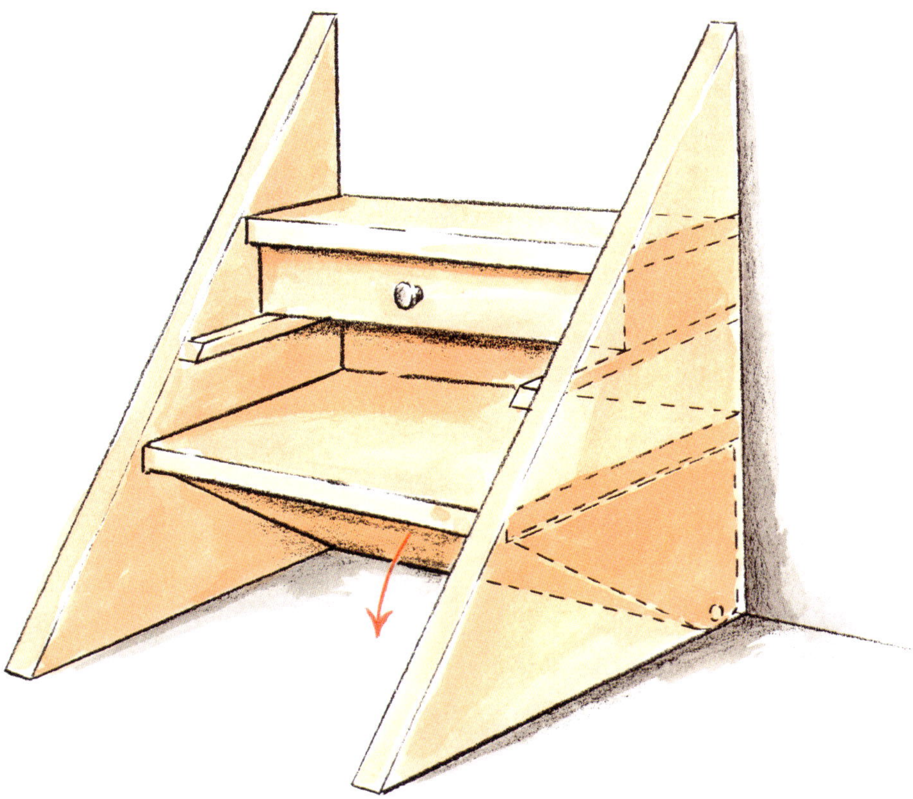

Wohin mit dem Rettungsring/Rettungskragen?

Diese Frage stellte sich mir, als ich von wohlmeinenden Bekannten als unabdingbares Teil meiner Bootsausrüstung einen orangefarbenen Rettungsring aus stabilem Kunststoffmaterial mit erheblichem Gewicht geschenkt bekam. Natürlich nahm ich das Ding mit an Bord und war ziemlich unglücklich damit. Ich wusste schlicht nicht, wo der Ring seinen festen und auch sinnvollen Platz haben sollte.

Die Lukengarage schied aus, der Platz war nicht ausreichend, und auch am Heckkorb war keine Möglichkeit, weil der Ring einfach zu groß war. Die Konsequenz war, dass er meistens unter allerlei Kram im Vorschiff ein ungeliebtes Dasein fristete, und ich inständig hoffte, dass ich ihn nie würde brauchen müssen.

Wie ich weiter vorne schon dargelegt habe, liegt mein Boot außerhalb des Wassers auf einem Trailer und der Mast oben drauf. Im Gespräch mit einem Bekannten wurde folgende Idee geboren, die mit geringer Planung rasch in die Tat umgesetzt wurde und die sich als äußerst hilfreich erwiesen hat, sowohl für den gelegten Mast als auch für das Rettungsmittel. Allerdings ist dazu ein geschlossener Heckkorb von Vorteil.

In der Mitte des Heckkorbs werden zwei VA-Rohre so nach oben hin angeschweißt, dass sie unten etwa 40 bis 50 Zentimeter Abstand haben und oben 20 bis 25 Zentimeter. Über den Heckkorb ragen sie etwa 80 Zentimeter hinaus. Oben werden sie beispielsweise mit einem Stück Holz verbunden, in dessen Ausnehmung der Mast sicher ruht. Natürlich können Sie auch ein passend gebogenes Stück VA-Flacheisen dazwischenschweißen, was denselben Zweck erfüllt.

Unterhalb der Mastauflage bietet es sich nun an, den Rettungsring bzw. den Rettungskragen anzubringen. Eine weitere Verbindung zwischen den beiden

Rohren mit einem Haken für den Ring oder den Kragen gibt ihm einen dauerhaften Platz, und ein Gummistropp oder ein Bändsel sorgen dafür, dass er dort bleibt, jedoch sofort eingesetzt werden kann.

Zwei runde Profile schweißen sich schlecht, wenn sie sich nur an einem Punkt berühren. Die Alternative ist, dass Sie die Vorrichtung aus Rechteckrohr oder aus Winkeleisen bauen, um eine größere Auflage zu erreichen. Diese Lösung hat mir missfallen, und ich bin zu runden Profilen zurückgekehrt. Die notwendige Kraftübertragung habe ich dabei mit kleinen Kniestücken aus VA-Stahl erreicht, die ich dem waagrechten Profil mit der Feile angepasst habe. Im Laufe der Zeit hat es sich ergeben, dass diese Maststütze weitere nützliche Seiten zeigte. Ich weiß nicht mehr, wie es passierte, doch war nach einem sehr misslungenen Hafenmanöver das Hecklicht kaputt. Um zu verhindern, dass so etwas nochmals vorkommt, haben wir natürlich Hafenmanöver geübt und darüber hinaus das Hecklicht oben an die Holzverbindung zwischen den Stahlrohren geschraubt. Dort ist es auf jeden Fall sicherer als einen Meter weiter unten.

Gelegentlich würde man sich auch gerne im Cockpit aufhalten, doch bei Regen ist das nicht so einladend. Wahrscheinlich ragt Ihr Baum etwas in die Plicht hinein und mit einer Verlängerung zur Rettungswestenhalterung können Sie so den First für ein Zelt herstellen, das das ganze Cockpit abdeckt und damit mehr Lebensraum schafft. Der Bootshaken könnte lang genug sein für die Verlängerung oder auch ein Riemen, und sollten Sie wirklich nichts Passendes an Bord haben, können Sie auch eine Leine von der Baumnock nach hinten spannen.

Für ein derartiges Zelt brauchen Sie auch kein maßgefertigtes Teil vom Bootssattler. Besorgen Sie sich im Baumarkt eine Plane in passender Größe mit eingeschlagenen Ösen, die Sie rasch auf- und abbauen und verstauen können.

Noch mehr Stauraum

Dieser Abschnitt wendet sich an all die Besitzer von solchen Booten, bei denen die Kajüte aus Holz oder Sperrholz gebaut ist, bei denen Platzbedarf besteht und bei denen die Rückwand der Kajüte senkrecht steht. Bei einer ganzen Reihe derartiger Konstruktionen haben die Konstrukteure die Seitenwände der Kajüte von der Oberkante schräg nach hintenunten gezeichnet, sodass sich eine kleine geschützte Ecke ergibt. Verlängert man diese schräge Linie bis zur Plichtbank hinab, bietet es sich an, beidseitig des Niedergangs zwei kleine Schränke anzufertigen, die dieser Linie folgen und mittschiffs bis zum Niedergang reichen können. Wenn man davon ausgeht, dass die Kajütwand senkrecht auf der Plichtbank steht, besteht die jeweils innere Seite aus einem rechtwinklichen Dreieck aus Sperrholz, auf die die schräge Rückwand aufgebracht wird. Sperrholz von sechs Millimeter Stärke sollte ausreichend sein. Die inneren Seiten dieser Platten sind ebenfalls gerade, nicht jedoch die äußeren, die wahrscheinlich eine Art Dreieck mit sehr stumpfem Winkel bilden. Der eine Schenkel entspricht der Neigung der Rückenlehne Ihrer Plichtbank, der andere der entgegengesetzten Neigung der seitlichen Kajütwand. Aus leidvoller Erfahrung möchte ich Sie dringend davor warnen, die beiden Behältnisse sofort aus dem ausgesuchten Holz fertig zu bauen, auch wenn Sie sicherlich viel besser messen können als ich. Bei den Innendreiecken lauert keine große Gefahr, die können Sie sofort anfertigen und provisorisch an der Kajütwand befestigen. Dann sollten Sie sich allerdings ein genügend großes Stück feste Pappe besorgen und damit eine Schablone erstellen. Diese Mühe lohnt sich, die Gefahr ist einfach zu groß, dass man einen teuren Werkstoff ruiniert. Machen Sie sich auch die Mühe, für beide Seiten eine Schablone anzufertigen. Eigentlich sollte man ja davon ausgehen können, dass die Steuerbord- und Backbordseiten eines Bootes gleich sind, doch ist diese Annahme in den seltensten Fällen gerechtfertigt. Wenn Ihre Schablone der einen Seite auf der anderen auch passt, erleichtert das die Sache, wahrscheinlich müssen Sie aber mit geringfügigen Abweichungen rechnen, die Sie auf diese Weise berücksichtigen können. Wenn Sie alle Teile ausgemessen und ausgesägt haben, fügen Sie sie zusammen. Wenn Sie sich nicht an sichtbaren Schraubenköpfen stören, leimen Sie eine Leiste von zehn mal zehn oder 15 mal 15 Millimeter an die Hypothenuse des inneren Dreiecks und schrauben Sie die Rückwand drauf. Dann überprüfen Sie an Ort und Stelle, ob alles passt, und wenn ja, leimen und schrauben Sie alles endgültig zusammen.

Irgendwie müssen Sie an den Schrank auch drankommen. Dazu ist es notwendig, in die Kajütrückwand ein Loch zu sägen. Nicht genauso groß wie das Schränkchen groß ist; wenn Sie rundherum sechs oder acht Zentimeter stehen lassen, reicht das vollkommen aus. Wenn Sie schön gerade sägen, können Sie das ausgeschnittene Teil sofort als Türe verwenden. Dabei müssen Sie innen einen Anschlag vorsehen. Ergibt sich durch notwendige Nacharbeiten ein größerer Schlitz, bietet sich die Möglichkeit, ihn mit aufgesetzten Leisten abzudecken. Diese Leisten sind dann auch gut geeignet, durch ein wenig Farbe etwas optische Abwechslung ins Innere zu bringen. Auch die Verwendung von hübschen Scharnieren kann der Kajüte einen kleinen Blickfang schenken.

Obwohl ich sonst nicht der große Freund von Leistenverbindungen bin, schlage ich an dieser Stelle vor, den Kasten mittels Leisten am Schiff zu verleimen und zu verschrauben. Sitzt er dort, wo er hingehört, markieren Sie überall die Innenseiten, wo Sie dann Leisten anschrauben und/oder ankleben können. So schaffen Sie eine zuverlässige Auflage. Achten Sie darauf, die unterste Leiste auf der Plichtbank leicht anzuschrägen, damit die Rückwand satt aufliegt. Nehmen wir an, die Höhe des Schränkchens beträgt zwischen 70 und 80 Zentimetern, so können Sie zwei oder drei Brettchen einbauen, um darauf Kleinkram zu verstauen. Hier sollten Sie unbedingt an der Rückwand mit angeschrägten Leisten arbeiten, um der ziemlich großen Fläche zu größerer Stabilität zu verhelfen. Lackieren Sie alles innen und außen und vergessen Sie auch nicht, in den Türen einige Löcher zur Belüftung vorzusehen. Eine solch schräge Kajütwand bietet nun nicht nur zusätzlichen Stauraum, sondern auch angenehmeres Sitzen mit dem Rücken zur Fahrtrichtung.

Technisches Magazin für Segler

Praxis für Bootseigner

Nr. 3-07
22. Jahr
Mai/Juni
C 2202 F
Deutschland € 5,10
Österreich € 5,90
Schweiz sfr 10,20

palstek

Refit: Lenzrohre
Durchblick: Kunststoffscheiben
Sicherheit: Blitzschutz
Segeltechnik: Riggbeschläge

Pinnenpiloten
Lernfähige Steuergehilfen

Navtex
Nutzen und Grenzen

Im Test
· Tango 30
· Sun Odyssey 39i

GFK-Klassiker
· Pion
· Sigma 38

Nachwort: Mein wirkliches Boot

Liebe Leserin, lieber Leser, nachdem Sie das Buch studiert haben, möchte ich Ihnen gerne verraten, was die sachliche Grundlage einer ganzen Reihe meiner Ausführungen ist. Vieles ist das Ergebnis der Arbeit an meinem eigenen Boot, das ich Ihnen kurz vorstellen möchte.

Mein Boot heißt Drömel. Obwohl ich nicht aus Norddeutschland stamme, fühle ich mich dort immer wieder sofort heimisch, und eine Wanderung ohne Zeitdruck, sei es auf dem Wasser, mit dem Rad oder auch zu Fuß, ist das, wobei ich mich am besten entspanne. So gesehen ist der Name Programm.

Ich habe das Boot ursprünglich nicht selbst gebaut, sondern als Wrack geschenkt bekommen. Von der Konstruktion her handelt es sich um einen Kielzugvogel, dessen Riss der Erbauer um circa zehn Prozent vergrößert und mit einer Kajüte versehen hat. Aus mir unbekannten Gründen stand der Rumpf längere Zeit im Freien und war nur notdürftig gegen Regen und Schnee mit einer Plane abgedeckt, was zur Folge hatte, dass an mehreren Stellen das Sperrholz verrottet war, als ich den Rumpf übernahm.

Die erste Aufgabe bestand also darin, die hinteren beiden Meter des Unterwasserschiffes, den kompletten Spiegel sowie einige kleinere Stellen an Deck und der Kajütwand zu ersetzen. Der Rumpf war anfangs weiß lackiert, dass Deck und der Aufbau farblos. Da ich bei der Instandsetzung kein farblich passendes Sperrholz finden konnte und mir der weiße Anstrich auch nicht gefiel, lackierte ich das Boot schließlich dunkelgrün, einschließlich der Seitenwände der Kajüte. Nur das Kajütdach ist noch naturlackiert.

Wie ich weiter vorne bereits erwähnte, war das Boot mit einem Hubkiel ausgerüstet. Der Kiel bestand aus einer Stahlplatte mit einer Bleibombe und hatte ein Gewicht von circa 210 Kilogramm. Voll abgesenkt betrug der Tiefgang knapp einen Meter und machte das Boot mit etwa achtzehn Quadratmetern Segelfläche außerordentlich steif. Nachdem ich mehrere ungute Erlebnisse mit diesem Hubkiel hatte, beschloss ich, ihn rauszuschmeißen und durch ein Ballastschwert zu ersetzen. Dabei handelt es sich um eine Stahlplatte von zwanzig Millimeter Stärke, auf die ich aus Drei-Millimeter-Blech ein Profil geschweißt habe. Die entstandenen Hohlräume zu beiden Seiten habe ich zur Hälfte mit Auswuchtblei und flüssigem Teer aufgefüllt. Der Tiefgang beträgt nun ein Meter und fünfzig Zentimeter und das Schwertgewicht 180 Kilogramm. Mit dieser Dimensionierung habe ich gute Erfahrungen gemacht.

Geholt und gefiert wird das Schwert über ein Schwertfall, das am hinteren Ende angreift, über einen Flaschenzug läuft und in der Plicht auf einer Winsch endet, die die Handhabung erleichtert. Ganz nebenbei fungiert das Schwertfall auch noch als sprechendes Hilfslog. Ab einer Geschwindigkeit von drei Knoten fängt es an, hörbar zu vibrieren. Mit vollkommen aufgeholtem Schwert beträgt der Tiefgang vierzig Zentimeter, wobei dreißig Zentimeter der Schwertbreite außerhalb des Rumpfes liegen. Auf diese Weise wird die Kajüte im hinteren Bereich nicht so sehr unterteilt.

Der Voreigner segelte wohl vorzugsweise bei schönem Wetter, sodass der Gedanke an ein Verdeck nicht vordringlich erschien. Nachdem ich jedoch meistens auf der Ostsee segle, wo es gelegentlich Schietwetter hat, schien mir der Gedanke an Wetterschutz nicht abwegig. Eine Sprayhood quer über den ganzen Aufbau gefiel mir nicht, und so setzte ich eine Edelstahl-Rohrkonstruktion über den Niedergang, die bei schlechtem Wetter eine Haube trägt und bei schönem Wetter als gern genutzter Griff dient. Auf diese Weise kann das Schiebeluk über Nacht auch bei Regenwetter einen Spalt offen bleiben, ohne dass die Kajüte nass wird.

Nach einigen Jahren musste das Schiebeluk erneuert werden, und da es in der Kajüte immer reichlich dunkel war, habe ich sie mit einem Dach aus Acht-Millimeter-Plexiglas versehen, was der Helligkeit förderlich ist.

Ursprünglich war das Boot mit einer herkömmlichen Hochtakelung versehen, die ich jedoch nicht übernehmen wollte. Ich hatte aus einem früheren Projekt noch Riggteile, die ich gerne verwenden wollte. So kam das Boot zu einer Gaffeltakelung, mit der ich mehrere Jahre unterwegs war und die mich im Großen und Ganzen zufriedenstellte. Ich wusste um die Schwächen eines

Gaffelriggs und stellte mich darauf ein. Mein Aha-Erlebnis kam, als ich in einer Buchhandlung das Buch „Mit kleinem Geld auf große Fahrt“ von Annie Hill sah. Die Beschreibung des Dschunkenriggs auf ihrem Schiff fand ich so überzeugend, dass ich mich entschloss, meine Gaffelbesegelung zu verkaufen und mir ein Dschunkenrigg selbst zu bauen.

Mit dem Ergebnis bin ich seit vielen Jahren sehr zufrieden. Sehr hilfreich war mir in diesem Zusammenhang das Buch „Practical Junk Rigg“ von Hasler/McLeod, das es zwar nur auf Englisch gibt und das ziemlich teuer ist, jedoch eine Fülle von direkt umsetzbaren Informationen bietet. Ich habe mein Segel genau so genäht, wie es in diesem Buch beschrieben ist. Sollten Sie sich auch für ein Dschunkenrigg interessieren, werden Sie keine bessere und umfassendere Hilfe auf dem Markt finden.

Mein Boot wird getrailert, doch benutze ich keinen üblichen Bootsanhänger mehr. Ich hatte einen Tandemachser, der zum Fahren optimal war. Er lief perfekt hinter dem Zugfahrzeug und zeigte keine Neigung, außer Kontrolle zu geraten. Das Problem war nur das Slippen. Es ist mir mehr als einmal passiert, dass nach Ende des Törns die Räder des abgestellten Anhängers trotz sofortiger Spülung mit Süßwasser fest korrodiert und nur mit brachialer Gewalt wieder zu lösen waren. Seit vielen Jahren benutze ich nun einen umgebauten Auto-Anhänger, dessen Ladefläche vorne hochgekurbelt werden kann. Das Boot sitzt auf einem eigenen Slipwagen aus Stahlrohr und mit Polyäthylen-Rädern, sodass der Anhänger selbst nicht mehr ins Wasser gefahren werden muss. Mit dieser Konstruktion muss der Slip nicht mehr besonders lang und tief sein, das Boot schwimmt bald auf, und die Handhabung hat sich sehr vereinfacht.

Die Dehler-Werft hatte für ihre Varianta-Modelle diese Idee schon vor dreißig Jahren, und ich finde sie für meine Zwecke sehr sinnvoll. Sollten Sie auch an diesem Gedanken Gefallen finden, halten Sie nach einem Tandemachser Ausschau; er fährt sich besser und gibt das beruhigende Gefühl, selbst bei einem Reifenschaden um Mitternacht in strömendem Regen auf der Autobahn bei Kopenhagen noch gefahrlos auf dem Standstreifen bis unter die nächste Brücke rollen zu können.

VITA

Lothar Ehrich wurde 1947 in Oberbayern geboren, und das nächste besegelbare Gewässer war der Chiemsee. Ein früher Versuch, ein Boot zu bauen, erbrachte zwar ein kistenähnliches Wasserfahrzeug mit einem ausgedienten Laken als Segel, doch hat es das Wasser glücklicherweise nie erlebt. Die Affinität zum Wasser blieb in den folgenden Jahren erhalten, nur der Wunsch nach einem eigenen Segelboot konnte erst in Erfüllung gehen, nachdem wichtigere Dinge erledigt waren, wie zum Beispiel sich eine berufliche Existenz aufzubauen, sich im eigenen Haus einzurichten und die Bevölkerung der Bundesrepublik zu mehren. Viele Jahre war er als Charterskipper im Mittelmeer und der Ostsee unterwegs, bis durch Zufall das Boot auftauchte, das Anlass wurde, dieses Buch zu schreiben.

Der Beruf hat ihn in die Nähe von Regensburg verschlagen, und wenn er nicht gerade an seinem Boot bastelt, alte Saxophone überholt, um damit auch gelegentlich aufzutreten, oder beim Segeln ist, dann könnte es sein, dass er seinen Unterricht in der Erwachsenenbildung im Fach Englisch vorbereitet oder Arbeiten korrigiert. Eigentlich ist alles ganz normal.

Wenn Sie das Buch verschenken, sollten Sie auf den nächsten fünf Seiten Ihre eigenen Tipps und Kniffe niederschreiben. Wir haben hierfür Platz gelassen. Keine Angst, Sie bezahlen diese Seiten nicht mit, denn der Druckbogen läuft immer über sechzehn Seiten. Es wäre doch nicht im Sinne von www.geizhals.de, wenn wir dieses Papier einfach dem Recyclingcontainer übergeben.

Ich wünsche Ihnen allzeit eine gesunde Heimkehr.
Ihr Lothar Ehrich